Pedagogia Speciale. Riferimenti storici, temi e idee

イタリアの フルインクルーシブ教育

障害児の学校を無くした教育の歴史・課題・理念

アントネッロ・ムーラ *Antonello Mura*　　大内 進＝監修　大内紀彦＝訳

明石書店

日本語版まえがき

書物の翻訳権の取得というのはいつでも込み入った作業である。それは、ある点ではほとんど自由に任されているといってもよいが、ある意味では不確実なものである。なぜなら、多くの疑問が訳者を襲ってくることになるからである。イタリア語の原著は本当に必要とされているものだろうか。翻訳出版の初めの意図と結果が一致しているだろうか。原著における研究や考察は、理論的な議論や専門的な実践にとって、意義のある貢献ができるだろうか。本書の読者は、原作の主旨を汲み取ることができるだろうか。

これらの疑問は、次々と訳者の頭をよぎる疑問の中の一握りにすぎないだろうが、今回の場合でいえば、原作が構想され紡ぎ出されたイタリアという場所とは、まったく異なる社会文化的な文脈に属する言語に翻訳されたことによって、事態はさらに難しくなっている。

あるいは、科学とは普遍的なものであって、そこには国境などありはしないといえるかもしれない。これは間違いのない事実だが、「ペダゴジア・スペチャーレ」という学問分野の確立や、「イタリアにおいて、障害児のための学校教育のインクルージョンと社会的なインクルージョンの道のりが発展してきたことをめぐる、歴史社会的、科学文化的なプロセスを明らかにしようとする試み」という、複雑な現象の解釈と十分な理解は、地理的な面からいっても、その発展を特徴づけている歴史的・人類学的な出来事に影響される問題であることもまた確かである。

だからこそ、書物というのは著者のものではなく、それを自分自身にとっての意味と理解の地平に置き換える読者のものであると十分に自覚したうえで、読者から発見の喜びを奪ってしまうことなく、とはいえ、本書を記した所以を少しだけでも理解していただくために、原作を生んだ三つの主要な挑戦を示すだけにとどめておこう。

(a) 学問としての「ペダゴジア・スペチャーレ」の誕生と発展を認識論的な観点から再構築すること。

(b) イタリアにおける障害者をめぐる認識、教育、そして学校と社会におけるインクルージョンという複合的で複雑な現実を体系化すること。

(c) 障害者をめぐるインクルージョンの文化とその完全な実現の進展を決定づけてきた、または、それを支えている科学的、歴史文化的なプロセスを問い直すこと。

これらの問いに対する回答は、教育的なケアや教育活動、そして諸組織やサービスの運営に関する、より一般的な社会的・文化的な政策を方向づけるための「動機」「根拠」「方法」となるものである。そして、それらは、どのような状態に置かれた人間であろうと、人間を思考と行動の中心に据えながら、意義のあるインクルージョンといえるような文化の進展のために役立てられるものである。

もちろん原著で描かれている事柄は、すべてイタリアに関わることだが、こう言ってしまうことを許していただけるなら、それらは、一九七〇年代以降、障害者のニーズを学校教育や社会政策の根幹に置いてきたイタリアの歴史的な知見であって、こうして学んできたことは、さまざまな意識や歴史と混ざり合いながら、障害者施設、障害児のための特別な学校や特別クラス、障害者だけのスポーツイベント、場当たり的な法的・行政的な配慮、言葉を尽くして反論する抵抗者たちが作り上げている「並存世界《パラレルワールド》」の存続に疑問を投げかけながら、それに対抗するために国際的なレベルで貢献しているものと思われる。

しかし実際には、インクルーシブな社会が「当たり前に必要とされるもの」となることが、人々の想像力の中でますます高まっているにもかかわらず、地球上のさまざまな現実社会の中で、障害を病、弱さ、未熟さ、無能力さと結びつける古い固定観念や文化的偏見が、消えまいとして抵抗を続けている。これらは、インクルージョンのプロセスを完全に実現するための実際の障壁となっており、共同体や社会が、人間の普遍性を豊かにするはずの個人の多様な特性を受け容れられないでいることをまさしく示している。

こうした難しさは、あらゆる国際社会の中で一般的に普及している「インクルージョン」という言葉が、現在、どれほど濫用されているかを考えれば明らかだろう。現実には、自国のモデルをインクルーシブなものと定義しながら、教育的・社会的な構造からなる組織において、区別や分離というカテゴリー基準に根差した解決策やサービスを継続している国も数多いのである。

その意味では、人間についての明確な見方を受け容れることができて初めて、固定観念や文化的な偏見を成り立たせ存続させている理屈のリスクを払拭して、「権利とサービスの普遍化」「アクセシビリティ」「インクルージョン」といった言葉に、真の意味を与えることができると私は考えている。

しかし、インクルーシブなプロセスを発展させていく可能性というのは、具体的に任務を託された状況で、質の高い教育的、社会的、あるいは保健的な取り組みを実施することや、目的を定めた政治的、制度的な行動を展開していくことだけで育まれていくわけではない。このことに加えて、決してなくならないインクルージョンに対するはっきりとした拒否の立場だけでなく、多くの新たな貧困や、新たな形の疎外を生み出すメカニズムの共犯者となる無関心、消極性、諦めといった「貧血状態」を乗り越えていくには、民主的で、公正で、連帯に基づく発展を目指して、変革への見通しをもちつつ、人々の意図的で実践的な参加を広い範囲で刺激して巻き込んでいける、考えうるさまざまな取り組みに投資していくことが必要なのである。

とはいえ、これらの要素はイタリアの伝統にとっても課題のある一面を表していて、継続的な問いかけが必要になるものである。それと同時に、その問いかけこそが、これまでに述べてきたようなインクルーシブな文化を広め、定着させるための最も効果的な方法でもあるのである。
最後になるが、原著で行った研究の意味と意義を間違いのないように伝えるという骨の折れる役割を引き受けてくれた大内紀彦氏と、本書に解説を添えてくださった大内進先生に、最大限の感謝を表したい。また、この企画を信じ、完成までの道のりを支援していただいたイタリア側と日本側の両出版社にも、同様の感謝を捧げたい。

アントネッロ・ムーラ

凡例

・「白痴（idiota, idiozia）」「狂人（folle）」「精神薄弱（ortofrenia）」「精神遅滞（frenastenia）」「精神病院（マニコミオ）（manicomio）」といった表現は、現在では差別的あるいは不適切な表現と考えられ、少なくとも公的には使用されなくなっているが、これらの語句が以前は一般的に普及していたこと自体が、障害者をめぐる歴史の看過できない一時代であったことを考慮して、原語に忠実に訳出した。

・訳出した原注は、各章末に掲載した。なお原注に含まれる文献注が膨大な分量にのぼっているため、その一部は割愛することとした。

・本文の訳出にあたって、補足的な説明が必要と思われる箇所については、訳者注を作成し奇数ページ末に掲載した。

・原著に掲載されている参考文献一覧は、そのまま巻末に掲載した。

・訳出にあたって活用した資料を日本語参考文献として掲載した。

・訳出にあたっては、読みやすさを最優先し原文にはない改行を適宜行った。

・原著でイタリック体および：：で強調されている単語は、「」で表記した。

イタリアのフルインクルーシブ教育

——障害児の学校を無くした教育の歴史・課題・理念

◆目次

序文

研究に携わる者であれば、実際に起きたことの客観性を証明するには検証が必要になる、ということを間違いなく自覚している。そして、その検証は、出来事についての「解釈、説明、理解、そして精神文化的な再構成」を通して行われることになる。

その意味では、その分析が、検証する対象の事実の要素だけでなく、検証を行う歴史の中のある時代の「兆候」も取り込んでしまうという「当然の」リスクからその分析を守り抜くには、たとえどれほど努力をしても十分ではないかもしれない。

このことがもたらす、あらゆる限界から逃れようとすることなく、歴史的な解釈、そして批判的な解釈によって読み進めていくことができれば、本書は、教育的、人間的、社会的に重要な出来事の移り変わりを解き明かしていくことになる。

そして、そうした物事の変遷は、学校教育と社会における障害を抱えた人々のインクルージョンの歴史を証言し、今日では「ペダゴジア・スペチャーレ」[訳注1]と呼ばれている学問の科学的な確立を表

訳注1　イタリア語では「Padagogia Speciale」。あえて日本語に訳すなら「特別教育」となるだろうが、日本の教育システムとは大きく異なるため、本書では「ペダゴジア・スペチャーレ」の表記とした。

すものであり、それと同時に、将来の倫理的・市民的な新たな責任、そして科学的・文化的な社会参加に向けた展望を示している。

ここで扱うのは二つの並行する歴史である。その歴史は、幅広くかつ奥深く絡み合った次元において、人類史の中で、最も複雑で繊細な変遷を遂げてきたものの一つである。すなわち、身体の機能や構造に不具合があったために、およそ二世紀前までは人間社会から排除されてきた人々を受け容れ、承認し、教育し、活用し、社会に完全に包摂するようになった歴史である。

現在では、そうした状況は劇的に変化し、排除の理由になっていた「異質性」は、概念的に受け容れられ、人間であることの条件を示す主観的な「違い」という広い枠組みの中に収められている。この道のりは単純なものではなかったし、この道のりに決着がついたわけでは決してない。たとえ障害に由来するものであれ、「異質性」というものは、実際には、人間を人間たらしめている非常に重要な人類学的な要素であることがわかっており、現在でも、完全なインクルージョンの達成を目指して、文化的、科学的、倫理的、そして政治的な数多くの側面で、個人的にも社会的にも、世界的なレベルで取り組みが重ねられている。

本書の議論では、個人と集団、ローカルとグローバル、そして過去だけでなく、現在や未来の時点も、あわせて扱うように心がけている。そこでは、教育と人間の教育可能性、偏見と文化、人間の尊厳と権利、排除と包摂、認識と実践、ユートピアと現実といった関係の根源的な問題が、絶えず絡み合っている。

本書の初めの幾つかの章では、教育および人間の教育可能性という「アリアドネの糸」[訳注2]を通じて、または、なかなか解消されることのない目には見えにくい偏見や抵抗を通じて、著名な人物や、さほど知られていない人物たちの「読み直し」を行っていく。彼らは、自分たちの時代の科学的な権威や思想に対して、唯一無二で独自の文化的・市民的な貢献を行うことによって、同時代の文化、研究、実践を抜本的に改革してきた。例を挙げるなら、シャルル・ド・レペー、ヴァランタン・アユイ、ジャン・マルク・イタール、エドゥアール・セガン、マリア・モンテッソーリといった人物たちのことである。

彼らは、まさに自身の研究と実践的な取り組みを通じて、独力で障害のある人々の文化的・社会的インクルージョンのプロセスの基礎を築き上げ、また「ペダゴジア・スペチャーレ」の誕生を可能にした理論的・実践的な原理を解明していった。

彼らが行った活動のおかげで、人類の発祥以来、無数の人々の実存状態につきまとってきた軽蔑、孤立、放棄・放置、社会的な周縁化が食い止められた。そして、それに代わって、すべての人間の教育可能性と解放の原則のための余地が残されるようになったのである。

「ペダゴジア・スペチャーレ」の最初の「先駆者たち」が、この原則に託した信頼、さらに彼らがその原則を具現化したことから始まって、二〇世紀に入ると、権利と価値をもつ主体としての

訳注2　難問を解決する鍵のこと。

障害のある人々を認知していくプロセスが、制度的な面でも公的な領域でも、ゆっくりではあるが徐々に推進されるようになった。

第5章からわかるように、イタリアにおける義務教育化のプロセスは、この方向性に大きく貢献するものだった。このプロセスは、初めは異なる文脈の中で始められ、その後は、障害者と健常者がともに学ぶ学級で統合的に継続されてきたが、このことが、第一段階の共同体の統合を可能にする推進力となった。そして同時に、障害というものを共同体に「所属し」、共同体に「役立つ」資源であると認識し、それを活用するための条件が整えられていった。これは、学校という場で直接的なエビデンスに基づいて確認されてきた考え方で、現時点ではまだ一般化されておらず完全には共有されていないが、生活のさまざまな文脈の中に徐々に広がりつつあるものである。

それと同時に、国際的な科学の動向については第6章で指摘している。二〇〇一年に発表された『国際生活機能分類――国際障害分類』（ＩＣＦ）が明らかにしているように、障害があることは、損失があるということでは決してなく、この損失は、むしろ個人因子と環境因子の相互作用のあり方によって具体化される、ということがようやく明確にされた。

文化的・政治的な面でいえば、二〇〇六年の国連の「障害者の権利に関する条約」で宣言されているように、障害者に対して、「全ての人権及び基本的自由を差別なしに完全に享有すること」を保障する地域社会の生活および障害者の自己実現のための社会的背景を整える必要がある、ということから議論が始められている。

この場合でも、大切なのは時間をかけて説得が行われてきたことである。その説得は、国連が、障害者の本来的な尊厳を認める重要で称賛すべき文書を起草し流布させたことによって、一九七〇年代から開始された。そして、この文書が、障害者および障害との関わり方に革命をもたらすことに寄与したのである。

第7章では、とりわけ最近の三〇年間の「ペダゴジア・スペチャーレ」の科学的・認識論的な議論において、これ以前の章で「浮き彫り」にされた内容が明示され、概念的に明確化されている。そうした意味で注目するのは、障害者の自己決定のプロセスとその実現および学校教育と社会におけるインクルージョンに対して、これまで「ペダゴジア・スペチャーレ」が行ってきたこと、そして同時に、方向性を示すという大きな責任を抱えながら、この学問が未来に対しても行っている理論的・実践的な貢献である。

さらに、未来を見据えながら過去と現在を再度関係づけて分析し、同時に「ペダゴジア・スペチャーレ」にも注意を向けながら、人間の教育における普遍的な目的と理論的な研究、そして、組織的な実践と教育の形態（その中に「インクルーシブな教育」も含まれる）といった両者の間にある密接な結びつきを明らかにしていく。

最後に気づかされるのは、障害を抱えている人々は、どのような状態に置かれていても教育と権利に支えられていれば自己決定ができるということ、そして、あらゆる人が自分の特性と出会うことが、人類の文明の発展を押し広げその文明を特徴づけることに貢献できるということである。

最終章では、人間間の相互性と共同性の感情が、具体的な「生存のあり方」の生態学的–組織的な条件になるように、文化的、科学的、かつ倫理的に考え抜いた認識を実践に移すための課題を示し、それに対する指標を提案する。

イタリアにおけるフルインクルーシブ教育に学ぶ

大内　進

I　はじめに

筆者は、国立特殊教育総合研究所（現独立行政法人国立特別支援教育総合研究所）における海外調査の一環として、二〇〇一年にイタリアの学校や教育機関、教育省等を訪問する機会を得て以来、イタリアのインクルーシブ教育の動向について追跡してきた。イタリアは、世界でも数少ないフルインクルージョン体制を原則としているが、本書にはイタリアにおけるインクルージョンの理念とその歴史的経緯が記されており、著者のムーラ（Mura）氏をはじめ、イタリアの研究者たちのフルインクルーシブ教育を貫き通そうとする並々ならぬ決意に圧倒された。

イタリアのインクルーシブ教育については、わが国にもさまざまな形で紹介されているが、その評価は大きく分かれていると受け止めている。特別支援学校の廃止を目指す立場からは、イタリアでは「理想的なフルインクルージョン」が実践されていると称賛され、他方、イタリアの取り組みに懐疑的な立場からは、現在のイタリアの教育施策は経済問題から派生したものであって、適切な対応が用意されていない通常学級に障害のある子どもを予算削減のために放り込もうとするダンピング施策だと問題視されている。

本書でも触れられているが、フルインクルージョン体制に大きく舵を切った一九七〇年代には、確かに混乱が生じており、「ダンピング」の状態にあったといわれても仕方がない時期はあったようである。しかし、本書を読み進めれば、その理念構築が長い歴史的背景の下に組み立てられ、インクルージョンの理念の実現に向けて制度面でもさまざまな工夫改善が進められていることが理解できるであろう。

イタリアの教育の理念やその特徴については、本書に詳しく学ぶことができるが、本書はそうした理念的な内容の記述に注力しているため、現在のイタリアの取り組み状況を具体的に知ることは難しいかもしれない。そこで、本稿ではイタリアのフルインクルーシブ教育を支える支援の仕組みや通常の学校の環境や体制など制度面での現在の到達点、および現在の学校現場のリアルな状況をできるだけ客観的に紹介していきたい。わが国の教育がさまざまな課題を抱えているように、イタリアの教育も多種多様な課題を抱えている。本稿ではそうした側面も包み隠さず報告していくが、それらのことは、決してイタリアにおける学校のインクルージョンの枠組みを揺るがすものではないということを付言しておきたい。

Ⅱ　制度面での現在の到達点

1　通常の学校に学ぶ障害がある子どもを支えるための枠組み

イタリアのフルインクルーシブ教育体制においては、障害がある子どもの教育を可能とするために、地域保健機構（ＡＵＳＬ）等との連携の下に以下の仕組みが用意されている。①障害の認定、②機能プロフィール（Profilo di funzionamento）、③個別教育計画（Ｐ・Ｅ・Ｉ：Progetto Educativo Individuale）、④障害児の成績評価に関する規定、⑤ＩＣＦの活用などである。

⑴　障害の認定

障害者であることの判別は、教育・知育およびインクルーシブ教育を受ける権利の行使を保障することを目的として実施するもの（一九九四年二月二四日付大統領令第二条、一九九二年法律第一〇四号第一二、一三条）とされている。つまり、この判別は、特別な教育を特別な場で受けるための「振り分け」に利用しようとするためのものではないということだ。障害の定義は、一九九二年の法律第一〇四号に示されていて、これは教育分野だけでなく、福祉、労働等すべての分野で生涯にわたって同じように適用されるものとなっている。障害の認定の手続きは、ＡＵＳＬの小児精神科医、心理職、社会福祉士等の専門家から成る組織が担っており、日本のように、当事者である学校や教育委員会が決定するものではない。

(2) 機能プロフィール

機能プロフィールは、障害があると認定された場合、障害のある子どもの障害の種類や程度および症状等について整理し、障害のある子どもの状態像と発達の可能性について記した書類である。機能プロフィールは、旧来からあった「機能診断」と「動態－機能プロフィール」をＩＣＦの理念を踏まえて統合したものである。保護者の申請に基づいて作成されることになっており、学校は、校内に協議会を組織してＡＵＳＬの当該児童生徒担当者および保護者と協力して、障害がある子どもの対人関係、適性能力等について観察し、このプロフィールを作成する。その内容は学校教育に反映される。

(3) 個別教育計画（P・E・I）

障害がある子どもの教育・学習を保障するために、一定期間における指導計画を記述した個別の教育計画である。校内組織が、ＡＵＳＬや保護者の協力を得て作成する。クラスの特徴、支援する人的リソース、使用する補装具や設備・備品、通学時間、学校内での活動計画、想定される週時間割、学級の活動プログラム、個別のカリキュラム、個別の教育計画の下に実施される学外活動、進路指導活動、リハビリ等のセラピーの計画などが記される。

⑷ 成績評価に関する規定

学業成績評価は、障害があると認定された子どもの場合は、個別教育計画（P・E・I）に基づいて評価される（関連法規一九九二年二月五日基本法第一〇四号、二〇〇九年大統領令第一二二号第九条）。

⑸ ICF（ICF-CY）の活用

教育省（MIUR）は、関係機関との連携をスムーズにするツールとして、すべての学校とすべての特別な教育的ニーズに世界保健機関の国際生活機能分類（ICF、ICF-CY）モデルを全面的に導入している（関連法規二〇一九年八月七日立法令第九六号等）。

2 フルインクルージョンを支える通常の学校の仕組み

障害がある子どもをはじめ、さまざまなニーズがある子どもが在籍する学級での当該の子どもの生活や学級全体の活動を支えるために、以下のようなさまざまな仕組みが整えられている。

⑴ 学級編制――児童・生徒数の小規模化と複数の指導者

イタリアでは、通常一学級の児童生徒定数は二五名程度と規定されている。障害がある子どもが在籍している場合は定数が二〇名に軽減される。クラスを小規模化した上に、学級担任（カリキュラム担任）の他に支援教師（支援担任）等が加わり、チームで対応することでフルインクルーシブ教育を支えている。

(2) 支援教師（Insegnante di sostegno）および教育士（Educatore）等の導入

●**支援教師** 支援教師は、学級担任とともに通常の学級に在籍する障害のある児童生徒の指導および学校生活を支援したり個別の指導を行ったりする役割を担っている。わが国の教育システムに当てはめると、特別支援教育担当およびコーディネーターの役割を有しているといえるが、大きく異なっているのは、支援担任として位置づけられている点である。つまり、支援教師は担任の一人として位置づけられていて、障害のある児童だけでなく学級全体に対しても責任を有しているのである。インクルージョンの観点から、チームで学級を運営するという方針が明確に示されているといえる。

●**教育士等** 教育士は、教員資格を有さず、児童生徒の生活面の支援の任を担っている。重度の障害児が在籍する場合など、支援教師の他に教育士が配置される。教育士は地方自治体単位での雇用となっており、財政状態等の影響も受けて、自治体ごとに対応が異なっている。また、後述するが、近年、日常生活の自律支援やコミュニケーションをサポートするアシスタント（assistente all'autonomia e comunicazione）の配置にも力が入れられるようになっている。

(3) 指導内容と方法の工夫

就学前および小学校の段階では、「知識の詰め込み」よりも「人間形成や学び方の基本の獲得、コミュニケーションスキル、学習態度の形成等」が重視されている。したがって、授業は教師主導による全体学習だけではなく、グループ学習、協同学習、個別学習などさまざまな形態で展開されている。そうした工夫により、排除されない教育が可能となっているといえる。

(4) 逆統合型での対応

旧盲学校・聾学校の中には、国の特例として視覚障害教育や聴覚障害教育に対応する学校としての機能を有しながら、障害のある児童生徒と障害のない児童生徒がともに学ぶ学校として存続しているケース（逆統合型学校）もある。なお、いくつかの旧盲学校・聾学校は、学校としての機能を廃して地域の支援センター等として存続している。

(5) 学習障害等への対応

二〇一〇年には、学習障害等の特別なニーズのある子ども（ＢＥＳ：Bisogni Educativi Speciali）への適切な対応のための学習障害児教育法が制定され、障害が認定されるには至らないが、さまざまなニーズを有する子どもへの対応も強化されるようになった。

(6) 全ての学校教員の専門性向上プロジェクト

教育省（MIUR）は、二〇〇九年に「障害がある子どものインクルーシブ教育のガイドライン」を発行している。これは、小中学校等の一般教員へのインクルーシブ教育への積極的な意識づけと専門性の向上を図るための取り組みの一環で示されたものである。「学校は万人に開かれている」（共和国憲法第三四条）という理念を再確認し、インクルーシブ教育に対する意識を高め、全ての学校教員の専門性の問い直しを開始したものだといえる。

(7)「良い学校（La Buona Scuola）」改革

二〇一五年七月一三日法律第一〇七号において、継続的な教員教育を展開し、教員としての職業的能力を十分に発揮させるための改革がスタートした。教育の質の向上のための研修の義務化や教員の質の向上のための制度改革などが盛り込まれている。また、学校全体でニーズのある子どもを支援することが明示され、支援教師の質の厳格化なども示されている。さらに、インクルーシブ教育の充実に向けた教員の資質向上の一環として、大学における小中学校等の教員養成課程においても特別支援教育関連の単位を拡充するなどの教員養成カリキュラムの改革も進められている。

3 インクルーシブ教育を支える関係機関と学校との連携

インクルーシブ教育を機能させるためには、学校内の資源だけでなく、さまざまな関連する学外の機関との連携も重要になってくる。イタリアでは、障害者施策に関しては、保健省と公教育省の姿勢が合致しており、両者が連携して推進していくことを言明している。それを支えているのがICFである。保健省管轄のAUSLは、障害のある子どもの日常的な学校生活でのケアにも重要な役割を果たしており、支援教師もそのチームの一員として活動しているととらえると理解しやすい。

(1) 地域保健機構（AUSL）との連携

AUSLは、地域単位ですべての住民に保健サービスを提供する組織であり、原則として、人口五万～二〇万人に一つ設置（イタリア全土で約六五〇ヵ所）されている。日本の仕組みとは異なっているが保健所と似た機能を有しているととらえると理解しやすい。医師と看護師・PT・OT・ST・心理職・SWなどのコメディカルスタッフが揃っており、全障害領域をカバーしている。障害がある子どものサポートは、AUSLが中心的な担い手となっている。出生時あるいは障害発生時から継続的に支援していて、学校教育期間中もAUSLは支援の要としての役割を果たしている。日本では、縦割り行政の影響で、障害がある子どもが就学すると、その姿が療育機関には見えにくくなるということがしばしば指摘されているが、イタリアのシステムではそのようなことはない。

(2) 当事者団体との連携

視覚障害や聴覚障害がある子どもや当該児童生徒が在籍する学校に対しては、当事者組織（視覚障害者協会等）も積極的に支援している。視覚障害の場合、全国視覚障害者協会や点字図書館が、国や州の支援を受けて「視覚障害教育支援センター（Centro di consulenza tiflodidattica）」を運営し、専門スタッフを家庭や学校へ派遣し、点字や歩行等の指導、相談および支援活動を展開している。点字教科書や拡大教科書などへの対応もこうした組織が担っている。

⑶ 障害がある子どもの保護者の参画

一九九四年二月二四日大統領令には、「機能プロフィール」の作成にあたって、保護者も参画すること、「個別の教育計画」の作成にあたっても、保護者あるいは親権代行者が参画することが規定されている。また、就労している保護者が、障害のある子どもを育てている場合は、育児への支援策として有給休暇の補償が認められている（二〇〇〇年三月八日法律第五三号）。

⑷ 地域支援センター（ＣＴＳ）とＩＣＴの活用

ＣＴＳ（Centro Territoriale di Supporto）は、障害や学習障害（ＢＥＳ）がある児童生徒の指導や支援に関する情報を、教師、保護者、生徒に提供するために設けられた、自治体単位で組織されている教育センターである。二〇一二年一二月二七日通達によって設けられたもので、このセンターは、各学校で取り組まれた指導実践例やグッドプラクティス、インクルーシブ教育に関わるハード面およびソフト面でのリソースなどを収集、蓄積、保存し、情報ネットワークを通じて、それらを学校や家庭に提供する役割を担っている。さまざまな資源を互に利用できるようにすることで、各学校の実践を支援し、その向上を図っていこうとするもので、その充実に向けた取り組みが進んでいる。

Ⅲ　フルインクルージョンをめぐる現在の姿――ＩＳＴＡＴの調査から

イタリア国家統計局（ＩＳＴＡＴ：Istituto Nazionale di Statistica）によって、インクルーシブ教育の実施状況に関する調査が経年的に実施されている。二〇一九－二〇二〇年度の調査結果からその動向を紹介しておきたい。これにより、イタリアにおけるインクルーシブ教育の直近のありのままの状況を把握できる。

1　通常の学校で学ぶ障害がある児童生徒の状況

イタリアのインクルージョン政策は、児童生徒の在籍を漸進的に伸ばしてきており、二〇一九－二〇二〇学年度における通常の学校に通う障害のある生徒の数は、ほぼ三〇万人（在籍者の三・五％に相当）となっている。前年より一万三〇〇〇人以上増加している。近年は、前年比で六％増という一定の割合で増加していることになる。近年の障害がある児童生徒の通常の学校における在籍率については、表1のようになっている。

表１　学校段階および年度ごとに見た
全児童生徒数に対する障害のある児童生徒の割合（%）

	幼稚園	小学校	中学校	高等学校	合 計
2014–2015	1.4	3.1	3.8	2.2	2.7
2015–2016	1.5	3.1	3.9	2.3	2.8
2016–2017	1.9	3.3	4.1	2.5	2.9
2017–2018	2.1	3.5	4.1	2.6	3.1
2018–2019	2.4	3.8	4.2	2.7	3.3
2019–2020	2.5	4.1	4.3	2.9	3.5

出典：ISTAT（2021）に基づいて筆者作成

ＩＳＴＡＴの調査報告をもとにまとめた一九八九年から二〇二〇年までの小学校（Scuola elementare）および中学校（Scuola media）における全児童生徒数に対する障害がある児童生徒数の割合の推移を図１に示した。障害がある生徒の割合は、小学校より中学校のほうが高く、経年的に微増の状態が続いているといえる。小学校についてはこの四〜五年増加傾向が高まっていることがわかる。

２　特別な教育的ニーズ（ＢＥＳ）のある児童生徒の増加率（前年比）

二〇一二年一二月二七日に、大臣指令「特別な教育的ニーズのある（ＢＥＳ：Bisogni Educativi Speciali）児童生徒のための支援ツールと学校へのインクルージョンのための広域組織」が発令された。クローズアップされてきた学習障害等のある児童生徒、社会的文化的に不利益な状況にある児童生徒、言語の障壁を抱えている外国人児童生徒等の教育的ニーズのある児童生徒に対しても、障害の認定を超

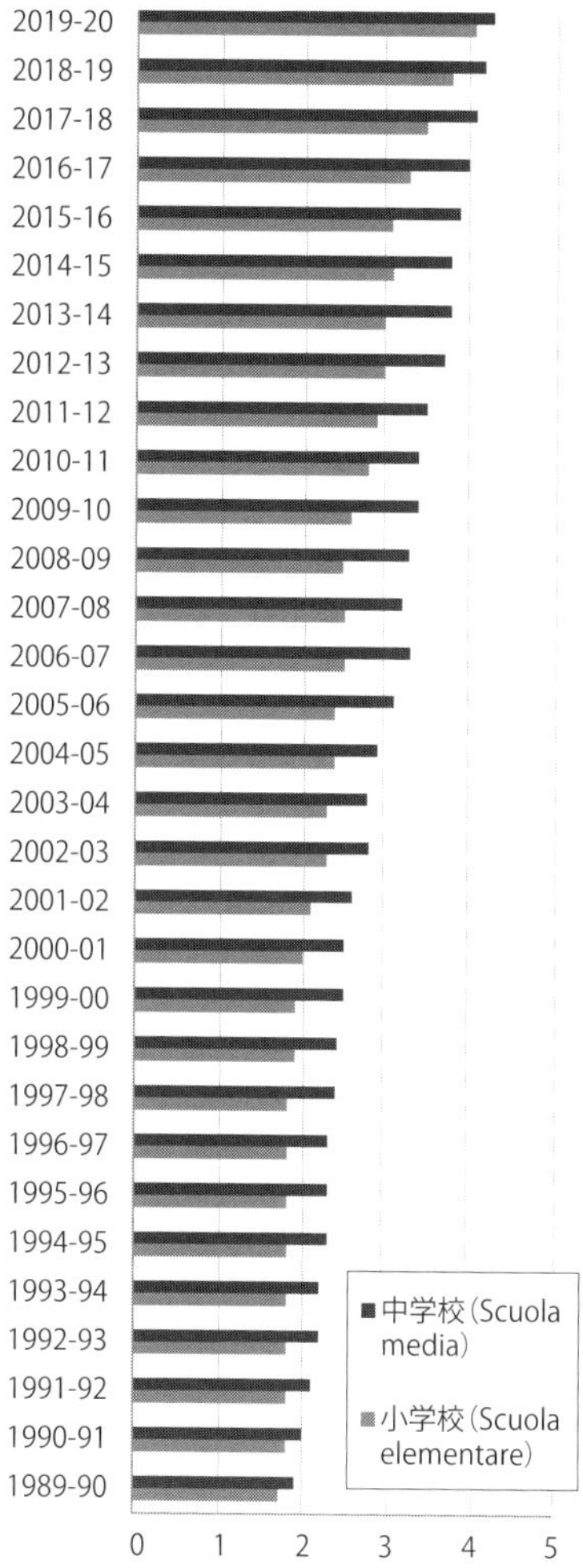

図１　1989 年から 2020 年までの小学校（Scuola elementare）および中学校（Scuola media）における全児童生徒数に対する障害がある児童生徒割合の推移

出典：ISTAT の統計に基づいて筆者作成

えて対応することを明確にするために発せられたものである。この指令では、こうした教育的ニーズのあるすべての児童生徒について、個別化された教育にもアクセスする権利を有することを明確にしている。

二〇一九―二〇二〇学年度の調査結果によると、障害の認定は受けていないものの、特別な教育的ニーズのある児童生徒は、小学校では全生徒の六・五％、中学校では全生徒の一一％を占めている。調査報告には、高等学校でも顕著な増加傾向が認められたと記されている。

特別な支援を必要とする児童生徒数について、前年の二〇一八―二〇一九学年度と比較すると、中部イタリアで三二・九％増、南部で三〇・七％増、北部で二五・八％増の順で増加率が高くなっており、イタリア全体でも二八・九％増と高い増加率が示されている。実数では約六万人増になっているという。こうした傾向は、特別な教育的ニーズへの関心が高まっていること、学校の教師や保護者による子どもたちのより注意深い観察の結果、学習や生徒の成長を妨げる多くの事例が過去に比べて認識されるようになったことなどによるものと分析されている。

なお、こうした教育的ニーズのある児童生徒に適切な対応をするために、イタリアでは、インクルージョン年間計画（ＰＡＩ）を作成することになっているが、この調査では、ＰＡＩを準備していない学校が三・五％残っており、課題として示されていた。

3　支援教師（Insegnante di sostegno）の動向

(1) 数は充足しているが、専門性のある支援教師が不十分

二〇一九－二〇二〇学年度の支援教師数は一七万六〇〇〇人強であった。支援教師一人あたりの障害があると認定された児童生徒数は一・七人になる。支援教師の配置については、当初は、在籍する児童生徒一三八人に対して一人の割合で配置することになっていたが、二〇〇七年一二月二四日法律第二四四号で、支援教師一人あたりの障害があると認定された児童生徒数は二人となり、今回の調査結果は、この法律に規定されている基準を十分に満たしていることを示している。

しかし、調査報告では、支援のための特別なトレーニングを受けていない教員の比率が高まっていることを指摘している。現状では、需要に対して資格のある支援教師の供給が追いついていない状況にあるといえそうである。通常の教員として採用された教員が支援教師に配置されるケースが多く、支援教師が増大している北部イタリアではその傾向が顕著で、資格のない教員が四七％を占めるに至っている。ちなみに、南部イタリアは二四％が無資格者であった。

(2) 自律およびコミュニケーションアシスタントの動向

自律およびコミュニケーションアシスタントについて

近年、日本でも、幼稚園、小・中学校、高等学校において障害のある児童生徒に対し、食事、

排泄、教室の移動補助等学校における日常生活動作の介助を行ったり、発達障害の児童生徒に対し学習活動上のサポートを行ったりするために特別支援教育支援員が地方財政措置によって配置されるようになっている。イタリアでは、日常生活の自律支援やコミュニケーションをサポートする学校職員として、「自律およびコミュニケーションアシスタント（Assistente all'autonomia e comunicazione）」を配置することが一九九二年の基本法に記されていたが、二〇一七年立法令第六六号によってようやくその仕組みが整備された。アシスタントの養成は、大学や専門学校で行われており、ＩＳＴＡＴの調査報告には、イタリア全体で五万七〇〇〇人以上が働いているというデータが示されている。イタリア手話（ＬＩＳ）が使えるアシスタントは、全体の五％にとどまっていたということである。

アシスタントの任用主体は地方自治体である。ちなみに教員は国家公務員である。そのため、財政状態等の影響も受けて、この配置については、自治体ごとに対応が異なっている。アシスタントと生徒の比率を図2に示した。アシスタント一人あたりの児童生徒数は全国平均で四・六人となっている。南部イタリアでは配置が少なく、このアシスタントの配置についても南北間の格差があることが認められる。

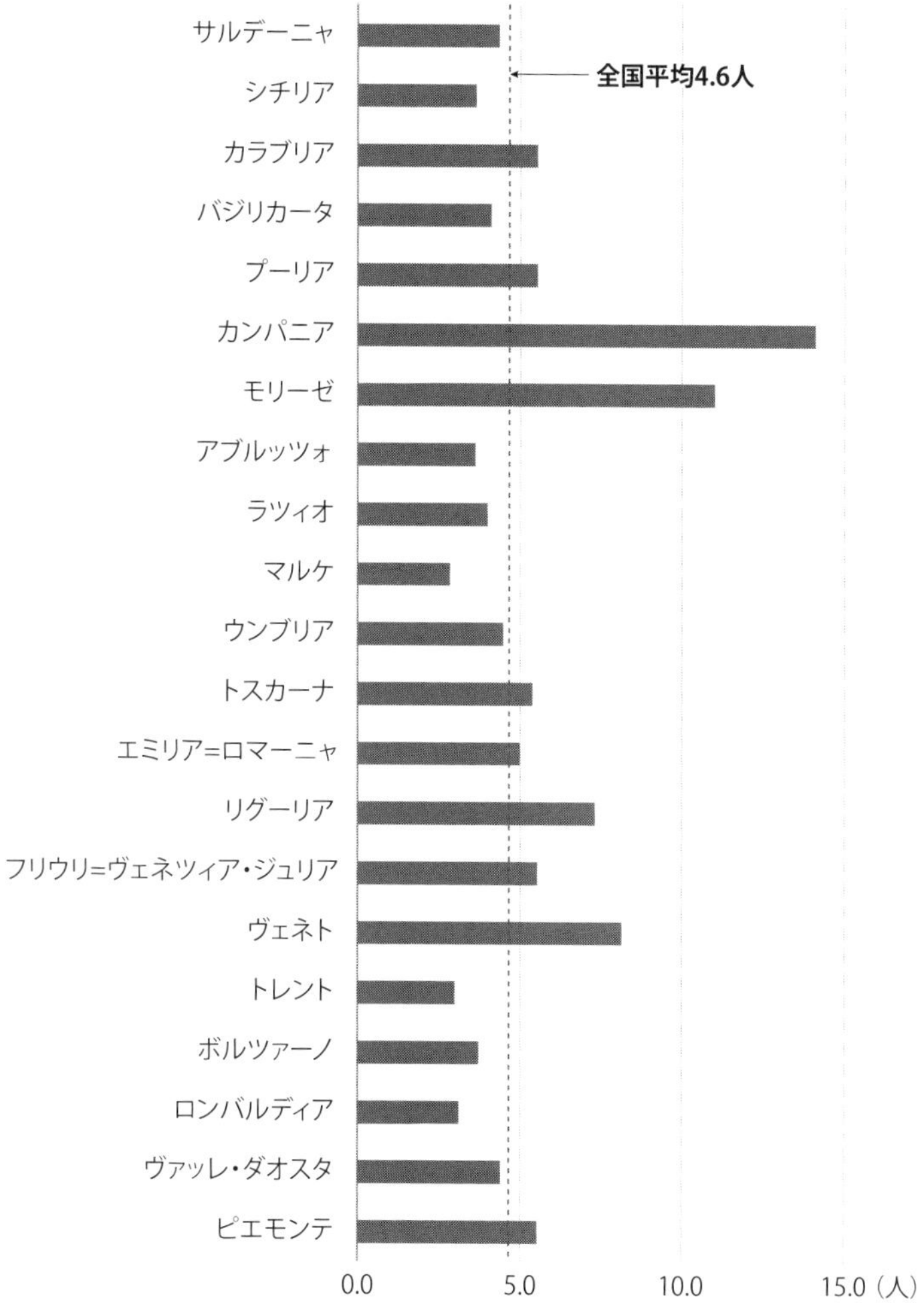

図２　日常生活およびコミュニケーションアシスタントと生徒の比率
(2019-2020 学校年度)

出典：ISTAT（2021）

(3) 支援のためのICT活用

●デジタルスクールの国家計画（PNSD）

日本では、GIGAスクール構想が推進されているが、イタリアでも、ICTが児童生徒の指導と理解のレベルの向上を支援し、学校のインクルージョンを推進するうえでも「ファシリテーター」として重要な役割を果たすということから、二〇〇七年にデジタルスクールの国家計画（PNSD：Piano nazionale scuola digitale）がスタートしている。以後、学校における構造的なデジタル環境の整備が進められている。

●障害のある生徒のための特定のICT活用の研修と参加

ISTATの調査では、ICTテクノロジーを適切に利用するための研修への参加の実態が調査されている。一部の教師が研修を受けているという学校が六一％、すべての教員が何らかの形で研修を受けているという学校が二八％となっていた。ただし、支援教師は一〇人に一人の割合でしか研修に参加していなかった。調査報告は、障害のある生徒のためのICT研修の実施を課題として指摘している。

(4) 通常の学校の校舎のバリアフリー化の状況

通常の学校の施設のバリアフリー化について、ISTATの調査によれば、エレベーター未設置または障害者の利用不可の学校が四四％、標準のバスルームを設置している学校が二六％、階段昇

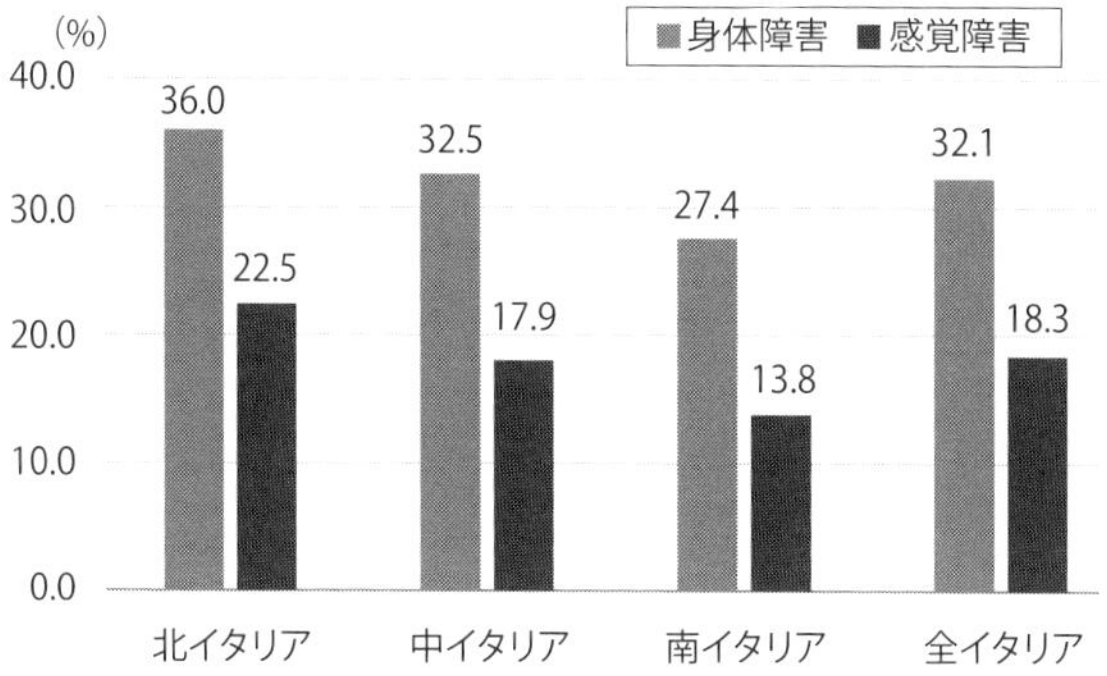

図３　通常の学校における身体障害および感覚障害へのアクセシビリティ対応の状況

出典：ISTAT（2021）

降機（内部および外部）を設置している学校が二五％であった。通常の学校の物理的なバリアー解消は、積年の課題となっているが、現状は図３に示した通りであった。イタリア全体で、運動障害のある生徒のためのアクセシビリティ対応が整っている学校は三校のうち一校程度、感覚障害への対応については五校に一校程度の割合であった。北部イタリアでは、施設設備のバリアフリー化が進んでいる。

(5) Covid-19への対処と影響

イタリアでも、コロナ禍以前から教員が録音・録画した授業のデータをプラットフォームにアップロードして、生徒や受講者が好きな時にそれを視聴するという学習形式や、資料の送付や書籍などの印刷媒体でのアドバイス、プラットフォームや各種手段を利用して行うライブ配信のオンライン授業という形式などさまざまな形式で、遠隔教育システム（DAD：

表２　障害がある児童生徒や特別な教育的ニーズのある児童生徒の遠隔教育への参加を困難にした理由

遠隔教育への参加を困難にした理由	割合
疾病等の重症化	27%
家族の協力の難しさ	20%
社会経済的問題など	17%
遠隔教育を個別指導計画（PDP）に反映できない	6%
支援技術ツールの不足	6%
教材の欠如	3%

出典：ISTAT（2021）に基づいて筆者作成

L'attivazione della Didattica a Distanza）の活用に取り組まれている。

●Covid-19と遠隔教育システム（DAD）の活用とその影響

二〇二〇年に入ってイタリアでもCovid-19が猛威を振るい、多くの感染症患者が発生した。そのため、さまざまな緊急対策が講じられ、教育についてもあらゆるレベルの学校教育が中断されることになった。こうした緊急事態への対応として、学校教育については遠隔学習を「活性化」することが確認され、「遠隔教育システム（DAD）」の利用を義務化づけられることになった。ISTATの調査からは、支援を必要とする児童生徒における遠隔教育活用の問題点が指摘されている。

●障害のある児童生徒の授業への出席が大幅に低下

遠隔教育の実施によって、障害があったり、特別な教育的ニーズがあったりする児童生徒の授業への出席が大幅に低下したことが、調査によって明らかになっている。二〇二〇年四月から六月の間に、障害のある児童生徒の二三％以上、実数にして約七万人以上が授業に欠席していたことになる。障害のある生徒の遠隔教育への参加を困難にした理由は、表2に示した。

こうした事態を受け、二〇二二年一月二一日付けで、イタリア教育省は、保健省との連名で「対面での教育――DAD／DDIにおける教室での障害及び特別な教育的ニーズのある児童生徒に対する対策」という通知を、全国の学校や教育関連機関に発出し、事態の改善に乗り出している。

Ⅳ　まとめ

本書が明らかにしているように、イタリアでは、一九七〇年代からフルインクルーシブ教育を開始し、混乱期を経て、その取り組みは、通常の学校の変革を促した。それが、半世紀をかけて幼稚園から大学まで学校教育全体に浸透し、定着するに至っている。その間、通常の学校で障害がある子どもとない子どもがともに学ぶための制度改革や環境整備が進められてきた。

本稿においては、そうしたイタリアのインクルーシブ教育の現況をありのままに紹介することに努めた。イタリアの教育を理解するうえで大事なことは、本書でムーラ（Mura）氏が膨大な資料を基に丁寧に記述しているように、現在のフルインクルージョン体制が思いつきで始まったのではないということである。イタールやセガンの教育理念に学んだマリア・モンテッソーリは、障害のある子どものための教育原理や方法が、すべての子どもたちにとっても有用であることを自ら実証したが、その背景にある多様性こそ教育の神髄であるという深い哲学的な洞察が脈々と受け継がれ、さまざま課題を抱えながらもフルインクルーシブ教育体制の構築に向かわせたのである。本書からは現在のイタリアのフルインクルージョン体制の到達点を知るとともに、この仕組みを揺るがないものにしようとしている姿勢を感じ取ることができるであろう。また、イタリアの教育システムが、「ダンピング」と揶揄されるようないい加減なシステムではないことも理解してもらえたのではないかと思う。そして、何よりも、常に通常の教育の中にこそあるという「ペダゴジア・スペチャーレ」のあるべき姿についても知ってもらえたのではないかと思う。なお、イタリア語の Pedagogia speciale は、英語では Special education となる。本書では、あえて「ペダゴジア・スペチャーレ」とカタカナ表記で示した。それは、「特別教育」であれ「特別支援教育」であれ、日本語に訳出することにより、それらの語につきまとっている「分離教育」への郷愁をも受け入れてしまうことを危惧したからである。

ＩＳＴＡＴの調査から、イタリアのインクルーシブ教育の現況について以下の諸点が示された。

- 通常の学校に通う障害のある生徒の数はほぼ三〇万人で、増加傾向にある。
- 特別な教育的ニーズ（ＢＥＳ）がある児童生徒は、全児童生徒のほぼ九％にのぼっていて、特に中学校で特別な教育的ニーズのある生徒が増加している。
- Covid-19 感染拡大への対処として「遠隔教育の活用」が義務づけられ、インクルーシブ教育の継続に大きな支障を生じさせた。

・フルインクルージョンを支える支援教師は量的に充足しているが、増大に伴い質の向上が課題となっている。

・「自律とコミュニケーションアシスタント」の配置が進み、全国で五万七〇〇〇人以上が働いており、遠隔教育下で役割を果たした。イタリア手話（ＬＩＳ）への対応が課題となっている。

・障害のある生徒のための特定のＩＣＴ活用が進められており、研修の普及が課題となっている。

・通常の学校のハード面のバリアフリー環境は課題が残っており、南北間でも格差がある。

この調査からは、等身大の今のイタリアインクルーシブ教育の状態像を知ることができる。質の向上、地域間の格差などの課題が依然として山積していることも伝わってくる。しかし、このことは、わが国の教育にもさまざまな課題があるように、多様性を掲げるイタリアの教育を全否定するものではない。

わが国でもインクルーシブ教育システムの構築の推進に向けた取り組みが進んでいる。それは、インクルーシブ教育推進のための特別支援教育の推進である。教育のメインストリームにこの理念が浸透し、障害者の権利条約に謳われている「全ての人権及び基本的自由を差別なしに完全に享有すること」が保障されて、全国津々浦々どこにいようとも、障害がある幼児児童生徒が気兼ねなく通常の学級で学び生活できるようになるまでには、まだまだ膨大な年数を要することであろう。少しでも時計を速く回し、その理念に近づくために、確固たる理念のもとに、あるべき姿を追い求めるイタリアのこれまでの歩みと今を知り、その課題や苦労に学ぶことは大いに意義あることだと思われる。

なお、イタリアにおけるインクルーシブ教育への転換とその後の展開が俯瞰できるよう、インクルーシブ教育に関する法規とその内容および関連するイタリア国内外の動向を年表形式にまとめて表3に示した。

＊本稿に示したＩＳＴＡＴのデータは以下の文献に基づいている。

ISTAT　L'INCLUSIONE SCOLASTICA DEGLI ALUNNI CON DISABILITÀ - A.S. 2019-2020
https://www.istat.it/it/files/2020/12/Report-alumni-con-disabilit%C3%A0.pdf（二〇二二年六月二〇日現在）

大内進「イタリアにおける２０１９‐２０２０学校年度のインクルーシブ教育の動向 ―― イタリア統計局（ＩＳＴＡＴ）調査報告から」『星美学園短期大学日伊総合研究所所報』第一八号、一六‐二三頁、星美学園短期大学日伊総合研究所、二〇二〇

【情報源】

・インクルーシブ教育に関する情報
https://www.miur.gov.it

・障害がある児童生徒に関する統計
https://www.istat.it/it/archivio/alunni+disabili

表3　イタリアにおけるインクルーシブ教育への展開

	イタリアにおけるインクルーシブ教育に関連する法規とその内容	関連するイタリア国内および国際的な動向
排除	●1849年 ガブリオ・カザーティの改革 未成年者の義務教育が始まる。障害者は対象外。	1871年 イタリア、国家統一
分離	●1923年 勅令第3126号第5条（ジェンティーレ改革）、 1928年 勅令第1297号 特別な学校や分離学級への就学義務（視覚障害・聴覚障害）。	1948年 イタリア共和国憲法制定 1948年 国連「世界人権宣言」
挿入へ	●1971年3月30日法律第118号、 1975年 内閣委員会（上院議員ファルクッチ委員長）の勧告 障害者の義務教育は公立学校の通常学級で行われるべき。	1959年 国連「児童権利宣言」 1971年「精神遅滞者（知的障害者）の権利宣言」 1975年「障害者の権利宣言」
統合から包含を目指して	●1977年8月4日法律第517号 インクルージョンへの具体的な対応策を示す。 インクルージョンへ転換する最も重要な法律。 ●1986年 公教育省通達第184号、1989年12月27日法律第417号 支援教師の質と量への対応 ●1987年 憲法裁判所判決第215号、閣僚通達1988年9月22日第262号 インクージョンを高等学校に拡大。 ●1992年2月5日法律第104号 障害者の援助、社会的統合および諸権利に関する基本法。大学を含む全ての学校教育段階でのインクルージョンを規定。 ●1994年2月24日大統領令 地域保健機構の関与、プログラム協定、機構間作業部会（GLIP）を明確化。 ●2000年11月8日の法律第328号 社会的介入および社会事業の統合システムの実現のための基本法。	1978年 法律第180号、イタリア精神保健法（バザーリア法）制定。 1982年「障害者に関する世界行動計画」 1991年11月8日法律第381号「社会的協同組合法」働くことを社会参加の重要な要素。「B型社会的協同組合」の構成員の30%以上が障害等がある人であることを義務付け。 1993年「障害者の機会均等に関する標準規則」を採択。 1994年 スペインのサラマンカで「特別なニーズ教育に に関する世界会議」開催、「サラマンカ宣言」を採択。 2001年 世界保健機関（WHO）が「国際生活機能分類（ICF）」を公表。 2006年12月13日、第61回国連総会で「障害者の権利に関する条約」が採択。
包含へ	●2010年10月8日法律第170号 1992年法律第104号のICFに基づいていなかった部分を改正。 学習障害等（DSA）の特別なニーズのある生徒（BES）への対応を明確化。 ●2012年12月27日大臣指令 特別なニーズのある生徒に個別指導計画（PDP）を適用。 地域ぐるみで支援するためのインターフェースとしての地域支援センター（CTS）を設置。さらにそれらをつなぐインクルージョン地域センター（CTI）、障害がある生徒のインクルージョンを支援するドキュメントセンター（CDH）、障害がある生徒のインクルージョンのためのリソースセンター（CTRH）も設置。 ●2015年7月13日法律第107号 「良い学校（Buona Scuola）」改革。学校長の権限強化、教員の評価システムを導入。医学モデルによる「機能診断」と「動態機能」を廃止、新たに、ICFに準拠した「機能プロフィール」を採用。 ●2015年 イタリアの学校インクルージョンポータルが開設。 学校関係者、父母などが規則に関する参考資料や学術資料、教育およびトレーニングツールなどが利用できるポータルサイト。 ●2017年4月13日立法令第66号 障害のある学生のインクルージョンを促進するための法令。個別教育計画（PEI）にICF（ICF-CY）を導入。 ●2019年8月7日立法令第96号 66/2017の改正。 ICFの全面的使用を規定（医療モデルから完全に脱却）。 ●2020年12月29日付省庁間法令第182号 インクルージョンのための作業グループ（GLO）の活動を明確化。 国レベルで個別教育計画（PEI）のモデルを標準化。 インクルージョンの実践を評価し、改訂と改善のために新しいツールとガイドラインを採用。	2007年3月30日、「障害者の権利に関する条約」及び選定議定書が公開されると同時に署名。 2008年1月28日、イタリア上院が「障害者の権利に関する条約」の批准を全会一致で承認。5月「障害者の権利に関する条約」が発効。 2008年8月6日法律第133号（ジェルミーニ改革）学校のリソースを削減する立法措置。学級担任と支援教師の人員を大幅に削減。インクルージョンへの対応と教育活動に大きく影響。 2009年2月24日、イタリア下院が「障害者の権利に関する条約」及び選定議定書の批准を承認。 2009年3月3日法律第18号 「障害者の権利に関する条約」の批准と執行。 2011年 ICF（生活機能分類）を承認。 2020年4月8日法律第22号 Covid-19への対処から遠隔学習（DAD）の実施を義務化。学校でのインクルージョンの継続に支障、障害がある児童生徒の学習へ参加の機会を大幅に減少させた。

【イタリアのインクルーシブ教育関連法規等に関する情報源】（二〇二二年六月二〇日現在）

・一九七一年三月三〇日法律第一一八号（Legge 30 marzo 1971, n. 118）
https://www.gazzettaufficiale.it/eli/id/1971/04/02/071U0118/sg
・一九七七年八月四日法律第五一七号（Legge del 4 agosto n. 517 del 1977）
https://www.gazzettaufficiale.it/eli/id/1977/08/18/077U0517/sg
・一九八八年九月二二日大臣通達第二六二号（Circolare Ministeriale 22 settembre 1988, n. 262）
http://www.edscuola.it/archivio/norme/circolari/cm262_88.html
・一九九二年二月五日法律第一〇四号「障害者の援助、社会的統合および諸権利に関する基本法」（Legge 5 febbraio 1992 n. 104.）
https://www.gazzettaufficiale.it/eli/id/1992/02/17/092G0108/sg
・一九九四年二月二四日大統領令「ハンディキャップのある生徒に関する地域保健機構の業務の方針および調整規定」（DPR 24 febbraio 1994）
https://www.gazzettaufficiale.it/eli/id/1994/04/06/094A2245/sg
・「障害がある児童生徒のインクルーシブ教育に関するガイドライン」（Nota MIUR del 4 agosto 2009 n. 4274）
https://www.istruzione.it/archivio/web/istruzione/prot4274_09.html
・二〇一五年七月一三日法律第一〇七号「良い学校（Buona Scuola）改革」（Legge 13 luglio 2015 n.107）
https://www.gazzettaufficiale.it/eli/id/2015/07/15/15G00122/sg
・二〇一九年八月七日立法令第九六号（Decreto Legislativo 7 agosto 2019, n. 96）
https://www.gazzettaufficiale.it/eli/id/2019/08/28/19G00107/sg

第1章

教育的な意図の彼岸
――遠い過去へのまなざし

1 「足跡《あしあと》」を再構築する難しさと障害の拒絶

本章のタイトルは、「ペダゴジア・スペチャーレ」という学問の「闇に包まれた部分」、すなわち、あまり知られておらず研究もされていない部分で、現在その再構築が「進行中」であって、しかも構造が安定せず認識論的にも確立されていない部分に直接的に関わる考察を行っていくことを暗示するものである。

厳密にいうなら、明確すぎる歴史的な時代区分と結びついた還元主義[訳注1]には矛盾することになってしまうかもしれないが、本書は第2章の主題から語り始めることができるだろう。

今日のイタリアには、「ペダゴジア・スペチャーレ」と呼ばれる学問に内在する教育的・社会文化的な課題を歴史的に再構築したり、史料を用いて歴史を記述し直そうとしたりして果敢に取り組んでいる人々がいる。そして、そうした人々の大部分は、実際にこの学問の公式的な誕生が、ジャン・マルク・イタールの思想および仕事と結びついていると主張することに同意している。

こうした捉え方に従って、時代をさかのぼる困難な研究活動が始められているのを知ることは、初めてこの学問に取り組もうとしている学生にとって、興味を引かれることだろう。この研究がめざしているのは、今日では障害者と呼ばれている人々の社会文化的・実存的な状況を可能なかぎり再構築していくことである。

とはいえ、この目的はとても入り組んでいる。なぜなら、アンドレア・カネヴァーロ[訳注2]（一九三九—二〇二二年）が記しているように、「ハンディキャップのある人々の『足跡』は、歴史の中から容易に特定できるものではない。言葉は繰り返し変化してきたし、時代や場所に応じて、さまざまなハンディキャップを表す言葉が使われてきたからである。［……］言葉は多くのことを物語っているかもしれないが、その言葉が根づいている文化的な文脈を熟知していなければ、言葉は人の眼を欺くこともある。ここからは、ハンディキャップのある人々の『足跡』を歴史の中から見つけ出すなどということは、ほとんど不可能に近いことだ」[*1]からである。

しかし、今日では「特別な」ものとされている社会的カテゴリーの実存的なプロセスを歴史的に再構築しようとする際に、幾つかの最も重要な問題を無視してしまうと、ここに記された引用はすべてが明確ではなくなってしまうかもしれない。

そこで、私たちは、マンゾーニ[訳注3]（一七八五－一八七三年）による記憶についての告発を思い出しながら、公的な歴史記述、たとえば教科書や手引き書などを参照することから始めることができるだろう。とはいえ、こうした書物は、とりわけ「身分の低い人々や敗者たち」を軽視していて、「被抑圧者」ではなく「抑圧者」を特別扱いしているものである。そして、「標準的な科学」についてトマス・クーン（一九二二－一九九六年）が唱えたパラダイム[訳注4]の考え方に従って、人為的に作られた直線的で引っかかりのない出来事とその経緯を伝えていることが多い。これらの書物は、勉強には都合がよいかもしれないが、しばしば独断的であって、ついには事実が歪められてしまうほど豊かさを失っていることもある。こうして、出来事の客観性には、どんな場合であれ、解釈、説明－理解、精神文化的な再構築などを通じて行われる「真の」検証が必要とされる、ということが無

訳注1　複雑で抽象的な事象や概念をより基本的な要素から説明しようとする立場のこと。

訳注2　イタリアの教育学者。ボローニャ大学名誉教授。イタリアにおけるインクルーシブ教育（ペダゴジア・スペチャーレ）の第一人者。

訳注3　イタリアの詩人、小説家、劇作家。イタリア・ロマン主義最大の作家で、イタリア近代小説の創始者。長編歴史小説『いいなづけ』が有名。マンゾーニは歴史を叙述する際には、確実な部分と推測による部分を明確に区別すべきだと考えていた。

訳注4　アメリカの科学史家トマス・クーンが用いた概念。特定の時代に支配的なものの考え方、認識の枠組みのこと。

視されることになる。[*2]

ところで、「マージナルなもの」とその現れについての歴史研究に足を踏み入れてみると、少しずつ時間的にさかのぼっていくにつれて、出来事の客観性を検証できないリスクが、いっそう高まることがわかってくる。

これには多くの理由がある。というのも、シモネッタ・ウリヴィエリ[訳注5]が指摘したように、「過去の社会では、社会的、性的、人種的な区別をカテゴライズしていた特徴は、数が少なく厳密だった。それと同じように、人々がもっている能力は、慣習的に決まりきっていた。それは、『ステータス』が変わるのが稀で困難な静的な社会だった。こうした社会では、複雑なヒエラルキーや神の霊感さえもが、正当で必要だと考えられていた。そして、代わり映えのしない教育モデルが、経済的・社会的なステータスの違いそのものを合理化していて、それと同時にそうした違いを初めから準備させていた」[*3]からである。

たとえば、プラトン[訳注6]の著書『国家』の中で、医師は「生まれつき心身が健康でない者」を殺すように指示されており、弟子アリストテレス[訳注7]は、このことを取り上げて、『政治学』の中で、すべての奇形児の養育を禁止する必要性を主張しているが、前記のウリヴィエリの考察に基づけば、こうした例が、時の流れの中にどれほど多く残されているかが理解できるようになるだろう。

古代の中の長い時代を参照して、レオナルド・トリシィウッツィ[訳注8]が気づいたのは、「生命が、人間と現実の関係性における本質だとは考えられていなかったために、奇形児が生まれた場合の解決策は、思いもよらない過激なものになっていた」ということだった。[*4] トリシィウッツィによれば、治療しないことと乳児の殺害は慣習となっており、絞殺、毒殺、窒息死などさまざまな形で行われていた。これは中世まで長きにわたって続いていた。キリスト教の信仰心の「掟《おきて》」は、こうした慣習に強い嫌悪感を示し、社会の周縁で暮らす障害者たちの存在を容認していた。しかし、それは、このような残忍な慣習が存在しなかったということではなかった。

カネヴァーロは、人々の「足跡」を見つけることがどれほど難しいか、あるいは、ほとんど不可能ではないかと述べているが、この言葉の本当の意味は、障害児の養育や教育的ケア[*5]を禁止する慣習の広がりを示す歴史の証言を考えれば、よりいっそう明確になるだろう。

時代をさかのぼるにつれて、そうした「足跡」は弱々しく、曖昧で断片的になってしまう。そして、「足跡」を見つけ出す難しさは、客観的にいって不可能に近くなる。とりわけ、誰のものかわからなくなった「アイデンティティ」や「顔つき」を持ち主に返そうとしても、こうした特徴が芽生えて育ってくる以前の段階だったとしたら、それはほぼ不可能だろう。

訳注5　イタリアの教育学者。フィレンツェ大学名誉教授。
訳注6　古代ギリシャの哲学者。ソクラテスの弟子で、アリストテレスの師。代表作『饗宴』『国家』ではイデア論を展開した。
訳注7　プラトンと並ぶ古代ギリシャ最大の哲学者。プラトンの哲学の深い影響から出発して、壮年時から次第に独自の体系を築き上げた。
訳注8　イタリアの教育学者。専門はペダゴジア・スペチャーレ。元フィレンツェ大学教授。

2 「複数のまなざし」の必要性

さて、私たちは推測や間接的な「証拠」を手がかりにしながら、複雑に絡み合う作業を進めていくことになる。そこで求められ不可欠になってくるのがまなざしの複数性である。あるいは、アラン・グッソー[訳注9]が記しているように、そこに、異なる次元の基盤や分析装置を備えている「複数のまなざし」を加えることもできるだろう。それは、たとえば人類学的、哲学的、教育学的、医学的、文学的、芸術的なまなざしである。これらは、ピースの数の足りないパズル——欠けているピースが、今あるピースよりも価値がないこともあるが——を作り上げるための助けとなるものである。

現在では、障害の歴史を掘り下げるための手助けとなる価値の高い史料が数多く存在することがわかっており、やるべきことはいくらでもある。メソポタミアの時代までさかのぼって、「ハムラビ法典」を読み返してみても、その中に含まれている手がかりは有益である。とは言っても、この文明の中で、障害者がどのように考えられていたのかを正確に把握するには、当然ながらこの史料だけでは十分ではない。

また、紀元前一四〇〇年にさかのぼるエジプトのレムの石碑には、アンジェロ・エッラーニ[訳注10]が指摘しているように、おそらく歴史上初めての障害者像が示されている。この人物はおそらくポリオに罹患しており、葬儀に参列する奴隷ではないかと推測されている。[*6] この石碑を見ると、（除外される者を作り出すことなく）誰もが包摂された状態を表しているとも言えそうだが、実際には、これが普遍的な状態だったと言ってしまうには検討が不十分である。

こうした史料に加えて、古代ギリシャはもう一つの障害者像も提供している。それは、もはやどこまでが自分なのか区別ができないほど、狂気と同居した姿である。ギリシャの叙事詩『イリアス』では、ホメロス[訳注11]は二つの異なった顔つきを見せている。

ホメロスは、一方では、預言者カルカスとカッサンドラの預言的な美徳について語りながら、もう一方では、テルシーテースの醜悪な身体的な異質さについて語っており、このことは自分自身の道徳的な特徴を示している。テルシーテースは醜いだけでなく、目は斜視で、びっこを引いていて、背中にはこぶがある。それだけでなく、泣きわめき、嘔吐し、怒り狂っては噛みつき、大声を上げ、犬のように吠える人物として設定されている。

さらにエッラーニは、ホメロスの挿話について「この挿話は、劣等性の基準に応じて、違いが作り出されていく経験を伝えている。知的な立場と道徳的な立場の一致、奇形と無能さの一致、［……］この考え方は、時代を超えて生き延びていく。そして、たとえニュアンスが異なるにせよ、

訳注9　ベルギー生まれ。専門はペダゴジア・スペチャーレ。元チェゼーナ大学教授。
訳注10　イタリアの教育学者。専門はペダゴジア・スペチャーレ。元ボローニャ大学教授。
訳注11　古代ギリシャの詩人。前八世紀頃の人で、叙事詩『イリアス』『オデュッセイア』の作者と考えられている。

観相学[訳注12]の科学的な正当化が主張されるようになるまで、こうした考え方が、その後の時代にも再生産されていくのを、私たちは目の当たりにすることになる」[*7]と記している。

先に述べたように、マージナルなもののさまざまな様相が固定化してしまうリスクについていえば、エッラーニの引用が触れているのは、欺瞞に満ちながらも永続してきたものであり、私たちはこの事実から逃れることはできない。そして、こうして永続してきたものには、キリスト教的な教えとフランスの啓蒙主義に起因する変化で楔《くさび》が撃ち込まれたとはいえ、二五〇〇年以上の歴史にわたって、頑固な抵抗を続けてきたのである。

こうして、ホメロスの叙事詩から始まって、ギリシャの医学者ガレノスの思想、イタリアのデッラ・ポルタの分析、スイスのラバーターの理論、骨相学[訳注13]の父であるフランツ・ヨーゼフ・ガル（一七五八－一八二八年）の科学的研究、チェーザレ・ロンブローゾ[訳注14]（一八三六－一九〇六年）の身体特徴的分類、そして、二〇世紀の優生学的プログラムの実践に至るまで、「違い」をめぐるさまざまな概念の間には、一本の線のような連続性を見出すことができる。

しかしながら、ここは、この錯綜した問題を解きほぐしてこのテーマへのアプローチを可能にし、その原因を明らかにしようとする場ではない。とはいえ指摘せざるをえないのは、古代から一八世紀まで、そして、そこから直接的に分岐したものを含めれば、一九世紀や二〇世紀についても、人体の働きについての非常に貧弱な医学的・科学的な知識に基づいた一連の誤った思い込みによる概念の錯綜が、標準化され、カテゴライズされ、人々に烙印を押すようになっていったことである。

しかもそれは、不完全であること、分別を欠いていること、知性を欠いていること、あるいは、何かが劣っていたり、狂気を抱えていたりといった人間的・実存的な状態が、人々の間で大きく異なっていることを唯一の目印として行われていたのである。原因、状態、可能性などの一つひとつの明らかな違いに目を向けることなく、盲目の者、聾唖《ろうあ》の者、麻痺を抱えた者、痴呆者、白痴者などは、見捨てられた怪物のような「異形」の者と考えられていたのである。

その後、中世になって初めて、こうした違いへの対応に寛容さが見られるようになったものの、「違い」を抱えた者たちは、初めは物乞いをし、隔離され、巨大な救護施設に閉じ込められ、後になると、イタリア語でマニコミオ[訳注15]と呼ばれた精神病院に収容される形で、社会生活の周縁に追いやられていった。

こうして生み出されたのが、特定の解釈と明確な意味をもった言葉とはほど遠いものだが、今日

訳注12　顔立ちや表情から、その人の性格、気質、才能などを判定する学問。一八世紀に、スイスのラバーターが基礎を作り、現代ドイツの心理学者クレッチマーが体質の理論へと発展させた。人相学とも呼ばれる。

訳注13　頭蓋の外形から本人の性格や能力を判断しようとする学説。

訳注14　イタリアの精神医学者。犯罪者は生来的素質によると主張する犯罪人類学を創始した。

訳注15　精神病院を意味するイタリア語の俗語表現。侮蔑的・差別的なニュアンスを含む。

「障害者」と定義されている人々が属する大きな社会的カテゴリーである。あるいは、今も廃れずにいる用語を使うなら——まったく共有されていない言葉で、もはや意識することもないが——彼らは、「ハンディキャップ者」とも呼ばれている。

3 「例外」から最初の興味の芽生えへ

もちろん例外はあるとはいえ、ミクロ・ヒストリー[訳注16]の手法を用いれば、古代から存在してきたものの中に発見できるものもあるだろう。たとえば、エレーナ・ラデュツキー[訳注17]は、ユダヤ文化を引き合いに出しながら、ユダヤ教の聖典タルムードは、聾唖者が知性を欠いた存在ではなく、教育が可能であることを初めて示した史料であると指摘している。

さらに注目できるのは、古代ローマの博物学者プリニウスによって『博物誌』で言及されているローマの軍人クィントゥス・ペディウスが、歴史上初めての聾唖者の教育の痕跡を示しているとされていることである。ここで推測できるのは、タマーラ・ザッパテッラが指摘しているように、もしローマの法学者たちが、聾唖者を「発狂した人」、つまり狂人と見なしていたら、聾唖者に対する教育は不可能だと考えていただろうということである。

そして、そこからベネディクト派の修道士ペドロ・ポンセ・デ・レオン[訳注18]（一五二〇―一五八四年）

の時代に至るまでには、何世紀もの時を超えて、バルトロ・デッラ・マルカ・ダンコーナ（一三〇〇年代）、ルドゥルフス・アグリコラエ（一四〇〇年代）、ジローラモ・カルダーノ（一五〇〇年代）といった数多くの道しるべをたどる必要がある。聾啞の子どもに対する教育が、初めて文書化された歴史に登場するのはペドロ・ポンセ・デ・レオンの時代のことである。文字を学習させることで、聾啞児に口に出して言葉を発音してみることを初めて教えたのは、この修道士だった。

この初めての試みは、聾啞児の教育のための取り組みの方法論的な原理をいち早く確立させた。しかし、その後は、一七七一年に、パリに聾啞児の教育をするための最初の学校を開設したフランス人のシャルル・ド・レペー[訳注19]（一七一二－一七八九年）の登場を待たねばならなかった。そして、同時期には、ヨーロッパ中で聾啞の学校の開設が相次いだが、その中にはイタリアのローマに設立された学校（一七八四年）とナポリに設立された学校（一七八八年）も含まれていた。

歴史の再構築の助けになる「足跡」や要素を繰り返し見直したり、検討し直したりすることがで

訳注16　大局的に歴史を語るのではなく、特定の出来事、人物、地域などの限られた対象に密着して、歴史の細部から全体を見ていこうとする歴史研究の手法。

訳注17　イタリアで活躍するアメリカ出身の教育学者。聾教育が専門。

訳注18　スペイン人の修道士。修道院での沈黙の時間に使われていた手振りや指文字をヒントにして、聾啞者のための手話を初めて考案した人物とされている。

訳注19　フランスの教育学者。世界で初めての聾啞学校を創設した。

きるようになるのは、次の一九世紀になってからのことである。本書では、今日まで障害者という特定の社会集団が形成されてきたことに付随する教育制度的、博愛的なエピソード[*8]や出来事について語るのが望ましいだろう。

盲人たちが置かれてきた状態に、いま一度、簡潔に触れなければならないとしたら、彼らに対する態度の両義性《アンビバレンス》は、一八世紀末までの社会的な疎外の状況を浮き彫りにすることになるだろう。ともあれ、この場合を見ても、主だった状況は変わらないまま、彼らは極貧状態や物乞いで生きることを強いられていたのである。

失明の病因についての無知は、長い年月にわたって、彼らが置かれた状態が、「宿命」か「神の意志」によるものであって、それは、予知的な能力、賢明さ、先見性といったものの現れか、そうでなければ、自分が犯した罪や家族が受け継いだ罪の償いの現れだろうとする仮説を立てることを許してきた。

この場合でもさかのぼれる歴史は古く、盲人の預言者テイレシアスの「心の眼で見る」能力から、歴史の再構築を始めることができるかもしれない。ホメロスのもう一つの叙事詩『オデュッセイア』に登場するテイレシアスは、主人公のオデュッセウスの問いに対して、故郷への帰還の旅の中で、これから出会うことになる障害物をどうしたら避けられるのかを暗示する。あるいは、近親相姦の罪を償うために盲目となってしまうオイディプスの悲劇『オイディプス王』から、歴史を再構築することができるかもしれない。

失明や盲人に対して覚えるアンビバレントな感情は、ともあれ、ギリシャとローマの古典古代には根を下ろしていた。そして、いくらかの変化があったとはいえ、この感情は何世紀にもわたって生き延びてきた。こうした状況は、エンリコ・チェッピ[訳注20]（一九二三―一九八八年）が、今やこの分野の古典となった書物の中で鮮明に伝えている。

『オデュッセイア』と『オイディプス王』のどちらの場合でも、盲人の運命は、明らかに通常の社会生活の外側、つまり生活のまさに周縁部分に置かれていた。社会から追い出され、恐れの対象だった盲人が、人間的な一面を手にすることはなかった。キリスト教は、盲人に対しては、人間と社会のつながりの関係性を逆転させて、苦しみの大きさに重きを置いていた。つまり、十字架を背負った人生、そしてキリストに近づいて気品を得た人生が、いかに価値があるのかという証を強調していたのである。それゆえ、中世に行われた試み、とりわけ中世の初期に盲人のための信者会や救護院が設立された試みには、慈善的な性格が色濃く、そこには隔離の傾向が目立っていた。[*9]

一八世紀の残すところ一〇年ほどになると、より正確にいうなら一七八四年には、またしてもフ

訳注20　イタリアの教育者。一一歳のときに失明。盲教育に取り組んだ。

ランスのパリに、ヴァランタン・アユイ[訳注21]（一七四五－一八二二年）によって、盲目の若者たちの教育のための最初の学校が設立された。

聾唖者の教育の場合と同じように、その後すぐに、ベルリン、ペテルブルク[訳注22]、ウィーン、エジンバラ、ロンドンといった、ヨーロッパの最も重要な諸都市に、盲人教育のための新しい機関が相次いで誕生した。その中には、イタリアのナポリ（一八一八年）、パドヴァ（一八三八年）、ミラノ（一八四〇年）に設立された学校が含まれていた。

したがって、その後も長い期間にわたって社会的な疎外という物悲しい境遇を思い知らされることになる盲人たちの教育についても、分析的に掘り下げて検討できる証言や史料を実際に入手できるようになるのは、またしても一九世紀以降になってからのことだった。[*10]

次章では、現在では知的（精神）障害者と定義されていて、一八世紀の末にはフランスの著名な医師フィリップ・ピネル[訳注23]（一七四五－一八二六年）が、「白痴《イディオティ》」と呼んでいた人々の状況について、さらなる史料を見ていくことになる。

この「白痴」という用語は、当時としては科学的な成果の到達点を示していた。なぜなら、この用語は、過去の言葉の捉え方に立ち戻ったり、白痴と「狂人」を混同したりすることなく、両者を明確に区別することを可能にしていたからである。

さて、本章の締めくくりとしては、初めの議論の糸口をたどり直して、また別の客観的な難しさ――夢中にさせられる挑戦でもあるが――を指摘しておくことができるだろう。ロベルタ・カルディン[訳注24]が鋭く述べているように、その難しさというのは、ハンディキャップの社会文化史ではなく、障害者たちの歴史を記すことが可能かどうかということに関わる難しさであり、自問自答してみると、その難しさは歴史の再構築に際して、私たちの前に立ちはだかるものである。

その歴史とは、おそらく、より中立的であるように見える障害の歴史ではなく、特殊な制度＝施設についての歴史である。あるいは、障害者たちが長い時間を過ごしてきた空間的・概念的な場所（家庭、学校、労働、医学、精神医学、教育など）を検討した歴史ということになるだろう。したがって、「ペダゴジア・スペチャーレ」に内在する主題を歴史的・学問的に掘り下げようとしている者が見過ごしてはならないのは、方法論的な見方からすれば、たどることのできるルートは幾つもあるにもかかわらず、長い年月にわたって、障害の歴史が実質的に断片的な歴史になってしまっているということである。

そして、その歴史とは、歴史の主人公たちが残した直接的な証言の「痕跡」ではなく、むしろ推測と間接的で特殊な史料によって作られた一部分と、重要であるにもかかわらず欠落している部分

訳注21　フランスの教育者。「盲人の父、盲人教育の使徒」と呼ばれた。
訳注22　現在のロシアの第二の都市サンクトペテルブルクのこと。
訳注23　フランスの精神医学者で近代精神医学の創始者の一人。ビセートル病院の精神障害者を拘束から解放して、人道的に扱う方向性を切り拓いたことで知られる。
訳注24　イタリアの教育学者。専門はペダゴジア・スペチャーレ。ボローニャ大学教授。

で成り立っている歴史なのである。

すべてのものに限界があるとはいえ、「ペダゴジア・スペチャーレ」の初期の歴史について、「闇に包まれて」いて、構造が脆弱で、認識が確立していないと定義していた本章の冒頭の主張は、この学問の歴史が、先史時代の終わりから一九世紀の初頭までという非常に長い時間に及んでいることを考慮するなら、より広く共有されることになるだろう。

ともあれ、これまでの研究が明らかにしてきた例外的な事例や初期の試みは、さらに研究を深化させていくことを促してはいるが、同時に明らかなのは、障害者の「教育可能性と人間性の向上への信頼」はおろか、「教育的な意図」に基づいた「教育的ケア」の実践すら一般的ではなかったということである。


【注】
＊1　A. Canevaro, A. Goussot (a cura di), *La difficile storia degli handicappati*, Roma, Carocci, 2002, p. 17.
＊2　F. Cambi, *Saperi e competenze*, Bari, Laterza, 2004, p. 39.
＊3　S. Ulivieri, *Sentieri storici dell'emarginazione*, in S. Ulivieri (a cura di), *L'educazione e i marginali. Storia, teorie, luoghi e tipologie dell'emarginazione*, Firenze, La Nuova Italia, 1997, pp. 3–38.
＊4　食糧確保の必要性と偏見が、障害のある乳児の殺害を正当化し、乳児殺しを正当な行為と見なしていた。スパルタ（現在のスパルティ）のタイゲトス山やローマのタルペイアの岩は、こうした慣習の象徴的な場所だった。

＊5　リータ・ファッダが明確にしたように、ケアの活動は、すべての教育的な言説の基礎となるカテゴリーであるだけでなく、あらゆる教育観念や教育モデル以前に、どんな人間存在にも共通する根源でもある。

＊6　ペダゴジア・スペチャーレに託された熟考すべき課題には、間違いなく言語的なものも含まれている。したがって、最初から明確にしておきたいのは、「病に罹患した（affetto da）」という表記を用いる場合は、医学的・保健的な価値基準に対してのみ使用されているということである。すなわち、欠陥や病を示そうとする場合である。その一方で、特定の歴史的な局面についての用語に言及したり、文書や別の書き手のテキストを参照したりする以外は、人間の実存状態について語ることになるが、その場合には、本書の冒頭ですでに用いた「障害に影響された（interessato da disabilità）」や「障害の状況にある（in situazione di disabilità）」という表現を使用する。この表現は、授業での学生との議論の中で数年かけて考え抜かれたもので、解釈や研究によって支持を得ている。他の定義と比べてみても、この表現は、障害を実体験している主体に対して、障害のさまざまな構成要素が、多かれ少なかれ相互作用している状態を尊重しているように思われる。この考え方は、二〇〇一年にＷＨＯが発表した「国際生活機能分類――国際障害分類」で示された生物・心理・社会的パラダイムと合致している。

＊7　A. Errani, *Le immagini degli handicappati nella storia.* Permanenze e cambiamenti, in A. Canevaro, A. Goussot (a cura di), 前掲書, p. 191.

＊8　一七八四年から一八五〇年までの間に、イタリアだけでも、二五ヵ所の聾唖者の受け容れと教育のための施設が設立された。これらには共通の要素があると同時に、それぞれが独自の歴史ももっている。知られているのは一部だけで、その他の部分は、今後、発見され再検討されるべきものである。

＊9　E. Ceppi, *I minorati della vista,* Roma, Armando, 1986, p. 34, (ed. orig. 1969).

＊10　一九二三年の勅令第三一二六号によって、初めて盲児・聾児に対する義務教育と公立学校への入学許可が規定されたことを考えておこう。もう一つのきわめて重要な成果は、イタリア盲人協会と全国聾

唖協会が団結して陳情したことによって、一九三八年には、改正されたばかりの民法勅令第三四〇条が廃止されたことである。同法では、聾者・盲者は、出生時から成人となるまで、「法律上」能力を有しない者とされていた。

第2章

ジャン・マルク・イタール
――「独善的な診断」から教育的な関係へ

1　侮蔑と科学的な関心――一八世紀末のフランスにおける「異質さ」

ロベルト・ザヴァッローニ[訳注1]（一九二〇－二〇〇八年）が、「ペダゴジア・スペチャーレ」の誕生に触れて、「この学問は、唐突に生まれたわけではないし、たった一つの国によってもたらされたものでもない」[*1]と書いているように、その起源は、ヨーロッパとアメリカの幾つかの国に見出すこと

訳注1　イタリアの教育学者、心理学者。元ローマ・ラ・サピエンツァ大学教授。イタリアの大学に初めて設置された「ペダゴジア・スペチャーレ」講座の正教授となった。

ができる。

続けて、ザヴァッローニは「[……]とはいえ、もしこの特別な教育の発祥の地といえる国を示すとすれば、この学問が発展してきた実りの多い土壌として、第一にフランスを挙げることができるだろう」とも記している。聴覚と視覚に障害にある人々の教育のために最初の機関が設立されたのがまさしくフランスのパリだったことは、先に述べたばかりである。

そのフランスにおいて、またしても、ある分岐点が生まれてくることになる。それは、「野生児」というすでに知られていた「異質なもの」に対する好奇心と（この好奇心はどの時代にも存在していた）、「異質な」者たちの教育に対する医科学的かつ教育的な面での理論的・実践的な関心という二つの異なる興味の間の分岐点だった。

こうした時代を切り拓いていくことになるのが、このときまでほとんど無名だった若き医師ジャン・マルク・イタール[訳注2]（一七七四－一八三八年）だった。イタールは、三人の猟師に「真っ裸」で発見された一一歳ほどの少年の知育と人間形成の教育を担当することになった。少年は、アヴェロンの森で、食用のドングリと木の根を探すのに夢中になっているところを捕らえられたのだった。

さて、短いとは言えない期間、ヴィクトールと名乗ることになる「アヴェロンの野生児」の少年の前例のない物語を扱う前に、まず二つの問いを立ててみるのがよいだろう。一つは、なぜその舞台がまたもやフランスだったのかという問いであり、もう一つが、歴史の中で伝えられてきた数多くの野生人と比べて、その「野生児」は、何が違っていたのかという問いである。

紙幅は限られているが、それぞれの回答の公平性も意識しながら、この二つの問いに合わせて応えるために、幾つかの要素を統合して一つの考察を試みることにしよう。

ところで、イタールと「野生児」の物語を理解するには、その時代の文化的・社会的な風潮すなわち啓蒙主義の時代の風潮に、実際に文脈を置き換えてみる必要がある。この時代が終盤にさしかかる頃、一八世紀の全体を通じて思想家《イデオローグ》たちが培ってきた人間の探究のための科学的・哲学的な関心は、「好ましい」成熟へと向かっていた。そして、その世紀の変わり目には、そうした成熟が、「非常に領域横断的な新しい科学の中で、人間の精神感情的なプロセスの経験論的・感覚論的な分析、人体についての医学・生理学的な研究、そして、旅行者による民族人類学的な観察などを有機的にまとめあげようとする」*2 制度的・概念的な手段《ツール》を生み出していたのである。

したがって、先述した聾唖者や盲人のための学校、そして、「人間観察者協会」[訳注3] などが、いつでも思想家《イデオローグ》たちの庇護の下に設立されていたことは偶然ではなかった。とりわけルイ・フランソワ・ジョフレ（一七七〇–一八四〇年）たちによって、一七九九年に設立された「人間観察者協会」は、今日では、「精神人類学」とでも定義できる調査の実施を第一の目的としており、その計画には、「自然な状態」にある人間の研究も含まれていた。つまり、この研究は、「肯定的」な根拠に基づい

訳注2　フランスの聾唖教育の先駆者。一八世紀の末頃にフランスのアヴェロンの森で捕らえられた野生児に教育を行った、知的障害児の教育の創始者として知られる。
訳注3　一七九九年にパリに設立された学際的な研究者たちの集団。

て、人間の前文明的で前社会的な状態を調査しようとするものだった。

そこで意図されていたのは、「異質さ」と「違い」についての最初の知見を発展させ、検証し、完成させることだった。こうした知見は、ジョルジュ・ルイ・ルクレール・ド・ビュフォン[訳注4]（一七〇七－一七八八年）とカール・フォン・リンネ[訳注5]（一七〇七－一七七八年）の自然科学的な分類、人間間の不平等の起源と人間の本性への教育の影響についてのジャン・ジャック・ルソー[訳注6]（一七一二－一七七八年）の理論、あるいは、ジョン・ロック[訳注7]（一六三二－一七〇四年）の経験論に端を発し、エティエンヌ・ボノ・ド・コンディヤック[訳注8]（一七一四－一七八〇年）の感覚論的思想[*3]、クロード・アドリアン・エルヴェシウス[訳注9]（一七一五－一七七一年）とドゥニ・ディドロ[訳注10]（一七一三－一七八四年）の唯物論などを介して、極端な帰結にまで発展していた人間の知識（学習）の起源の研究などに引き継がれていくものだった。

その同時代には、ヴォルテール[訳注11]（一六九四－一七七八年）が、寛容論、言論の自由、刑事訴訟の残酷性などについての自身の思想を広めた。そして、ルソーは『エミール』[訳注12]を出版して、幼児教育が必要とされる理由を明確にするとともに、腐敗や偏見や偽善といった人生の始まりから社会に教え植えつけられるものから離れて、幼少期の教育を行うことの必要性を指摘した。さらに、ラ・シャロッテ[訳注13]（一七〇一－一七八五年）は、『国民教育論』（一七六三年）の中で、国民的な大きな関心事として、万人のための教育の問題を提起した。

ともかく、こうした時代背景の中で、さまざまな幕開けが準備されていったわけだが、ここで、

「異質さ」が十分に受け容れられていたと考えてしまうと、私たちは重大な過ちを犯してしまうことになるだろう。なぜなら、啓蒙主義者たちの大半は、社会的・文化的な状態に関するものであ

訳注4　フランスの博物学者、啓蒙思想家。実験科学の方法論を体系的に展開、自然科学における経験的基礎の重要性を説いた。大著『博物誌』を刊行、進化論の先駆者と見なされる。

訳注5　スウェーデンの博物学者。雌雄蕊《ずい》に基づく植物の分類法を提唱し、その後、動植物を属名と種名で表す二名法を確立した。著書に『自然の体系』『植物の種』などがある。

訳注6　フランスの啓蒙思想家。理性に対して感情の優位を主張し、人為的な文明社会における人間の堕落をつき、自然に帰ることを説いた。

訳注7　イギリス経験論の代表的な人物。『人間悟性論』で認識の起源を経験（感覚と反省）に求めた。

訳注8　フランスの哲学者。ロックの経験論を徹底させた感覚論哲学を打ち立てた。著書に『感覚論』『体系論』などがある。

訳注9　フランスの哲学者。啓蒙時代の唯物論を代表する作家。

訳注10　フランスの啓蒙思想家。機械論的唯物論の立場に立って、広い分野にわたって著作を記した。

訳注11　一八世紀を代表するフランスの啓蒙思想家。著作『哲学書簡』でイギリスの経験論をフランスに導入した。

訳注12　一七六二年に出版されたルソーの教育論。主人公エミールの誕生から結婚までを五編に分けて叙述した。子どもに自然の善性を認め、それを文明社会の悪影響から守り育てようとする教育理念は画期的なもので、後代の教育理念に多大な影響を与えた。近代教育学の古典の一つに数えられている。

訳注13　フランスの啓蒙思想家。家族主義国家観にたって国家が教育権を握るべしとする教育史上最初の国民教育論を展開した。ヴォルテールの助言を受けて『国民教育論』を執筆した。

れ[*4]、病に関するものであれ、あるいは精神的・感覚的な原因に由来するものであれ、そうした「異質さ」に対して、心の中にある種の軽蔑心を抱いていたからである。

この点については、「現代教育学と子どもの権利の父」と考えられているルソーの立場が、よく知られている。『エミール』の第一編では、教育的な取り組みが、成果を挙げるための理想的な特徴が示されている。そこでは、彼の教え子は、女性ではなく男性でなければならないこと、サーミ[訳注14]や「黒人」ではなく、フランス人でなければならないこと、貧乏人ではなく、高貴な家の出でなければならないこと、そして何よりも、完全に健康な状態でなければならないことが記されていた。もし生徒に病気があれば、その生徒への教育は、他の生徒たちにとっては時間の無駄になってしまうからだった。

物事をやや単純化してしまうリスクを冒さざるをえないが、ここで確かに言えるのは、『エミール』には、さまざまな形での「異質さ」の表れに対する強い関心が、書き留められていることである。もちろん、身体的・感覚的な障害に起因している「異質さ」も少なくはなかったが、実際のところ、「一八世紀には、盲目だったり、聾唖だったり、『白痴《イディオティ》』であったりする子どもたち、とりわけ『野生児』である『異常な』子どもが、人々の話題にのぼることがあり、この時代の医師や哲学者たちは、少なくとも初めの一瞥だけは、彼らに大きな関心を寄せていた。そして、一八世紀のフランスの哲学者の誰もが、あらゆる機会に、野生児と言われている子どもについて議論をしていたと書き残されている[*5]」ことまでがわかっている。

実際に関心を集めていたのは、「異常者」[*6]の状態についてだったが、人々がとっていた態度はさまざまだった。そこには、単なる覗き見的な好奇心から、医学的かつ哲学的な関心の芽生えまでがあった。彼らが行った観察と「研究」を介して、まだ信頼性に乏しかった解剖学的・生理学的な知識や、感覚機能と認知の発達の関係性などを検証することができた。

精神科医のフィリップ・ピネルが、ビセートルとサルペトリエールの病院で行った最初の医学的分類、またディドロが『盲人書簡（盲人に関する手紙）』や『聾唖者書簡（聾唖者についての手紙）』の中で行った考察は、こうした方向性の中にあるものだった。しかし、どちらの場合をとってみても、彼らが行った仕事は独自のものだったとはいえ、それらは、臨床的・疾病学的な関心を超えるものではなかったし、「知識としての哲学と感覚障害者の適応問題の実情との間に横たわる絶望的な距離[*7]」を超えるものでもなかった。

障害者の実態、彼らの生活の実情、その帰結と社会との相関関係といったこととの間に関連があるということを、おそらくピネルもディドロもほとんど直観できなかった、という意味ではないが、（同時代の）多くの学者たちと同様に、彼らもこうした点には注意を向けなかったといえる。[*8]

訳注14　スカンジナビア半島北部のラップランドに住む少数民族。

2 違いの存在が「アイデンティティ」を育てる
——ジャン・マルク・イタールと「アヴェロンの野生児」

後期啓蒙主義という時代の文化において、これ以前に知られていたあらゆる野生人たちと、「アヴェロンの野生児」を別物のようにしていたのは、まさしく前述のような問題の中で培われてきた文化的・科学的な「土壌」だった。そして、この土壌のおかげで、ピネルというまさに科学界の権威が下した野生児の少年の「教育不可能」という「独善的」な診断に、弱冠二五歳の医師イタールが戦いを挑むことができたのだった。

哲学、倫理学、医科学の側面では、動物学者で自然史教授のピエール・ジョゼフ・ボナテール[訳注15]（一七五二―一八〇四年）が行った最初の検査において（一七九九年）、「野生児」の発見には、リンネによって分類された「ホモ・フェルス[訳注16]（野生人）」のすべての特徴が現れていた。「野生児」の発見は、これ以前には理論的な推測の対象にすぎなかった現象と問題の大部分を、経験に基づく方法で観察し研究する機会を与えることになった。

イタールに絶好の機会が訪れたのは、聾唖学校に医師として勤務していたときだった。イタールは、野生児の少年にみられる反社会的な行動や、すべての精神的・感覚的機能の深刻な遅滞の現れは、教育的なケアが欠如していたこと、つまり捨てられて、一人で森の中で暮らしていた生活環境に原因があるのであって、少年の二度目の臨床検査でピネルが診断した「白痴《イディオツィア》（重度の精神薄弱）」の状態に原因があるのではないと考えた。

イタールは、当時、聾唖学校の校長の立場で「野生児」の面倒を見ていたロシャンブロワーズ・キュキュロン・シカール[訳注17]（一七四二－一八二二年）の最初の誘いを受け容れると、少年の知育と人間形成の再教育を担うにあたって、フランスの内務省に正式な任命を求める要請を行い、承認を得ることができた。そのとき、学校では、野生児の少年は、垢にまみれ、しばしば他の少年たちからいじめを受けており、訪問者たちの好奇心と嘲笑の的にもなっていたが、この放置された状態に終止符が打たれることになった。

こうしてイタールと少年の間には、一八〇一年から一八〇六年まで続く継続的な関係性が生まれた。それについては、イタール自身が、非常に詳細な二冊の日誌の中で分析的に記述している。その日誌は、初期の段階から「医療的な実践、治療的な要請、教育的なケア」を取り入れていた彼らの関係性の証言を語り伝えている。こうした点について、イタールは、ピネルが下した医学的な診断に触れながら、最初の『回想録』[訳注18]の冒頭で以下のように記している。

訳注15　フランスの博物学者。「アヴェロンの野生児」を最初に研究した科学者として知られる。
訳注16　リンネは、ホモ・サピエンスの下位区分として、「ホモ・フェルス」という分類を作った。
訳注17　フランスの聾教育者。パリに世界初の聾唖学校を設立したド・レペーの下で教えを受けた。
訳注18　日本では『アヴェロンの野生児』（福村出版、一九七五年）の邦題で出版されている。

私は、少年にとってこのような不利な主張にはまったく同意できなかった。ピネルの描写は真実で、対象へのアプローチの方法も正確だったが、私はそこになんとか希望を読み取ろうとした。見かけは明らかに白痴であっても、その『原因』と『治癒可能性』という二重の考察に希望を託すことにした。[*9]

さらに同書を読み進めてみると、幼少期からいかなる教育も受けられず、仲間の人間からも常に離れて暮らしてきた少年の知能の発達状態に関する診断で、現在では機能的診断と定義できるだろうものについて、次のように述べられている。

この少年の精神の姿こそ、まさしく『アヴェロンの野生児』が置かれた状態を表しており、この問題を解決することが、野生児たちの知的な状態の程度とその原因を明らかにすることになるだろう。[*10]

最初に仮説を立てた後に、医師であるイタールは教育について明確な言及を行っている。なぜならイタールは、自問自答し仮説を立てることにより、過去にこの少年が実際に置かれていた状況の中に、今、彼が置かれている「状態」の原因を見出していたからである。

たとえば、少年には、とても深刻な感覚的、言語的、知能的、運動的、行動的、人間関係的、そして感情的な機能の障害があった。しかし、これは「白痴」の症例ではない。したがって、この遅滞状態がどれほど深刻であっても、感覚の再活性化[*11]、つまり聾唖学校では日常的に行われていて、イタールにとっても非常に馴染み深い実践によって、これを回復できるだろうと考えていた。この見方からすると、最初の報告の冒頭に記されているように、少年の状態は医学的な症例であり、その治療は精神医学の分野に属することがわかっていた。

しかしながら、イタールは、精神医学の分野でピネルを含めた彼の医学上の先達を参考にすることは、この少年にとって大きな助けにはならないと早くから主張していた。イタールは「私は、想定外の症例に適応できない彼らの学説ではなく、彼らの学説の精神により強く導かれて、『アヴェロンの野生児』の心的な治療と教育を五つの目的にまとめあげた[*12]」と記している[*13]。

このアプローチは大胆なものに見えるかもしれないが、イタールの活動は、ある意味では、現代になってようやく実現した二つのパラダイムの出会いを、約二世紀も前に「先取り」していたといえるだろう。それは、WHOの国際生活機能分類（ICF）（二〇〇一年）が提唱することになる、「研究」と「教育的な介入」における「医学的な」パラダイムと「社会的な」パラダイムとの出会いだった。

そして、そう確信していればこそ、パトリツィア・ガスパリ[訳注19]の考えに賛同するのは、さほど難し

訳注19　イタリアの教育学者。専門はペダゴジア・スペチャーレ。ウルビーノ大学教授。

いことではない。ガスパリは、「イタールは、障害者の回復可能性の問題を学際的なつながりで捉えていて、医学・実験科学の分野から生じる治療ということが、『治療の問題』だけでなく『教育の問題』とも密接に関わっていることを顕在化させ、そこに、不利な立場にある人の回復と社会参加の可能性が生まれてきた」[*14]と記している。

ただやみくもに読み進めるのではなく、こうした鍵となる視点からイタールの二つの報告のページをめくってみれば、これは、イタールが若きヴィクトールに寄せていた「教育的な信頼」から生まれる「溢れる人間の関係性」によって、医師と患者という役割分担が乗り越えられていくという、関係性と共生の物語であることがわかる。ヴィクトールという名は、教育という試行的な場において、母性的な愛情をもって少年に付き添っていたグェラン夫人とイタールの二人が、「アヴェロンの野生児」のために選んだ名前だった[*15]。

3 教育的な介入と方法──ほのかな兆し

イタールと野生児の少年という物語の二人の主人公についてだが、グェラン夫人を蚊帳《かや》の外に置いてしまうという過ちを避けたいのであれば、三人の主人公と言っておくのがよいだろう。そして、この三人が担っていた役割についていえば、一般的に予想されるよりもはるかに熱心に、彼らはこの計画の実践に関わっていた。

セルジョ・モラヴィア[訳注20]は、「彼らの関係性というのは、『トータルな人間的つながり』であり、それゆえ、ドラマチックな出来事の連続だった」。それは、ほとんど「イタールの『哲学』とアヴェロンの少年の『野生性』との闘いであり、イタールの実践的で『文化的』な創意工夫と少年の『天性』の頑固な無感覚さとの闘いだった[*16]」と記している。

とはいえ、医師イタールが、繰り返し、時には強圧的に教育的な試みを行うとき、そこに「天性」のものをあらゆる方法を用いて「文化的」なものに従わせようとする「ノーマライズ」のための強固な意志だけを読み取ろうとするのは、極端であり一面的であるだろう。それは、理論的にも実践的にも、今日であれば、「研究－実践」という用語で定義しうるものを先取りしていた。

イタールは、少年の潜在能力への確信、そして教育の方法や手段の改善のために、絶えず研究を重ねていたことからくる、教育上の楽観主義にいつも支えられていた[*17]。イタールは、心底落胆させられたときでも、少年を決して責めることなく、むしろ失敗を自分自身の責任にして、そこから研究を再開させた。そして創意工夫をもって、利用できる戦略や手段を再適応させるという、地道な道を歩んだ。ほとんど何かに取り憑かれたかのように、ヴィクトールがもっている可能性から、いつでも（再）出発することを自分に課していたのである[*18]。

訳注20　イタリアの哲学者、人類学者。元フィレンツェ大学教授。

現時点から見ると、それから一世紀以上が経った後に、レフ・ヴィゴツキー[訳注21]（一八九六－一九三四年）が解明することになる「発達の最近接領域[訳注22]」という概念の萌芽が、すでにそこにはあった。あるいは、イタールは、段階的・個別的な「目的別プログラム」によって、二〇世紀を先取りしていたとも言えるだろう。

たとえ、そこまでは言いすぎだとしても、認めざるをえないのは、ヴィクトールの潜在能力と、自身を十分に表現でき自由を与えてくれる可能性のある学習との橋渡しを探究することばかりが、イタールの仕事だったわけではないということである。

生徒に対する教師イタールの注意は、感覚的・知能的な学習が、どのように発展して成熟していくのかを特定し、促し、それを書き留めることだけに向けられていたわけではなかった。そうではなく、イタールは、人間の全体性に着目して、感情的－情緒的そして動機づけとなる条件と、言語的、知的、実践的－操作的な行動や学習との間に、密接なつながりがあるのを見出そうとしていたのである。

これについては、ピエロ・クリスピアーニ[訳注23]が、イタールに関する研究の中で「イタールは、感情的な機能に本質的なものを認め、人間の症例においてそれを書き残したおそらく初めての人物だった」と述べているほどである。

もちろん、こうした事例はいくらでも挙げることができる。たとえば、作業を嫌がるのを止めさせようとして、仕事場の窓からヴィクトールを「突き出した」こと、そして、「正義感」の発達を検証するために「うす暗い小部屋」に閉じ込めたことに対して、少年が暴力をはたらいたことなどがそれだった。

これらのエピソードは、イタールが自分の役割に完全に没頭してしまっていて、無神経ともいえるほどの態度をとっていることを伝えている。それと同時に、イタール自身が、どれほど少年との関係に関与していたのか、そして教育的な関係性において、感情的・情緒的な結びつきがどれほど根本的なものだったか、ということを証言する多くの場面が描かれている。こうした点では、イタールが直接的に関与しているさまざまなエピソード、あるいは、それがより明確に表れているものとして、グェラン夫人とのエピソードを挙げることができるだろう。最初の報告には、ヴィクトールが、夫人に向かって歩いていくのをイタールが目撃する場面が記されている。少年は、自分の世話役である夫人と会ったときには、「生き生きとした愛着」を表し、彼女と別れるときには悲痛な面持ちとなった。それとは逆に、〔別の機会に〕彼女と再会したときには、やはり満足気な態度を示したのだった。

訳注21　ロシアの心理学者。当時の心理学を支配していた生物学的・自然主義的理論に対立する〈精神の歴史的・文化的発達〉理論を唱えた。児童発達の分野に多大な影響を与えた。
訳注22　子どもが自力で問題解決できる現時点での発達水準と、他者の支援や協力があれば解決可能となるより高度な潜在的発達水準のずれの範囲のこと。
訳注23　イタリアの教育学者。元マチェラータ大学教授。

また別の一節では、イタールは、自分自身とヴィクトールとの関係性の幾つかの特徴を、自らほとんど感動的ともいえる表現で書き残している。イタールは、二人の間にあるほとんどが愛撫と抱擁でできている対話について語った後に、「人々は、何とでも言うだろうが、私はこうしたあらゆる子どもじみた遊戯に、進んで応じていたことを告白しておこう。少年の精神に大きな影響を与えている尽きない愛情、自然に母親の心に植えつけられるあのお節介な気配り、そして、それらが、少年に初めての微笑みを湧き上がらせ、最初の生の喜びを生み出させる、ということを思い浮かべてもらえるなら、おそらく私のしたことを理解してもらえるだろう[*19]」と観察した様子を記している。

さらに、二番目の報告で伝えられているヴィクトールの森への逃亡とグェラン夫人の夫の死に関連する二つのエピソードも引き合いに出せば、少年が欲していたものと、イタールと夫人の思いやりに溢れたケアが巡り合ったことによって、少年の「閉ざされた心」がこじ開けられ、その結果、少年が「感謝の気持ちと友情という明確な感情[*20]」を抱くにいたったということがわかるだろう。

つまり、ここで明らかになるのは、感覚と知性の発達の目的は、「人間的な温かさがあって人間性を高めてくれる関係性」の中だけに位置づけられるもので、その関係性は、学習という行為に意味と価値を与える広範にわたるバックグラウンドとして役割を果たしているということである。

本章を終えるにあたって、必要以上に言及することは避けたいが、こうした点で私たちが留意しなければならないことは、誰よりも活躍していたのは明らかにグェラン夫人だったということである。実際のところ、母親のような気遣いと優しさで、イタールとヴィクトールの間の緊迫しがちな関係の仲立ちをして、日々の打ち解けた雰囲気の中でヴィクトールの学習を進展させていたのは、まさしく彼女だった。イタール自身も、事前に指導目標が設定された意図的な状況ではない場合のほうが、少年の教育はいっそう前進すると認識していた。

ガスパリによれば、医師と少年の間の冷たく、機械的で、実験的な関係性に人間的な温もりを加えることで、「ペダゴジア・スペチャーレ」における「支援の機能」を先取りするような貢献をしていたのもグェラン夫人だった。

したがって、イタールと若きヴィクトールの体験に象徴される「ペダゴジア・スペチャーレ」の起源となる歴史的な基盤と節目の構築に、グェラン夫人は少なからず貢献していたのである。しかも、ガスパリが指摘しているように、これは内務省を巻き込んで組織的な取り組みとして行われたものであり、つまり特定の意図に基づいて行われた初めての治療的・支援的かつ教育的な試行でもあった。

さて、ここまで手短に振り返ってきたのは、まさしく読者の興味を刺激しようとしてのことである。しかし、その一方で、イタールの二つの報告と取り上げた参考文献を読者自身が読み進めることで、「ペダゴジア・スペチャーレ」の最もアクチュアルな原則と課題について新たな発見をしたり、考えうる推論をしたりして楽しみを味わうことは、ほとんど手つかずのまま残されている。

カネヴァーロが述べているように、重要なのはイタールを褒め称えることではなく、ピネルが主張した少年の回復不可能性の概念を拒絶することによって、イタールたちが、いかにして今日にも通じる教育的な挑戦に命を吹き込んだのか、ということを理解することである。

これ以上、この問題を掘り下げることはしないが、ここで指摘しておけるのは、イタールが到達した目標を矮小化したり、語られなかった目標を引き下げたり、あるいは、ヴィクトールに言葉の使用を教育できなかったということを理由にしたりして、イタールが行った試行の革新的な価値を貶めることは決してできないということである。

そして、実際にこうしたイタールの試行から始まって、「違い」の存在が「アイデンティティを形づくる」ようになり、「教育への信頼」は、現在に至るまで科学的な議論に耐え抜き、どのような境遇に置かれていても、人間の発展と充実に限界を設けるどんな主張にも根拠がない、ということを証明しながら、前に進んできたのである。


【注】

＊1 R. Zavalloni, *Problematica della pedagogia speciale*, in Id (a cura di), *La pedagogia speciale e i suoi problemi*, Brescia, La Scuola, 1967, p. 31.

＊2 S. Moravia, *Il ragazzo selvaggio dell'Aveyron. Pedagogia e Psichiatria nei testi di J. Itard, Ph. Pinel e dell'anonimo della «Décade»*, Bari, Laterza, 1972, p. 6.

＊3 最もよく知られた二つの著作『人間認識の起源に関する試論』（一七四六年）と『感覚論』（一七五四年）の中で、コンディヤックは、すべての知識は感覚から派生しており、知識が互いに結合するのは、いつでも感覚が多かれ少なかれ活性化した結果であると主張して、感覚と観念の区別を否定するように

なるなど、ロックの思想を徹底させた。コンディヤックは、人間を、まさに感覚的なダイナミズムの効果によって再覚醒し、人間化する「影像」だと考えていた。

＊4 この点については、「思想家たち」の中にも、民衆の教育が万人に及ぶのは非常に危険だといって恐れる声が少なからずあった。そして、その危険性は最も低い社会階級の側からの社会進出という「馬鹿げた」野望を募らせると考えられていた。ルソー自身は、「貧乏人には教育の必要がない。貧乏人の境遇の中で受ける教育は強制的なものだけで、他の教育を受けることはできない」と断言していた。したがって、ルソーの教育についての著作では、生徒には高貴な家の出の者が選ばれていた。

＊5 A. Canevaro, J. Gaudreau, *L'educazione degli handicappati. Dai primi tentativi all'età moderna*, Roma, NIS, 1989, p. 21.

＊6 この言葉は、今日の障害の条件として定義されているものを十分に参照しているが、本書のそれぞれの歴史的な時期には、その意味はより広い範囲に及んでいた。「総合病院」（設立当初は、「病院」ではなく一切の治療が行われない「施療院」であり、事実上の監禁施設だった）というよりも、大きな複合体の一部だったビセートルとサルペトリエールの二つの大病院では、一八世紀の最後の一〇年間までは、患者は区別されておらず、つまり、病人、貧乏人、犯罪者、狂人、障害者などは同様に扱われていた。

＊7 A. Canevaro, J. Gaudreau, 前掲書, p. 29.

＊8 カネヴァーロ他の著作ではこの点が指摘されている。ピネルは、監禁された者たちの生活と「健康」状態の改善に絶えず注意を払っていた。そして、まさにこれが理由で、彼は「狂人を鎖から解放した」ことで歴史に名を残すことになるが、筆者の考えでは、ディドロに関しても、ピネルと同様のことが言えた。

＊9 S. Moravia, 前掲書, pp. 51–151.

＊10 S. Moravia, 同右, p. 58.

＊11 イタールが、医学－哲学論に傾倒していて、かつコンディヤックとエルヴェシウスの感覚論の熱心な

支持者だったことを忘れてはならない。

*12 S. Moravia, 前掲書, p. 61.

*13 イタールの『報告』では、健康の次元ではなく、教育の次元での行動の関連性は、五つの目標の提言の中で非常に明確に示されている。（一）少年が今過ごしている時間をより快適にし、とりわけ抜け出してきた生活により近づけることで、社会生活に結びつけること。（二）非常に強い刺激を与えることで、時には激しく魂を揺さぶり、神経の感覚を目覚めさせること。（三）新しい欲求を生じさせ、周囲の人間との関係を増大させることで、観念の範囲を拡大すること。（四）どうしても抑えきれない必要性によって模倣の訓練を行い、言葉を使用するように導くこと。（五）しばらくの期間、身体的な欲求の対象に対して、非常に単純な精神作用を働かせ、その後にその適用を教育的な目的に向けさせること。

*14 P. Gaspari, *Preti e filantropi, mentori e terapeuti: pionieri di una nuova professionalità educativa*, in A. Canevaro e A. Goussot, (a cura di), *La difficile storia degli handicappati*, Roma, Carocci, 2002, p. 86.

*15 周りの聾唖児たちが「オー」という音を繰り返し発するのを、この少年が好んでいたことから、ヴィクトールという名が選ばれた。彼らが発する聞き取りにくい喉音の中で、「オー」という音は、唯一、少年が聞き分けていた音だった。そこで、自分の名前を学習するのにもこの名前が適していると考えられた。こうした姿勢は、医師と教育者の資質をあわせもっていたイタールの行動の中で一貫していて、若いヴィクトールの中で、人間の能力の生理学的、精神的 - 感情的な進化が、どう発展していくのかを常に理解しようとしていた。したがって、イタールの観察は、いつでも最大限の厳密さと分析によって特徴づけられていたが、彼の意図は、明確な教育のあり方を示すプログラムを通じて、ヴィクトールの能力を構築することに向けられていた。

*16 S. Moravia, 前掲書, p. 16.

*17 読者が何度か参照してきたイタールの二つの日誌をあわせて読んでみると、少年のさまざまな感覚能力、注意力、記憶力、判断力、読み書きの学習能力などを開発するために、イタールが作成した教材

が、どれほどたくさんあり、想像力豊かで、機能的だったかということに気づかせてくれる。それと同様に、こうした教材を用いた方法論的な戦略も数多く存在していた。たとえば、模倣プロセスから始めて、イタールは、ヴィクトールの中に、最も初歩的な学習における、本来的な機能に根ざした連想力、比較力、認識力を開発することに成功していた。

*18 イタールの不断の教育的・批判的な態度をよく表しているのが、最初の『報告』の中の一節である。イタールは、初めは、聾唖児たちが、実物やデッサンをアルファベットの文字に置き換えていくのと同じ戦略を、ヴィクトールにも転用できると確信していた。しかし、試してみると、ヴィクトールにとっては、それは乗り越えられない難題であることがわかった。その時イタールが述べているのは、「野生児のまだ眠っている能力に適した方法、つまり一つの問題をクリアするごとに、難しさのレベルを上げていく方法を探し求めなければならなかった。こうした意図から、私は新たな計画を立てた」ということだった。二番目の『報告』では、ヴィクトールが、初めて模倣による書字練習を行った際に、難しそうな様子が見られたことを確認し、イタールは、「ここでも一度後戻りして、他の能力と同じように模倣能力にも段階的な教育を施すことで、この能力を眠っている状態から引き出さなければならなかった」と記している。

*19 S. Moravia, 前掲書, p. 76.

*20 S. Moravia, 同右, p. 138.

第3章

エドゥアール・セガンと「白痴《イディオティ》」の教育

はじめに

これまで述べてきたように、「違い」に対する関心は、それが障害の状態に関するものであれ、狂気に関するものであれフランスで生まれた。こうした関心が生まれたのは、とりわけピネルおよび精神病者と結びついた衛生的・医学的な問題にも関心を抱いていた弟子のジャン・エティエンヌ・ドミニク・エスキロール[訳注1]（一七七二－一八四〇年）が関与するようになったからだった。

ピネルは、鎖につながれていた「狂人」の解放を命じたわけだが、ミシェル・フーコー[訳注2]（一九二六－一九八四年）は、「こうすることで、ピネルは狂気をまき散らし、理性があらゆる具体的な形態になって狂気を隠蔽するようになり、またビセートルの町のすべての住民の中に狂気を紛れ込ませることで、まさしくあらゆる種類の狂気を混ざり合わせ解きほぐせないものにした。それと同時に、狂気の分類を可能にしていたすべての基準を撤廃させてしまった」と評している。

エスキロールは、精神病者が収容されている救護院や監獄の退廃した実態を告発して、フランスの二六の行政区画ごとに専門機関を設立するように提案した。しかし、ルチーア・デ・アンナ[訳注3]が指摘しているように、一方では精神《スピリット》の管理に対する医学の力が強まったとするなら、他方では、治療的な意味での医学的な介入の限界が認識され、教育的な介入に対する関心が集まったということになる。

実際のところ、収容者たちが生活していた「アサイラム」[訳注4]の状況からは、彼らを囚われの身にしていた個々の条件をまったく区別することができなかった。それ以前から、ピネルは狂気を「白痴《イディオティ》」と区別し、ピネルの弟子であるエスキロールは「白痴」を別の症状である「知的障害《イディオティスム》」と区別していたが、「白痴」に対する精神医学の理論的・実際的な関心は、きわめて乏しかった。

事実、ピネルとエスキロールの解説によると、「白痴」は病ではなく、むしろ「状態」や「症状」であり、したがって、教育的な取り組みは、非常に限られた機能の回復しかもたらさないが、その一方で、本当の病人であると考えられる精神病者の心身の治療については、医師たちは治癒の可能性を見込めるとしていた、ということだった。

1　エドゥアール・セガン――人柄と略伝

「白痴《イディオティ》」に対する教育的な関心を示すようになったのは、実際には医師ではなく教育の専門家であるエドゥアール・セガン[訳注5]（一八一二―一八八〇年）だった。セガンは、重要な仕事をやり遂げた後に医師になった人物で、おそらく、その仕事や彼自身に対して医師会が示していた冷たい態度を、いくらかでも和らげるためだけに医師になったとされている。

訳注1　フランスの精神医学者。ピネルの第一の弟子として師の疾病分類を発展させ、フランスではピネルとともに一九世紀前半の最も重要な精神医学者の一人となった。フランスの精神衛生法である一八三八年法の成立に関与し、精神病患者の処遇や精神医学教育にも多大な貢献をした。

訳注2　フランスの哲学者。構造主義の代表的な思想家。ピネルによる狂人の解放は、狂気を医学の名で既成の価値体系や道徳的抑圧へと組み込んでいった過程でしかなく、精神疾患と呼ばれるものは、「疎外された狂気」にすぎないと考えた。

訳注3　イタリアの教育学者。専門はペダゴジア・スペチャーレ。元ローマ・フォロ・イタリコ大学教授。

訳注4　精神病院のこと。西欧諸国では、かつて精神病者は犯罪者同様に扱われ、一八世紀末までは医学的な処置はほとんど施されなかった。

訳注5　近代精神遅滞教育の創始者。「アヴェロンの野生児」の教育実験で知られるイタールに師事して、白痴児教育に着手した。知的障害者を「活動、知性、意志」の統一的人格体として捉えて、その障害の軽減と能力・人格の全体的発達を図る療育体系の確立に尽力した。

二五歳だった若きセガンは、パリの「病弱児施療院」の院長だったルイ・ブノワ・ゲルサン[訳注6]（一七七七－一八四八年）から、「白痴」の少年の面倒を見るよう依頼された。イタールが、多忙と健康不良を理由にして少年の世話を断った後に、イタールに代わってセガンがこの役割を引き受けたのだった。それ以来、約五〇年間にわたって、セガンは初期はフランスで教育の専門家および学者として活動し、その後は、アメリカで大学教員として「白痴」の治療に専念することになった。[訳注7]

「白痴」とは正確には何を意味していたのか。もちろん、この問いに答えることは容易ではない。とりわけ時代ごとの定義を検討してみると、なおさらのことである。次のパラグラフで気づかされるように、野心に溢れていて無垢だった若きセガンは、文化的な先入観に惑わされることなくその問いに答えようとするが、それによって個人的にも職業上でも、少なくない犠牲を強いられることになった。

ゲルサンから託された少年に対して初めての教育的な試みを行った後、セガンは、一八三八年にエスキロールと共同で最初のレポートを発表した。セガンにとって、これは、著名な精神科医との共同作業を続けていく好機でもあったが、それは必ずしも容易なことではなかった。そして幾つかの対立する原因があったとはいえ、後になって、セガンはある点ではエスキロールを師と仰ぐようになった。

さらにその翌年には、ゲルサンとエスキロールが、別のレポートを発表した。そこでは、イタールの方法論から出発した若きセガンが、わずか一八ヵ月の間に、彼の生徒に対して、いかにして

「感覚を使うこと」、記憶すること、話すこと、比べること、書くこと、数えること、歌うことなどを教えたのかが明らかにされた。

この好意的なレポートのおかげで、セガンは、教育担当者としての活動を続けること、そして、不治救済院（病院）（一八四一年）とビセートル救済院（病院）（一八四三年）で医師たちに講義をすることを内務省から依頼された。しかし、幾度も医学上の問題をめぐって対立があったために、結果として、セガンの協力関係は一八四六年には途切れることになった。

これと並行して、セガンは、ピガール通り[訳注8]で私設の学校を始めていた。それは、精神障害がある――現在では、必ずしも一義的に定義することはできないが――と考えられる人々のトータルな回復をめざした学校だった。

その学校では、セガンは、外部のあらゆる社会的・文化的な状況から解放されて、自分が行っていた実験の蓄積に基づいて体系的な考察を始めていた。まだ文化的な背景は整ってはいなかったが、この考察によって、「白痴たち」を文化的、社会的、そして労働の観点からも包摂するための道のりとして、トータルな教育を行うことの必要性が初めて指摘されることになった。

訳注6　フランスの医師、植物学者。
訳注7　セガンは、生計を立てるためにある時期から医師としても仕事をするようになり、アメリカ時代には、クリーブランドで医師として働いていた。
訳注8　現在のパリ九区にある通りの名称。

また、理論的な考察にはセガンの非凡な創造力も伴っており、その創造力は膨大な種類の教材の考案と製作にも表れていた。それらの教材は、いくらか手が加えられた後に、現代にも受け継がれることになるものだった。

この経験は、専門家としても文化的に実りの多いものだったが、幼い利用者たちが虐待されているという卑劣な告発のせいで、セガンは個人としては苦々しい思いをさせられることもあった。この告発は、セガンを招き入れていた仕事場の女主人によって、おそらく経済的な理由で引き起こされたものだった。セガンは名誉棄損の裁判を起こすことを余儀なくされ、その闘いは完全無罪という結末になりはしたが、心に深い傷を負うことになった。

セガンは自身の代表作『精神的治療《モラル・トリートメント》――白痴と精神遅滞児の衛生と教育』（一八四六年）によって、当初から功績が認められていた。しかし、訴訟の手続きがあったこと、さらに、この時代の医師たちやナポレオン三世の政治に対して、ますます耐えがたい疑念を募らすようになっていたことが、彼にアメリカ行きを決意させることになった。

その後、セガンはアメリカで医学の学位を取得したが、何より大学教授として活動したことで、彼の思想は広まっていった。その思想は人々の賛同を集め、スペシャル・エデュケーションの第一人者の一人と目されるほどになった。そして、セガンは、短期間フランスに帰国した後、一八八〇年にニューヨークで死去した。一八六六年には、『白痴および生理学的方法による白痴の治療』を発表するなど、セガンは教育分野では国際的にも重要な地位を占めていた。

2 「白痴《イディオティ》」の教育——思想と方法

さて、中断していた議論の糸をもう一度たぐり寄せてみよう。その当時、「白痴」とは何を意味していたのかという問いかけには、セガン自身が主著の中で展開した考察を用いて答えることができるだろう。さらに、セガンの思想と、彼の思想がペダゴジア・スペチャーレに与えた意義をより広い文脈で考えてみることで、私たちは「セガンの足取り」を追ってみることにしよう。

先に述べたように、セガンの伝記的な物語には、彼の自律的で、理想主義的で、実直な性格が、幾度となく影を落としている。そして、この性格のおかげで、セガンはその当時の主流だった思想から、文化的にも距離を置くことができた。そのことは、五〇〇ページ以上ある彼の著書『精神的治療《モラル・トリートメント》』の中で、ただちに証明されることになる。

同書は、冒頭から「白痴」の定義の分析で始まっている。セガンは一切の容赦なく辛らつな論調で、「白痴」の定義はすべて医学の分野からなされていて、この課題の精神的な側面だけしか捉えられていないと初めに指摘している。続いて、「あらゆる医師は『白痴とは何か』という問いに対して、口を揃えて、『白痴とは、高い知能をもたない人間のことである』と遠回しに婉曲的に答えているが、知能の低さや高さはその人が置かれた状態の結果にすぎない、ということに気づかずにそう言っている」と断じている。セガンは、エスキロールのような高名で立派な医師にさえ、自分の考えでは「エスキロールは、この白痴の問題をピネルに軽視させた」と言って非難を浴びせた。エスキロールの主張によれば、「白痴は病ではなく一つの状態である。そして、この状態では知性の機能がまったく存在しないか、同年齢の者が同じ条件で受ける教育について言うなら、白痴は、彼らが知恵を獲得できるほどには、十分に発達することができない」[*1]ということだった。

セガンからすると、エスキロールのこの主張は、医学生たちに混乱を広げるだけだった。なぜなら、これでは白痴の定義になっていないということに、医学生たちは気づくことすらできないだろうからだった。セガンからすれば、「白痴は病ではない」と主張することは、エスキロールが、自分には「白痴」が何であるかわからないと認めているのと同じだった。

自分の師であるエスキロールの先見性、整然さ、正確さ、そして彼から受けた薫陶にセガンは大いに感謝していた。とはいえ、五〇〇人以上の精神病者を、たった一時間で回診したと主張する医師たちとは違って、精神病を十分に検討し、診断を下し、定義してきたと自認していた師に対して、セガンは、エスキロールには、白痴たちを理解するための実質的な時間が不足していたし、彼らに対して何かできることがあったはずだと明言していた。

ともあれ、セガンは、以前から行ってきた白痴についての研究にこだわり、自分なりの分析を続けた。「白痴」と「認知症」を分離する人為的な区分を厳しく批判し、その当時、権威ある精神科医だったピネル、エスキロール、ジャック・エティエンヌ・ベロム[訳注9]（一八〇〇―一八八〇年）などの業績を検討していった。その結果、彼らの業績には、治療や教育を行った形跡がまったく見られず、イタールが、『アヴェロンの野生児』――少年が何も習得できない愚かな人間だとは考えていなかった――で到達した状態のまま、すべてが止まっていることに気づいたのだった。「ただ冷たく、狭量で、不毛な好奇心を示してみるだけで、世論の無関心に手を貸し、家族を落胆させ、白痴たちを国の施設に放置することで、白痴を観察し、治療し、定義し、分析することを怠ってきた」。セガンは、そう言って医学界に「非難」を浴びせた。

つまり、これこそが「白痴」という言葉の裏側に隠されている社会的・文化的な放置の状態であり、この状態こそが、セガン自身の職業的・文化的な浮き沈み、そして、精神病を抱えた無数の人々の人間的・実存的な出来事の背景を形作っていたのだった。

セガンは、こうした状態は、「『白痴』という症状に対する科学からの追放、そして『白痴』の人に対する市民からの追放」を言い渡した悪だくみの帰結であるとして、躊躇なく糾弾した。そして、この状態は、「白痴の生理的・心理的な問題に対応したり、救貧院にいる白痴の人々を自分たちの手で世話しようとしたりせず、それができたにもかかわらず、そうしなかった父親、母親、哲学者、博愛主義者、医者などのすべての者たちに[*2]」責任があるとしていた。

しかし、セガンがさらに軽蔑的で辛らつな批判を加えて、最大の責任者であるとして矛先を向け

訳注9　フランスの精神科医。ピネルやエスキロールなども在籍していたサルペトリエール精神病院に勤務した。一八二四年に、白痴の知能の段階や教育の可能性に関する論文を発表するなど、白痴の教育に関心を抱いていた。

たのは、悪の真の擁護者である医師に対してだった。

「医師たちは、何年にもわたって、公共の慈善事業で託された何千人もの白痴の前を、素知らぬ顔で練り歩いてきた。［……］彼らは、白痴たちも、そして白痴という状態も相手にしてこなかった。特に医師たちは、［……］一人の白痴の前で一五分間すら立ち止まったこともないくせに、どのような報告や議論や論文で、白痴たちに対応し、治療し、教育し、治癒させるよう求めてきたのか、私にはわからない。こうした病に向き合うなら、無関心は過ちであろうし、嘘をつくことは間違いなく犯罪である」[*3]とセガンは述べている。

セガンが発した厳しい言葉は、彼の毅然とした性格の特徴と、当時の科学に対する彼の立場をより明確に理解するのに、十分な要素を与えてくれている。セガンは、エスキロールやイタールのように、自分に何らかの助言をしてくれた人たちに恩義があることはわかっていた。しかし、だからといって批判的な発言を慎むことはなかった。セガンは、自分の力であらゆる解決策を模索する必要があったと述べており、白痴についてだけでなく、「教育全般」についてもまったく新しい活動を展開させていった。

すでに述べたように、エスキロールに対してセガンが感じていた恩義は、医師としての職業倫理についてのもの（研究における先見性、整然さ、正確さなど）だけだった。しかし、ジョヴァンニ・ボッレア[訳注10]が述べているように、イタールに対しては、セガンはほとんど子どもが父親に対してもつような敬意を抱いていた。

とはいえ、セガンは、「自分は、師であるイタールが敷いてくれた道をただ歩んできただけだが、師は自分とは対立する原理を用いているので、師のメソッドは自分のものとは対極にある」と臆することなく語っている。

哲学的には、「懐疑」[訳注11]とデカルト[訳注12]（一五九六―一六五〇年）哲学的な懐疑論に触発されていたセガンからすれば、「イタールはコンディヤックの感覚論的な概念に固執することによって、完全な間違いではないにせよ、非常に脆弱だと批判されていた形而上的な基盤に身を委ねていたので、彼は自分の企てに失敗してしまった」ということだった。セガンの考えでは、イタールは、この最初の過ちから始まってあらゆる過ちに陥ることになった。実際には感覚教育の有効性をよく理解していたにもかかわらず、「精神《モラル》が、知能より優位にあることをまったく理解していなかった」。そのために、精神がまさしく教育的な意味で作用すること、つまり「筋肉組織の教育から神経組織および感覚組織の教育へ、そして感覚から概念の教育へ、さらに概念から観念へ、観念から精神《モラル》へと子どもを導くこと」が妨げられているということだった。[*4]

訳注10　イタリアの精神科医。現代の小児神経精神医学の父とされる。
訳注11　人間の認識力を不確実なものとし、客観的、普遍的真理の認識の可能性を疑っていっさいの判断を差し控える態度のこと。
訳注12　フランスの哲学者。近代哲学の祖。方法的懐疑によってすべてを疑うが、疑っている自己の存在を真理であると認め、「我思う、故に我あり」の命題によって哲学の第一原理を確立した。

こうした点について、俯瞰的な見方をしようとするなら、読者は、一つにはクリスピアーニのような批判的な立場を考慮しておく必要がある。クリスピアーニは、セガンが、「イタールは、感覚の次元にとどまっていて、より優位にある知的機能の次元には決して足を踏み入れなかった」と主張していたことは、イタールに対するあまりにも厳しい態度だったとしている。

あるいは、ボッレアの立場も参考にすべきだろう。彼は、「イタールの合理主義的な過ちは、セガンが犯した過ちと同じものである。セガンは、精神《モラル》教育の理論を展開するときに、自分のメソッドが達成した神経生理学的な根拠に基づいた成果（外界への適応、具体的な知能の発達、労働的な参加の可能性）に形而上的な意味を与えた。しかし、その成果というのは、むしろセガン自身がまったく解明できなかった動機づけや意志の要因と関連しているものであり、したがって（その根拠は）形而上的な意味に覆われたものである」と指摘している。

セガンは、何百人という「白痴」との間で培ってきた臨床的な関係性を強みにして、旧来の通説から出発し、早い段階から当時の仮説に明確に異議を唱え、「白痴とは神経系の疾患であり、これが大きな影響を及ぼしているので、子どもの器官や機能の全部または一部が、通常の意志の働きから妨げられている。そして、子どもは本能に身を委ねているために、精神《モラル》の世界から切り離されている」[*5]と自説を開陳している。

つまり、大切なのは、セガンが「生理学的」と呼んでいる方法によって、残存する潜在能力を引き出して働かせ、そうした能力の間に、ある種の「恒常的《ホメオスタティック》なバランス」を再確立することなのである。そして、このバランスは、感覚の活用を調整し、概念の幅を広げ、観念を育み、欲求を増やし、創造への情熱を豊かにしていく過程の中だけに存在しており、これらが置き去りにされてしまえば、人とのつながりが断たれ、外の世界との関係性が閉ざされ、「白痴」は白痴のままにとどまってしまうことになるのである。[*6]

ボッレアが指摘しているように、セガンの告発による白痴が孤立し放置された状態への言及は、「白痴」という用語の語源的な意味をふたたび完璧に蘇らせている。実際、ギリシャ語に語源がある「イディオス（idios）」という言葉には、「私的な」「孤独な」「分離された」といったという意味がある。まさしく、この孤立状態こそが、他者とのコミュニケーションの欠如を生み出し、その結果、生の世界からの閉鎖と疎外を作り出している。セガンはこのことに気づき、これを克服すべき障壁だと考えたのだった。

偏見と無知を放置したままにして、教育的なケアも文化的な後押しも行わなければ、セガン自身が主張しているように、白痴が置かれている状態は、どのようなケアの恩恵も受けられないほどに悪化してしまうだけである。そうした状態では、できるだけ早い段階で、家族の中から始まってその人間全体に向けられた教育的な介入が必要になる。セガンにとって、「典型的な白痴というのは、何も知らず、何もできず、何もしようとしない者」のことだった。だからこそ、不足している機能を回復させることが教育の課題だった。

セガンにとって、「白痴」に対峙するということは、人間全体を対象としながら、「衛生」「哲学」

「教育」「精神《モラル》」について考察しなければならない複雑な問題に立ち向かうことだった。それは、セガンが、さまざまな「人類学的な定理」と呼んでいたものの間の複雑で動的な相互関係について、まさしく熟慮を重ねることであり、このことがセガンを執筆に向かわせていた。

まったく予想していなかったというわけではなかったが、セガンは、初めは「白痴」の問題だけに関わっていると思っていたが、後になって、一般的な教育学や人間形成の教育の両方に関わっているいると気づくようになった。そして、最初に解決しなければならないのが教育の問題で、その次に白痴の問題を解決するのがよいだろうと思うようになったのである。だからこそ、セガンの著作には、彼と同時代の教育に対する批判が認められるのであり、その辛らつで過激な批判は、医師たちに向けられていた批判と比べても勝るとも劣らないものだった。

セガンにとって、教育が行われる構造的あるいは背景にある条件とそこで利用される方法論[*7]は、個人と国家全体の発展と成長を妨げていて活力を削ぐものだった。大袈裟にいうなら、教育自体をしないですませるべきなのではないかと自問したほどだった。

この回答は明らかに否定的なものだが、これによってセガンは、ルソーの『エミール』に見られる真の生理学と心理学の原則に基づいて、記憶力だけでなく「人間全体」、つまり当人の能力、機能、適性などに考慮した一般大衆を対象とした教育を支持して、躊躇なく「現代の生々しいハンセン病[*8]」と見なせる、知的な能力だけに重きを置いた教育を捨てる必要性を強調するようになった。

つまり、すべての人の教育は改善することが可能なのであって、たとえ、より大きな困難があるにせよ、白痴たちにとっても同じことがいえる。今日では、白痴たちは、学際的でそれぞれ特有の資源が用意された取り組みを活用できるが、そうした資源については、セガンは当時の科学では最先端の学問だった、たとえば宗教学、哲学、心理学、衛生学などを想定していた。セガンの考えでは、これらの学問は、「法律の規定のように、まさしく医学によって治療される病例にも応用が可能な教育学の理論体系の形成に貢献するはずだ[*9]」ということだった。

もちろんこの考え方に異論は多くあるだろうし、他の学問が統合された結果として教育学を認識したり、臨床の規則の実践として教育的な介入を捉えようとしたりするセガンの理念に、今日では、誰一人として共感できないだろう。とはいえ、セガンという学者に対して、あらゆる否定的な評価を下すことは不寛容だろうというのと同じように、ここでは、(否定的な評価に対して)明確に反対する理由を述べる必要はないだろう。

セガンは、当時の偏見と硬直した慣習の仮面を剝ぎ、それらと闘いながら、効果的な教育的介入の基礎となる、感情豊かで社会的に歓迎されていて、有意義な人間関係に満ちた社会的なつながりの重要性を指摘していた。さらに彼には、自分自身の考察の中心に、知的障害のある人々の教育と「教育的な問題」の課題を据えたという功績があった。

セガンが残した遺産に触れる前に、もう少し「セガンの足取りを追う」ことは、「白痴」児の教育を、彼がどのように具体的に実現しようとしていたのかを見ていくのに役立つだろう。セガンにとっての教育は、人間の全体性に向けられており、誰にとっても同じように「(一)活動、(二)知性、（三）意志を包括していなければならず、それと同時に、これらは、人間存在の三つの側面である感情、機知、精神《モラル》に対応している」[*10]ということだった。

セガンの教育プログラムは、具体的な活動と単純な模倣から始まって、思考力を養い、それによって精神《モラル》的意志を制御できるようになる分析的な道のりを介して、「欲する力」「できる力」「知る力」を涵養《かんよう》していくことを提案していた。

セガンは、初めは感覚の強化と教育に重きを置くことで、知覚を介して、かつ指導者が敷いたコースに沿って、生徒の中に概念[*11]を芽生えさせ、その次に生徒による帰納法的・演繹的な推論（論理）のプロセスを通して概念が観念を生み出していく、という考え方から出発していた。

セガンによれば、概念は、知覚の「受動的な」作用によって生まれるが、観念は、「能動的な」作用だった。概念は感覚に基づいているが、観念は推論（論理）から生まれるものであり、また、感覚というのは方向性が変わりやすく、ある程度まで概念を知覚させることができるが、「推論（論理）」を強制的に働かせることはできない、つまり、概念は教え込むことはできるが、観念はそうではないということだった。

とはいえ、これだけ複雑なプログラムを運用面でどのように実践するのだろうか。この点については、カネヴァーロとジャン・グドローによる考察の概要を思い起こしておくのがよいだろう。彼らの考察は、セガンの方法論を三つの段階あるいは時期にまとめて明確に示している。

定着　いろいろな刺激を繰り返すことで、生徒は新たな要素を身につける。新たな要素は、以前に獲得されていた要素（似た要素であれ異なる要素であれ）と比べて、本質的に定着する。こうするために、教育者は、生徒の注意力と集中力を最大限に引き出し、生徒は系統的な反復と具体的な操作を活用する。

認識　いろいろな可能性から正しい答えを見つけ出すことを通じて、生徒が、それ以前に学習したものを読み解く能力を検証する。考えうる論理的推論と、想定できる誤りや失敗の分析に注意を向けることが有効である。

喚起　言葉やフレーズや顔やメロディーといったものが目の前に存在しないときに、人は興味の対象を喚起する（呼び覚ます）ことになるが、知的障害のある人にとって、喚起は学習の中で最も複雑な段階にあたっている。*12

セガンの考えでは、人は既知から未知へ、単純なものから複雑なものへ、具体から抽象へ、そして、できれば遊び心をもって、家族を巻き込み、信頼できる教師に継続的に導かれながら、生活や学習の場で、歩みを進めていく必要がある。それは、「自由であるはずの教育」が、社会的・労働的な参加の可能性に加えて、たとえ「最も慎ましいもの」であっても、「人類のあらゆる身体的・

知的な活動の原動力」[*13]である自分自身の「意志」を操ることのできる力を白痴にも与えるためでもある。

そして、まさに意志のコントロールが、人が精神的治療《モラル・トリートメント》の教えを身につけることを可能にするのであり、セガンは、これこそが、「教育の原則であり目的でもある」と述べて、自分自身の方法論としているのである。

ともあれ、セガンの活動を概観してきたが、これまでに述べてきたことだけで、その活動の広大さと重要さに対する功績を明らかにすることはできない。

また、ロベルタ・カルディンが、いみじくも指摘しているように、「セガンは、理論と実践の間で、実りの多い継続的な往来をした偉大な通訳者だった。彼は、生徒たちの『多様な人物像』の中に、それぞれの独創性と潜在能力を見出すことができ、根拠のない一般化をすることは決してなかった。そうではなく、むしろ新たな実践的な基本原理を基にして、理論的な基盤の構築に努め、理論と実践の間で、一方を他方のための犠牲にして一つの側面だけを絶対視することは決してなかった」ということである。

また、ガスパリの指摘のように、セガンは「有能な愛」の先駆者である、つまり意図的に教育的な姿勢を貫いていた先駆者であると言うこともできる。教育的な姿勢とは、他者との相互性に基づいた教育関係の意味と意義を探し求める教育者の姿であり、これは、一貫性があって科学的に精巧であり、絶えず更新と継続的な見直しに開かれている知の要素に基づいて、他者とともに人間形成の道のりを設計していくのに必要なものである。

あるいは、カネヴァーロとグドロー、さらにクリスピアーニも述べているように、グレゴリー・ベイトソン[訳注13]（一九〇四―一九八〇年）のモデルに従うなら、セガンをグローバルで「生態学的な」教育の先達と見なすこともできる。

また、セガンの活動に関しては、多くの著者の例を引きながら別の非常に重要なテーマについて、さらなる言及を行っていくこともできるだろう。たとえば、「教育学的・臨床学的な評価」「現代的な精神運動性に先行する感覚と身体の中心性」「衛生、衣、食を通じた人間形成の教育の日常性」「指導の道すじと補助教材の考案および製作」「初期の家庭教育に託された役割と重要性」「働くことに向けた教育」「セクシャリティの課題への初めての言及」「教師の姿に見られる権威性と専門性」などについてである。

しかし、たとえこれらのテーマを発展させていったとしても、セガンの思想を今日に伝えている論考に含まれるあらゆるファクターを列挙することはできないだろう。「白痴」とは何者なのかを定義しようとする問題に向き合ううちに、セガンは、人間形成の教育と「ペダゴジア・スペチャーレ」をめぐる最も根源的な問題の一つに、本当の意味でめぐり会っていたのである。

とりわけイタール亡き後、セガン自身が自分の著作の中で記しているように、彼はその当時まで

訳注13　イギリス生まれ。アメリカの文化人類学者。主著に『精神と生態学』『精神と自然』がある。

拒絶され、忌避され、恐ろしいものとされていて、ほとんど家畜と同じように考えられていた「状態」や「形」に対して尊厳を認めて人間の現実を見出し、その「人間の現実の境界線」をさらに「押し広げていく」必要があることに気づかされたのである。

【注】

＊1　É. Séguin, *Cura morale igiene ed educazione degli idioti e di altri fanciulli ritardati nello sviluppo, agitati da movimenti involontari, debili, muti non sordi, balbuzienti ecc.*, Roma, Armando, 1970, pp. 46–47, (tr. it. e cura di G. Bollea).

＊2　É. Séguin, 同右, p.150.

＊3　É. Séguin, 同右, p.151.

＊4　É. Séguin, 同右, p. 34.

＊5　É. Séguin, 同右, p. 99.

＊6　É. Séguin, 同右, p. 258.

＊7　この点について、セガンは、「教育はたくさんの子どもたちを、ある種の兵舎のような場所に集めることで成り立っている。そこでは身体的な能力、生理的な必要性、知的な素質の違いなどに考慮することなく、日々、すべての子どもたちに、区別なくもっぱら四、五人前の知的な養分を与えている。そして、その養分の消化を請け負っているのは子どもたちの『記憶』だが、そこでは、知的な能力が機能しているかどうかや、固定化した状態によって――心理的、身体的、精神的な人格全体が、『記憶』という一つだけの機能を使用することで擦り減らされている――感覚器官と筋力が、多かれ少なかれ萎縮していることには配慮がされていない」と記している。

＊8　É. Séguin, 前掲書 , pp. 261–262.
＊9　É. Séguin, 同右, p. 264.
＊10　É. Séguin, 同右, p. 265.
＊11　概念は感覚的な経験と密接に結びつき、そうした感覚的な経験から生じる。さらに知覚を介して、概念は、観念の入り口に現れるものであり、観念は、概念について帰納的・演繹的な推理（論理）を働かせるという、まさに個人的な能力から生み出される。概念のわかりやすい例は、セガンが、読み方の学習の前置きとして構想していたものに、まとめて表されている。それは、「［……］平面、色、線の抽象、大きさ、形状、名称と形の関係、形と名称の関係、一息で発声される音声あるいは音節と複数の記号との関係［……］」などについてである。É. Séguin, 同右, p. 336.
＊12　A. Canevaro, J. Gaudreau, 前掲書 , p. 83.
＊13　É. Séguin, 前掲書, pp. 470–472.

第4章

フランスからイタリアへ
――マリア・モンテッソーリ

1 「精神障害[訳注1]（知的障害）」――国外への関心からイタリアの文化的な文脈へ

これまで、障害のさまざまな状態への関心が、フランスの後期啓蒙主義の時代にどのようにして生まれたのか、さらにイタールとセガンの活動から出発して、障害者を対象とした教育実践に実際に向き合っていくための文化的・科学的な考え方を見出すことが、いかにして可能になったのかと

訳注1　原文では「deficit psichico」と記述されており「精神障害」を意味している。しかし、この文脈では用語が広い意味で用いられており、そこに「知的障害」も含まれていると考えられるため、「精神障害（知的障害）」と表記した。

いうことを見てきた。

イタールとセガンの活動だけでなく、聾唖者の教育におけるロドリゲス・ペレール[訳注2]（一七一五―一七八〇年）とド・レペー、あるいは、盲人教育におけるヴァランタン・アユイとルイ・ブライユ[訳注3]（一八〇九―一八五二年）などが残した足跡から科学的・文化的な議論が実際に湧き上がり、その議論が一九世紀特有の教育的な博愛主義と絡み合っていった。そして、初めは感覚的な障害に、次に精神的な障害に注目が集まるようになり、ヨーロッパ全土に障害者の受け容れと教育のための施設が設立された。

精神障害（知的障害）にはさまざまな種類があり、もちろん、それらが明確に定義されているわけではなかった。その中には、白痴《イディオツィア》、認知症、クレチン病、痴呆、知恵遅れ、精神遅滞などが含まれていたが、ともかく、それらの障害の治療のために、救護施設、救貧院、学校、教場など、多少なりとも専門的な施設が設立されていった。これらの施設では、非常に雑多な方法で教育と人間育成を行っていたという問題があったとはいえ、そこには、一九世紀初頭以降になって、障害者は「教育可能」であるという考え方が、ますます際立ち明確になっていた様子が表れていた。

精神障害者（知的障害者）の教育に対する関心は、ヨーロッパ中で広がりを見せていたが、そうした教育を行っていた多数の施設についての史料、また、そこでの教育の文化的・方法論的な違いに関する最初の史料は、二〇世紀の初頭になって初めて、フランス人医師のデジレ・マグロワール・ブルヌヴィル[訳注4]（一八四〇―一九〇九年）によって収集された。そして、少なくともその一部は、ジュゼッペ・モンテサーノ[訳注5]（一八六八―一九六一年）によって、「知恵遅れ、不道徳者、非行者」についての自身の研究の中で報告された。

それらの記録は、「知恵遅れ」の問題をめぐる文化的・科学的・社会的な不安が、前世紀にはすでに生じていたことを伝えている。これは、大いに興味を引かれる歴史的な言及だといえる。しかし、このまま続けて、ハン・ヤコブ・グッゲンビュール[訳注6]（一八一六―一八六三年）がスイスで「クレチン病者」の教育を行ったこと、一八四六年にシャーロット・ホワイト女史が「白痴（痴呆症者）」のための初めての学校を開設し、その後間もなくイギリスで多くの幼児学校（幼稚園）が普及していったこと、あるいは、一八二八年にザルツブルクで「クレチン病者」のための初めての学校が開校され、その後にドイツで学校や施設が発展していったことなどについて話を進めていくこと

訳注2　フランス（スペイン系ユダヤ人）の教育者。いち早く聾唖教育を開始した中の一人。音声言語に基づいて言語を教える口話法で教育を行ったが、後に手話法を用いていたド・レペーと対立した。

訳注3　フランスの盲目の教育家。六つの点の組み合わせによってアルファベットを表現するブライユ式点字を考案した。

訳注4　フランスの医師、政治家。医学を学び、パリのサルペトリエール病院で神経学の権威シャルコー（一八二五―一八九三年）の助手を務めた。

訳注5　イタリアの精神科医。マリア・モンテッソーリとの間に子どもをもうけるなど、公私にわたるパートナーでもあった。

訳注6　スイスの医師。クレチン病の患者に教育を行った。医療教育を行った先駆者の一人と考えられている。

は、あまりにも荷が重いと思われる。

さらに、モンテサーノの著作を読み進めていけば、ベルギー、デンマーク、オーストリア、オランダ、ロシア、スウェーデン、フィンランド、アメリカ、アルゼンチンといった国々でも、一九世紀の前半から始まって、障害というテーマが徐々に発展してきたこと、一九世紀の末になると、このテーマが主として精神医学と教育学の分野で学問的な関心を集めてきたこと、そして、こうしたことを証言する医師や教育者の名前、あるいは学校や施設の名称に出会うことになるだろう。

とはいえ、科学的・人道的な理由と同時に、当初から、そしてほぼヨーロッパ全土において、障害の問題が、別の影響から自由でいられなかったことも見過ごすことはできない。これまで議論されてきたように、その理由というのは、おそらく経済的な利害によるものだった。こうした利害は、一般的な科学の発展や、とりわけ最初の工業化のプロセスに伴う社会の変化に刺激を受けており、そこでは、障害者のうちの一部の「カテゴリー」の人々を労働力として雇用する可能性に早くも目がつけられていた。*1

一九世紀末になると、障害の問題は文化的、政治的、社会的な観点、あるいはその他の要因からも重要視されるようになったが、イタリアにおいて無視できないのは、それが学術的な考察に端を発していたことである。

私が以前の研究で探究したものから幾つかの要素を思い起こしてみるなら、器質的・社会的・心理的な要因に影響を受けたと考えられる精神病の解釈および計量心理学的な分類のモデルを提示していたロンブローゾの思想と人類学的な試行を認知していなかったわけではないが、一八七四年にイタリアで精神医学協会《フレニアトリア》が設立されたことを確認することから、議論を始めることができるだろう。

ここでは「プシキアトリア（Psichiatria）」ではなく、「フレニアトリア（Freniatria）」という名称が選ばれていた。このことは、「ソシエテ・メディコ・プシコロジク（Société Médico-Psychologique）」というフランス・モデルからの距離的な隔たりを示している。また、イタリアの精神医学の医療方式が、フランス方式に偏ってしまうことなく、どれほど哲学や心理学といった近接する学問分野との交流を必要としていたかが浮き彫りにされている。

著名な精神科医で、初代イタリア精神医学協会の会長だったアンドレア・ヴェルガ[訳注7]（一八一一―一八九五年）は、一八七七年に白痴を「精神遅滞《フレナステニア》」と定義した。語源からいって、この用語は真の精神の病というより脳機能の「弱さ」を示しており、病がどれほど重度で不治のものであっても、この病には、医師たち以上に哲学者や自然科学者たちが対処する必要があるということをまさに思い起こさせるものだった。

ヴァレーリア・パオラ・バビーニ[訳注8]が指摘しているように、そうした考え方は、（医学、哲学、自然科学の間の本来の）学問的な距離の遠さに反していることによって、精神異常者の研究において、

訳注7　アンドレア・ヴェルガは、「精神遅滞《フレナステニア》」の用語で、頭脳の諸機能が十分ではない患者を指し示した。また、こうした患者たちを「重度精神薄弱」あるいは「知恵遅れ」とも呼んでいた。

訳注8　イタリアの科学史、心理学史の研究者。ボローニャ大学教授。

医学的であるよりも哲学的であって、さらに、イタールやセガンが最も権威ある代表者と見なされている科学的な伝統を受け継いでいることを再確認させるものだった。

それから数年後の一八八〇年には、もう一人の著名な精神科医で精神医学協会の創立者の一人でもあったエンリコ・モルセッリ[訳注9]（一八五二―一九二九年）が、ヴェルガによって提示されていた概念をふたたび取り上げて、「白痴」「痴呆」「知恵遅れ」の治療のために特別な施設を建設したり、マニコミオ（精神病院）の中に別のセクションを設けたりすることを支持する論文を発表した。また、それと同時に指摘されたのが、セガンの方法論を応用することで、ヨーロッパやとりわけアメリカでは多くの施設が生み出されていたのに対して、イタリアの状況が遅れているということだった。

精神病から「精神遅滞」の治療を明確に区別する治療の特殊性を守っていくことは志向されていたものの、（ヴェルガとモルセッリという）二人の医師の考え方はますます接近していくようになり、イタリアの精神医学は別の思想や学問分野と出会って、相互に比較し合うようになった。その中には、たとえばジュゼッペ・セルジ[訳注10]（一八四一―一九三六年）の社会人類学があった。それは、ハーバート・スペンサー[訳注11]（一八二〇―一九〇三年）の進化論から始まって、ベネディクト・モレル[訳注12]（一八〇九―一八七三年）の精神変質論に根ざして、抑圧と予防の間で揺れ動く衛生的、保健的、精神的《モラル》な教育の必要性を主張していた。あるいは、教育方法を刷新する必要性を主張していて、教育的・社会的な問題に対する生物学的アプローチと親和的だった実証主義的な教育学、そして、初期の実験的な精神生理学に由来する「客観性の確保」の考え方などもあった。

このように、一九世紀の末には、社会医学、教育学、人類学、哲学などの問題が学問的に交差し合っていて、必ずしも容易には解きほぐせない状況があった。そこには今日であれば、医学的で心理学的で教育学的でもあると定義できて、それと同時に精神病者が置かれた状況を引き受けようとする科学的・公衆衛生的・社会的な意志の初めての萌芽を示しているハイブリッドな実践が存在していた。

こうした方向性の中で、文化的・教育的な試行が推し進められた。その中には、ルイージ・オリヴェーロとアントニオ・ゴネッリ・チオーニ*2（一八五四－一九一二年）による、イタリアでは初めての二つの精神遅滞者のための教育施設の開設、雑誌『精神薄弱《オルトフレーニア》』の創刊（一八九四年）、「障害児

訳注9　イタリアの精神科医、人類学者。当時の著名な医師の一人で各地の大学で教鞭をとったり、精神病院の院長を務めたりするなど、要職にあった。

訳注10　ボローニャ大学やローマ大学で教鞭をとった人類学の元教授。スペンサーの進化論をイタリアに紹介した。子どもを対象とした人類学的、心理学的研究を行った。個々の子どもの形質的なデータをとったうえで類型化して子どもの発達や教育を考えたことから、教育人類学的アプローチとも呼ばれた。モンテッソーリの師の一人。

訳注11　イギリスの哲学者、社会学者。進化論に基づいて、生物、心理、社会、倫理などの諸現象を総合的に説明しようと努めた。主著に『総合哲学体系』がある。

訳注12　ウィーン出身のフランスの精神科医。精神異常を遺伝的、環境的、社会的な病理である「変質」として捉えようとした変質論は、医学界に大きな影響を与えた。統合失調症を初めて公式に記述して、「早発性痴呆」と命名した。

保護のための全国同盟」の創設（一八九九年）、「サン・ジョヴァンニ・ペルシチェート精神遅滞教育医学研究所」の設立（一八九九年）、ローマにおける初の「白痴のための学校」の開校（一八九九年）、初の「スクオーラ・マジストラーレ・オルトフレーニカ（精神薄弱児のための学校）」（一九〇〇年）の設立などがあった。

こうしたさまざまな取り組みは、科学界で活躍していた数多くの重要な人物たちが、熱意を捧げた賜物だった。先述したヴェルガやモルセッリのほかにも、ジュゼッペ・モンテサーノ、サンテ・デ・サンクティス[訳注13]（一八六二－一九三五年）、アウグスト・タンブリーニ[訳注14]（一八四八－一九一九年）、ウーゴ・ピッツォーリ[訳注15]（一八六三－一九三四年）、ジュリオ・チェーザレ・フェッラーリ[訳注16]（一八六七－一九三二年）、クロードミーロ・ボンフィーリ[訳注17]（一八三八－一九〇九年）、フランチェスコ・デ・サンクティスといった名前を私たちは思い起こすことができる。しかし、ここで過小評価してはならないのは、とりわけ大都市に住んでいて、経済的に豊かで文化的な貴族階級に属する人々や篤志家たちによるメセナ活動が、取り組みの活性化に関与し重要な役割を果たしていたことである。

ともあれ、先に述べた文化的な風土の中で、そして、ヨーロッパの他の多くの国々と比べると遅れていたとはいえ、イタリアにおいても素朴な援助主義的な志向から、さまざまな障害の実態から求められている具体的なニーズに応えられる医療的・教育的なケアへと移行していくことが必要であるという考えが、少しずつ育ってきていた。

こうして、医師であり教育者でもあるマリア・モンテッソーリが活躍するための土壌が用意されていった。モンテッソーリは、「突然変異の人」として、誤って紹介されることがあまりに多いが、そうなると、彼女が前述のような文化環境の中で自己を形成したということ、さらに、彼女自身が過去の試行から生み出された代表的な人物であるということを見逃してしまうことになるだろう。

訳注13　イタリアの精神科医。ジュセッペ・セルジ教授のもとで人類学研究を深め、生理学的心理学を専門とした。

訳注14　イタリアの精神科医。ボローニャ大学で医学を修めた。レッジョ・エミリアの精神病院で長く院長を務め、治療と科学的な研究によって精神病院の改革を行った。

訳注15　イタリアの医師。ジュゼッペ・セルジに教えを受け、A・タンブリーニやC・フェッラーリらと交流をもった。モンテッソーリが中心になって行っていた教育改革の一翼を担い、当時の科学界の主要な人物たちと密接に関わった。

訳注16　イタリアの精神科医、心理学者。当時のイタリアで最も有名だったタンブリーニが院長を務める精神病院に採用され勤務した。イタリアの実験心理学の先駆者の一人。

訳注17　元ローマ大学の精神医学の教授。最初はフェッラーラで、次いでローマで精神病院の院長を務めた。障害児の支援に専念した。精神異常の要因として、遺伝的要因よりも社会的要因の重要性を指摘していた。モンテッソーリに大きな影響を与えた。

2 マリア・モンテッソーリ
──最初の人格形成期における医学、文化、社会参加

モンテッソーリ[訳注18]（一八七〇－一九五二年）の思想や業績を網羅する考察を行っていくのは、本書の紙幅では困難なため、ここでは、マルケ州[訳注19]出身のこの教育学者が、より積極的に幼い精神遅滞児に関わっていた時期に焦点を当てることにしたい。

大学での人格の形成期から、ローマのサン・ロレンツォ地区で最初の「子どもの家」を開設する一九〇七年の初めまでの年月の中で、モンテッソーリの研究への関心は、精神病からとりわけ文化的な荒廃と経済的・社会的に不利な状況に置かれた子どもたちの教育へと移っていった。

さて、モンテッソーリの代表作の一つには『科学的教育学の方法（モンテッソーリ・メソッド）』（一九〇九年）がある。同書は彼女自身による改訂が行われ、一九四八年に新たな題名『子どもの発見』[訳注20]として出版されているが、ここでは、これらの著作から引用した直接的な証言や最初の人格形成に関わる記録および伝記的な言及を通して、「モンテッソーリとの出会い」を探っていくことにしたい。

この時期はモンテッソーリの成熟期と重なっており、『子どもの発見』に記された新たな序文で明らかにされているように、その内容は「新たな教育法の創造」を意図したものであったというよ

りも、すでに開始されていた取り組みの成果といってよいものである。そして、まさに『子どもの発見』という新しい題名がそのことを物語っている。つまり、この書物は人類全体に対して示される可能性のために、モンテッソーリが「教育」と「子ども」に対して絶えず見出してきた関心と信頼を凝縮しつなぎ合わせて明確にしており、少なくとも筆者の考えではきわめて重要である。

また、新版『子どもの発見』の序文の結びで述べられているように、教育学の知見を用いて、自由という普遍的な原理に触発された人間形成の教育を行うことは、人類自身が「自分たちの注意力とエネルギーを子どもの発見に向け、さらに人間形成の過程にある人つまり子どもの偉大な可能性の開発に向けること[*3]」ができるようになって初めて、「人間の再生」に到達することができる。

訳注18　イタリアの女性医師、教育家。一九〇七年にローマに「子どもの家」を開設して、モンテッソーリ法による独自の教育実践を行った。モンテッソーリは、自然主義に基づく自由主義の立場に立って、児童の心身の内発的成長力を重視し、そのための環境を整備することを主張して、随年教育法による指導プログラムとそれに用いる多くの教具を創案した。モンテッソーリの実践と理念は、イタリアにおける障害児教育の確立の基礎となるとともに、後世にも多大な影響を与えた。

訳注19　モンテッソーリの出身地。イタリアの中部にある州で、東側にアドリア海を臨む。州都はアンコーナ。

訳注20　モンテッソーリの主著。「子どもは、自らを成長・発達させる力をもって生まれてくる。大人（親や教師）は、その要求を汲み取り、自由を保障し、子どもたちの自発的な活動を援助する存在に徹しなければならない」（日本モンテッソーリ教育総合研究所HPより）というモンテッソーリ教育の基本的な考え方を基に、モンテッソーリ自身が書き下ろした。

この主張は、ある意味ではモンテッソーリ教育学の全体を通じた「要点」だが、彼女の著作を知らない読者にはあまりに濃密すぎるかもしれない。したがって、このことに配慮するのであれば、一八九〇年からこの教育学者について語り始めるのがよいだろう。

一八九〇年、モンテッソーリは、五歳のときに家族とともに移住してきたローマにある王立レオナルド・ダ・ヴィンチ技術高等学校を卒業した。その後、ローマ大学の自然科学部に入学したが、それは、彼女が技術高校の出身だったために、直接、医学部に入学することが許されなかったからだった。

一八九二年、モンテッソーリは大学の二年を終える試験に合格し、医学部への編入資格を取得した。この時期は二〇年前と比べて生徒数がほぼ倍増しており、大学の在籍者数は二万六〇〇〇人を超えていた。それにもかかわらず、一八九六年にモンテッソーリが医学部を卒業するまでは、この学部を卒業した女性は、わずか二人にすぎなかった。

こうしたデータからも、当時、彼女の選択した学問の道が、女性にとってどれほど困難なものであったかということ、さらに病院の経営者たちが、自分たちの医療機関で女性を雇うことに抵抗していたという社会的な外圧があったことを思い返してみれば、[*4] 若いモンテッソーリが抱いていた決意が、どれほど強かったのかを理解することができるだろう。

大学時代は、彼女の人間形成にとって非常に重要だった。モンテッソーリの指導教授の一人であるフランチェスコ・デ・サンクティスは、モンテッソーリの卒業の三ヵ月後に、第九回イタリア精神遅滞学会の報告で彼女の学位論文を取り上げた。その後、この論文は二人の連名で『総合臨床《ポリクリニコ》』誌に掲載された。

学位論文の指導・審査を行ったのは、エツィオ・シアマンナ[訳注21]（一八五〇－一九〇五年）だった。モンテッソーリは、シアマンナの講義の中で分析すべき臨床例を見つけ出したことによって、精神病の研究に向かうように勧められたことを後に認めたのだった。

クロードミーロ・ボンフィーリは、モンテッソーリの精神医学の教授で、とりわけ社会医学と貧困で病気を抱えた子どもたちの問題に注意を傾けていた。大学を卒業するとすぐに、モンテッソーリは、ボンフィーリとともに「障害児保護のための全国同盟」の設立に向けて、積極的に協力していくことになった。

若き女子学生モンテッソーリが大学に通っていたとき、ボンフィーリが開講していた講座は、教育の不足と精神錯乱の社会的要因の関係性に焦点を当てていて、実験衛生学を担当していたアンジェロ・チェッリ[訳注22]（一八五七－一九一四年）とルイジ・パリアーニ[訳注23]（一八四七－一九三二年）両教授

訳注21　ローマ大学で神経病学を講じていた。一八九五年には医学部の独立した一つの部局として、ローマ大学に精神科病棟を開設して、その責任者の地位に就いた。一八九七年、モンテッソーリはこの病棟でシアマンナ教授の無給助手として採用され、一九〇〇年まで働いた。

訳注22　一八八八年より元ローマ大学の実験衛生学の教授。マラリアの研究などで知られる。モンテッソーリの夫となるモンテサーノは、一時、チェッリ教授の衛生学研究所で働いていた。

の社会的な関心とも近い非常に重要なテーマを取り上げていた。この時期、医学はそれ自体の専門領域を広げながら、イタリア社会の物理的・精神的な「再生」の可能性を提示しようとしていた。

さらに、ヤーコボ・モレショット[訳注24]（一八二二―一八九三年）が指導していた実験生理学の授業も、医学の社会的な機能に大きな注意を払っていた。特別な関心を抱いてこの講義を受講していたモンテッソーリは、最優秀の成績を収めている。

こうしてモンテッソーリは、科学的な教養を身につけていったが、同時に、社会問題についても特段の注意を傾けていた。また、公衆衛生や社会的な分野で女性が果たすことのできる役割にも気を配っていたため、女性の解放を求める緊迫した取り組みにも非常に積極的に関わっていた。

一八九六年には、モンテッソーリは、文化、救済活動、公衆衛生の分野で活躍する多くのローマの貴族階級の貴婦人たちが会員となっていた「婦人協会」に参加した。この場合も、モンテッソーリ自身の指導教授でもあったモレショット、デ・サンクティス、チェッリらが、具体的な取り組みに着手しながら、女性解放への支持をたびたび公言していたことが特に重要だった。

この「婦人協会」の最初の男性会員には、モンテッソーリが大学の研究時代から仕事上の熱心な協力関係を築いていた若き医師モンテサーノも含まれていた。それは、やがて恋愛感情を伴った関係に発展し、その中で誕生したのが彼らの息子であるマリオだった。

モンテッソーリの献身的な姿勢は、優秀な学生としての姿だけでなく、公衆衛生、政治、社会などの問題に関心を抱く姿にも表れていた。彼女は、科学界、文化界、貴族たちの世界、そして、ローマのサロンにも深く溶け込んでいて、とりわけ女性をめぐる問題にその傾向が強かった。それゆえ、大学を卒業してすぐに、若き医師モンテッソーリが、「婦人協会」を代表してベルリン国際女性会議に派遣され、そこで女性の労働賃金の改善を支持するスピーチを行ったのは、決して偶然ではなかった。

3 知的障害への関心とモンテッソーリ自身のコミットメント

ところで、モンテッソーリの知的障害と教育への関心はいつ生まれたのだろうか。その答えは二つの次元で構成されているように思われる。一つ目の答えは、より一般的な性質のもので——だからといって重要ではないということではないが——前節で述べた文化的な風土についてのモンテッソーリの完全なまでの知識と、彼女がそうした風土に直接根ざしていたことに関わるものである。

訳注23　元ローマ大学医学部の公衆衛生学講座の教授。モレショットの弟子にあたる。一八九五年、モンテッソーリはローマ大学でパリアーニ教授の講義を受講した。

訳注24　オランダ出身の医学者。一八七九年に文部大臣に就任したフランチェスコ・デ・サンクティスは、著名な医学者だったモレショットをトリノ大学に招聘した。次いで、ローマ大学医学部の実験生理学の教授に就任した。

モンテッソーリが歩んできた知的、科学的、文化的な道のりを再構築しようとする近年の研究では、「医学から教育への移行は、モンテッソーリが、精神薄弱児の学校で、知的に遅れのある子どもたちに行ってきた教育活動を通じて感じ取った明確な直観に基づいていて、完全に内面的なものであると指摘されてきた。〔……〕しかし、実際にはそうした直観は、モンテッソーリが一九世紀の末から二〇世紀の初頭に研鑽を積んできた専門的な経験の特殊性に根ざしている。その性質というのは、先に述べた医学、社会政策、実践的なフェミニズムなどが互いに絡み合って構成されたものであり、そうしたなかで『子どもの家』は実り多い完成を見たものだった」[*5]と記されている。

二つ目として考えられるのは、一つ目の次元とも密接に結びついているといえるものだが、それはモンテッソーリが、若い学生の立場でローマの精神病院の小児科に勤務していた頃から行ってきた研究や活動での直接的な体験に起因するものだったことは間違いないだろう。長い年月を経た後にモンテッソーリ自身が回想しているように、臨床例を集めているうちに、彼女は「マニコミオ（精神病院）に入れられている白痴児たちに興味をもつようになった」[*6]のだった。

つまり、モンテッソーリは、大学に通っていた時代から精神遅滞の子どもたちのケアをしていたのであり、その約二〇年前とは変化してしまっていた文化的な風土の中で、こうした子どもたちへの科学的な関心を特にモンテサーノと共有していたのである。[*7]

大学時代から公衆衛生や社会的な側面に積極的に携わっていたことが功を奏して、モンテッソーリは、大学を卒業してからわずか数年の間に教育問題にも関わるようになった。彼女は、ボンフィーリやモンテサーノ、そして、さらに多くの著名な人物たちとともに、「障害児保護のための全国同盟」の設立に尽力し、この同盟は一八九九年に正式に発足した。

とはいえ、モンテッソーリがトリノで開催された第一回全国教育学会に参加し、精神科医を代表して、設立を目前にしていた同盟の理念や計画を喧伝したとき、つまり一八九八年には、彼女の正式な公的立場は明らかになっていた。後になってモンテッソーリ自身が述べているように、当時、医学と教育の融合は、彼女にとってさえもちろん明確ではなかったので、自分をいささか「出しゃばり」だと感じていた。医学的な知識に基づいた「教育的な」計画の実現に向けて、モンテッソーリは、教育学者たちの支援をとりつけようとしていたので、目的の達成は容易ではなかった。

しかし、ちょうどこの時期に、オーストリアのエリザベート皇妃が、イタリア人の手によって暗殺（一八九八年）されたことは（犯人の男は、生まれてすぐに母に捨てられ、学校にすら通えなかった）、モンテッソーリにとって、「退行」の問題が教育学者たちに過小評価されていること、そして、すべての子どもたち、特に貧困や病そして孤児となったせいで退行の危機にさらされている子どもたちが、教育を受ける権利[*8]をもっていることを強く訴えるためのまたとないきっかけとなった。

モンテッソーリの報告は、確かに非常に説得力のあるものだった。教師たちが参加する学会で、医学に関する提案を行ったこともあって、その文書は拍手喝采で承認された。同文書では、一九〇一年に開催される次回のナポリ教育学会の予定表に議題を追加することを提案したことに加えて、「『小学校における併設学級』と重度障害児のための『特別な医学的・教育的施設』を設置して、『退行的な特性』をもった子どもたちを国の教育的な保護の下に置くこと」を求めていた。さらに通常の学校の教師たちには、大学レベルの課程を終えた後に、引き続き専門性を身につけさせる必要があることが主張されていた。

また、教育学会の数ヵ月後に、グイド・バッチェッリ公教育大臣[訳注25]（一八三〇－一九一六年）が、直接モンテッソーリの能力を高く評価したという公的な承認によって、彼女が手にした成功はさらに大きなものになった。そして、彼女はローマの三校の教育学校で、「新生教育学（ペダゴジア・エメンダトリーチェ）」の講義を担当することになった。通常の講座の一環で行われた第一回目の授業には、誰もがその名を知っている政治家や教授たちも足を運んだ。若い女性医師が、社会的に重要な問題でそれまでは無視されてきた問題に取り組んでいたことで、マスコミにも取り上げられるなど、モンテッソーリは大きな成功を収めることになった。

この点について、ヴァレーリア・バビーニとルイーザ・ラーマは、モンテッソーリが公教育大臣やフィアーノ公爵[*9]と頻繁に交わしていた書簡にも言及している。その中でモンテッソーリは、養護施設と託児所（現在の保育所）の内部に精神薄弱児のための学級を設置することを支持する旨をはっきりと表明していた。モンテッソーリの考えでは、公爵が望んでいた精神薄弱児に特化した施設の設立が無駄だと考えられてきた小さな田舎町でも、こうした施設や託児所であれば、設立が可能だろうということだった。

その後、障害の診断に基づく分類による提言によって、熟慮され明確になったモンテッソーリの立場は、一九〇一年のナポリ教育学会で公にされた。その立場とは、「子どもたちを『最重度の者』『教育不能または一部分のみ教育可能な者』『重度・教育可能で部分的に正常な者』『遅滞的で軽度・正常に近い者』」に区分するものだった。アウグスト・スコッケーラが指摘しているように、これらの分類は、それぞれが教育的医療施設、独立した特別な学校、通常の学校に追加された併設学級に対応していた。この区分の考え方は、組織的かつ制度的−施設的なパラダイムといえるもので、イタリアでは一九七〇年代の半ばまで、この体制が変わることなく維持された。

すでに述べたように、時を同じくして「障害児保護のための全国同盟」が設立され、モンテッソーリは、精神遅滞児の回復のための精神《モラル》教育の根本的な役割を強調する多数の論文を発表するとともに、イタリアにその理念を広め、また資金を調達するために多くの会議に参加していた。

モンテッソーリは施設や病院を訪問する機会に恵まれており、そうした場では、旧来の慈善的な考え方が、いかに予防や、研究、治療、教育などの公的な機関を創立するという考えに取って代わらなければならないかを絶えず訴えていた。モンテッソーリの社会的なコミットメントの機会はますます増え、彼女はその前線で仕事に取り組んでいった。

一九〇〇年、モンテッソーリはモンテサーノと手を組んで独自の科学的な試みを開始した。イ

訳注25　イタリアの政治家、医師。初めは医師として研鑽を積んでいたが、後に政治家に転身、長年にわたって公教育大臣を務めた。

タリアでは初めてとなる「スクオーラ・マジストラーレ・オルトフレーニカ（精神薄弱児のための学校）」の開設だった。[*10] 同校には、小規模の養護施設が併設されており、教師たちはそこで教育実習を行うことができた。この学校は、セルジ、ボンフィーリ、シアマンナといった名だたる教授陣たちによる第一級の協力体制を誇っていたが、言うまでもなくモンテッソーリとモンテサーノこそが、この学校の「真の精神」を体現していた。[*11]

後年になって回想しているように、モンテッソーリはこうした試みから、白痴児たちの教育に用いられている教育法には、公立学校で用いられている方法と比べて、「より合理的な」原理が含まれていることに気づかされることになった。

モンテッソーリは注意深く「新生教育学」の研究を深化させて、白痴児たちへの教育が合理的であることを十分に認識するようになり、また、公立学校の試験で障害のある自分の生徒たちの何人かが、健常の生徒より良い成績を収めたことを直接目の当たりにしたことにより、後者の健常の生徒の教育をじっくり考えようと決意したのだった。[訳注26]

加えて、人体測定学と計量心理学に基づいていた当時の「科学的教育」に対して大論争が巻き起こった。そこで、モンテッソーリは、生徒を励ますのではなく、追いかけまわし、刺激し、挙句の果てには、生徒を抑え込んで、窒息させてしまう公的な教育に直面し、彼女は数量的な測定に基づく教育ではなく、「新生教育」が備えている予防的な価値をますます確信するようになった。

そして、知的障害児に対するモンテッソーリの興味は、「子どもの家」[*12]という次なる試行をはっきりと方向づけるとともに、その一方では、子どもたち全体への関心に比して、大学での教育とその職への関心が徐々に失われていった。

「子どもの家」の試みは、社会的にも文化的にも実際にとてつもなく迫害されてきた特定のタイプの生徒たちを対象としていた。それにもかかわらず、この試みはすぐにイタリアの国境を越えて広まり、万人に有効な世界的な教育モデルとなって、今日でも国際的に高い評価を得ている。

よく知られているように、モンテッソーリはそうした教育モデルを広めるために、自分自身が「世界市民」となってヨーロッパ、アメリカ、インドを旅して巡った後、八二歳のときにオランダでこの世を去った。

4　自由としての教育

手短に要約しただけでは、マリア・モンテッソーリの思想の革新的な価値を十分に把握することはできないが、ここで検討していくのは、もちろん彼女が行った活動が最も実り多かった時期の一つについてである。

訳注26　通常の学校の生徒の学力が障害のある生徒の学力に劣ることもあることについて考察すること。

モンテッソーリは、イタールとセガンを入念に研究し[13]、その後セガンの著作を訳してそれを中世の写字生《しゃじせい》のように手書きで書き綴った結果、次のような確信にいたった。その確信というのは、「イタールは、『科学的・実験的な教育』の真の創始者である。なぜなら彼の教育学は、生徒の『個性を効果的に修正できる』メソッドに基づいているからである。その一方で、セガンには、イタールが敷いた道をたどりながらも、精神遅滞児のための真の教育システムを完成させた功績がある」というものだった。

さらにモンテッソーリは、ロンドンとパリを訪れて、イタールとセガンの二人が考案した教具を個人として見てまわり、また自身の眼でビセートルの教師たちを観察したことで、とりわけセガンのメソッドがどのように適用されているのかを知った。こうしたことを通じて、モンテッソーリは、セガンの方法論がいかに「機械的」に捉えられているか、そして、そのことがいかにセガンの精神を裏切っているかということに気づかされたのだった。

セガンの方法論は白痴児を対象としていたために、教育学の中では過小評価されていて、教育者たち自身にも誤解されていた。たとえばモンテッソーリは、「セガンのメソッドが白痴児たちの能力を向上させることができるのであれば、健常児たちにも同じことができるだろう」ということに、そのときはまだ気づいていなかったと記している。モンテッソーリは、自分の生徒たちを実験材料にして、彼女の考えでは、セガンが活用していたにもかかわらず見逃されていた「精神性」を回復させたのだった。

モンテッソーリの考えでは、たとえそれが優れたものであっても、教育メソッドや教具に頼りきってしまう前に、教師は生徒との関わり方を学び、励まし、心の支え、愛情、敬意を通じて、一人ひとりの中で「眠りについている人間」を目覚めさせることが重要だった。そして、その励ましなどが、「秘密の鍵」を作り上げ、「人間の魂」をこじ開ける原動力になるのであり、それらがなければ、どんなに外部からの完璧な刺激があっても、まったく無意味だろうということだった。

モンテッソーリは、セガンのメソッドから三段階の「レッスン」を取り入れ、「子どもの尺度」に合った環境作りと非常に多彩な教具でそれを充実させていった。教具はセガンのものを基にして、モンテッソーリが自ら作り直したものであり、彼女は、それらには自己修正的な機能があるので、感覚の発達に大きな効果を発揮すると考えていた。

ともあれ、「科学者の精神」で「人間性の観察」に着手した教師こそが、子どもと子どもの活動のために準備された環境とを結びつける「仲介者」を体現している。モンテッソーリの教育は、生徒の自律性、つまり生徒が自由であることを目的としており、当時の教育的な人体測定学や実験心理学に特有の働きかけの弱さとは対照的なものだった。モンテッソーリは、感覚教育を通じて、「意識に働きかけて意識を目覚めさせ、外界の環境との関係に命を吹き込むことで、外界の特徴を把握し、外部の現実と知性を調和させるような『修正的な行動』が生み出されていく」[*14]という考え方をイタールやセガンと共有していた。

このことにより、たとえば「読み書き」を学習させる際にイタールとセガンが犯した大きな二つの誤りを指摘した場合のように、モンテッソーリが、彼らの提案の中に上手く機能していないものがあると感じたときでさえも、彼女がイタールとセガンから距離を置こうとすることはなかった。

ここで強調しておきたいのは、モンテッソーリの教育理念は、イタールとセガンというフランス人二人の創始者たちと基本的な前提を共有しながら、彼らよりも、はるかに洗練されていたことである。神経心理・生物学的な知識と心理的・教育的な知識を有していたおかげで、モンテッソーリは、教育が「自由で、自律つまり解放に向けられている」どころか、非常に多くの場合、どれほど息苦しく条件に縛られたものであるかということを心底から自覚することができた。

また、モンテッソーリが抱いていた「子どもの奥深い精神活動」に対する直観が、彼女を精神分析的な教育に向かわせる強い動機となっており、カルディンが述べているように、このことが教育プロジェクトを準備しようと努めることにつながっていた。その教育プロジェクトでは、子どもの人格の「正常な」発達を妨げるすべてのものを取り除くことが第一目標とされており、それは、自分たちの内側に、最良の方法で発達していくためのすべての条件を備えている子どもが、教育を通じて、正常に発達していくためだった。

そこでは、メソッド、環境、教具、そして教師の積極的かつ慎重な観察が、子どもの無言の呼びかけを尊重しながら、「子どもが自分で物事を行うための手助け」をするための重要事項とされている。モンテッソーリの偉大さは、まさに生物学的にそして社会文化的に不遇であるために、成長と成熟のための能力と可能性が妨げられている人々と関わることから始まって、何よりも子ども全体への信頼を取り戻したことにある。

アルベルト・グラネーゼ[訳注27]が指摘しているように、モンテッソーリは、子どもと子どもが置かれている時期――それは、「滞在する場」であって、単に「通過する場」ではない――に注意を払いながら、教育的なケアと教育的な育成を子どもたちに施すことができた。モンテッソーリは、一人ひとりの生まれながらの性質を尊重しながら、同時に個々の発達と違いに気を配り、また、教育の最も根源的で重大なテーマの一つである関係性の問題、つまり、教育やいつも完全にコントロールできるとは限らない別の要因を通じて、「人類の運命」と「個々人の運命」が担っている無限の衰退の可能性と、人間の「本来的な目的地」の間の関係性の問題に取り組んだのである。

これまで見てきたように、モンテッソーリの名は、医学から出発した教育学者や心理学者というイタリアおよびヨーロッパ文化の伝統に連なるもので、彼女はそうした土壌から養分を得ており、また、その起源を一九世紀の初頭に求めることができる。そして、イタールやセガン、そしてモンテッソーリ自身が、そうした伝統の権威を代表している。

モンテッソーリの思想と業績による貢献は、さまざまな理由により、現在では根本的なものとなっているが、それは何よりも、その時代まで知的障害者に対するあらゆる取り組みを特徴づけていた援助活動的で慈善的な「装い」から、彼らを解放するという大きな功績をモンテッソーリが果

訳注27　イタリアの教育学者。カリアリ大学やボローニャ大学で教育学を講じた。元カリアリ大学教授。

たしたからである。このことは、知的障害とより広い意味で子どもたちに対処する新たな方法が、社会文化的、科学的、教育的に必要としているものを明確にするさらなる一歩を決定づけている。

最近でも多くの研究が示しているように、ヨハン・ハインリッヒ・ペスタロッチ[訳注28]（一七四六ー一八二七年）からフリードリヒ・フレーベル[訳注29]（一七八二ー一八五二年）、オヴィド・ドクロリー[訳注30]（一八七一ー一九三二年）からエドゥアール・クラパレード[訳注31]（一八七三ー一九四〇年）、アンリ・ワロン[訳注32]（一八七九ー一九六二年）からヴィゴツキーやハンス・アスペルガー[訳注33]（一九〇六ー一九八〇年）に至るまで、モンテッソーリからの直接的・間接的な影響、あるいは、現在では「ペダゴジア・スペチャーレ」呼ばれる学問が誕生したすぐ後の時代におけるこうした学者たちの貢献という点で、彼女の名を見出すことができるだろうし、そうした影響や貢献のさらなる可能性を検討することもできるだろう。

とはいえ、ここに挙げたのは、それぞれの視座の特殊性はあるにしても、障害者に対して倫理的、法的、歴史社会的な承認つまりアイデンティティについての認識を与え、さらに、「ペダゴジア・スペチャーレ」の取り組みに対して、自律性と認識論的、科学的、方法論的な自覚を与える貢献をした誉れ高い科学者たちのほんの一握りにすぎない。

その意味では、すでにモンテッソーリについて述べたように、必要とされる医学の貢献を放棄することなく、これらの科学者たちは、教育的な人体計測学、新興の計量心理学、そして医学的・精神医学的な生理学を科学的な学問であると錯覚していた方法論的な意味合いから、教育を解放することができたのである。
今日でもその危険性がすべて解消したわけではないが、こうして彼らは、器質的―遺伝的な要素だけで障害を捉える危険性を予見してそれを回避し、その代わりに、現在では「生態学的・進化的」なものと形容することができる教育と人間についてのより広い考察の中に、障害を位置づけたのである。

訳注28 スイスの教育家。ルソーの自然主義思想の影響を受け、自発性や直観を重視した。孤児教育や児童教育に生涯を捧げた。人間の諸能力の調和的発展を教育の目的とする理念や実践は、近代西欧の教育界に大きな影響を与えた。

訳注29 ドイツの教育者。世界最初の幼稚園を設立した。幼児の創造性を育てるための教育玩具を創作し、恩物《おんぶつ》と命名した。ペスタロッチに師事した。

訳注30 ベルギーの教育学者、心理学、精神科医。子どもの欲求と興味を重視した生活カリキュラムである「ドクロリー法」を実施した。

訳注31 スイスの心理学者。ジュネーヴにルソー教育研究所を設立して初代所長に就任し、児童心理学とその教育への応用研究を行った。

訳注32 フランスの心理学者、精神医学者。精神発達遅滞児の研究から出発して、人間形成を規定する社会的条件を重視する独自の体系を確立した。

訳注33 オーストリアの小児神経科医。発達障害の一類型であり、知的障害や言語障害を伴わない自閉症的な症例を初めて報告した。この障害は後に「アスペルガー症候群」と命名された。DSM第5版（二〇一三年）では、アスペルガー症候群は自閉症スペクトラム障害という広義の障害群に包含された。

【注】

＊1 『ペダゴジア・スペチャーレの手引き』（原題 *Manuale di Pedagogia speciale*）の著者たちによれば、社会的な周縁に置かれることから始めるにしても、ともかく、障害者は、産業の発展のために必要とされていた。そして、そこから生じてくるのが、障害者の統合プロセスの四つの本質的な観点に基づいた社会的な感覚や意識だった。すなわち、「（一）障害者を生理学的にだけでなく、心理学的にも知る必要があること、（二）疎外は突然起こるのではなく、文化や慣習の特定の形が存在することから生じるという認識［……］、（三）社会的な統合が、人類の完全な発展のプロセスとしての意味を獲得するという主張、（四）社会的な統合プロセスは、組織的に準備され実施されてこそ本当の意味で有効であるという確信、つまり具体的で、実現可能で、検証可能な目標を達成するために、組織化され、計画され、目的が定められているかどうか［……］」ということである。

＊2 オリヴェーロとチオーニの両教育者は、それぞれが精神遅滞児のための教育施設を開設した。一八八七年にミラノで開設された学校では、オリヴェーロ自身が校長を務め、一八九一年には、ネルヴィへと居を移した。そこでは、著名な医師モルセッリが校長を務めており、その学校を「ペダゴギウム・イタリアヌム（Paedagogium italianum）」と命名していた。チオーニは、一八八九年に、キアヴァーリに学校を開設、自身が校長を務めた。チオーニは一八九四年に創刊された雑誌『精神薄弱』の創刊者でもあり、数多くの書物の著者でもあった。代表作には、『イタリアで初めての白痴教育施設の設立のために』（一八八八年）、『イタリアで最初の精神遅滞施設』（一八九一年）、『精神遅滞児とその教育』（一八九六年）、『白痴、痴呆、遅滞児の治療のために』（一八九八年）がある。

＊3 M. Montessori, *La scoperta del bambino*, Milano, Garzanti, 2003, p.VIII. (ed. orig. 1948)

＊4 一八八七年に、ロシア出身の医師のアンナ・クリショフ（一八五七―一九二五年、イタリア社会党の創始者の一人）が、ミラノのマッジョーレ病院で、臨床実習を行うのを阻止された事件はよく知られている。

＊5 V. Babini, L. Lama, *Una «donna nuova». Il femminismo scientifico di Maria Montessori*, Milano, FrancoAngeli,

2000, pp. 12–13. 非常に注意深い文献研究によって、ここで引用したテキストは、これ以前は示唆されていただけだったモンテッソーリの知られざる一面を浮かび上がらせている。このことは、マルケ州出身の教育学者モンテッソーリを科学的、文化的、実存的により正しく裏づけるにあたって、非常に興味深いものである。執筆者たちが指摘しているように、実際に記された文書を研究することなく、ほとんどの場合、架空の物語や伝説によって、モンテッソーリは称賛されたり中傷されたりしていた。

＊6 M. Montessori, 前掲書 , p. 22.

＊7 先述のように、ヴェルガは、白痴の問題は精神科医が直接的に関わるべき問題ではないと考えていた。しかし、イタリアにモレルの思想が広まった後に、ロンブローゾが、「退行」という概念を通じて、モレルの思想をふたたび強く打ち出した。これにより、精神遅滞や痴呆やさまざまな知能の遅れは、より広い範囲の類型の知的・精神的・社会的な異常の中に含まれるようになり、その結果、これらも、医学的－科学的な議論の重要な課題に加えられるようになった。とはいえ、白痴の状態は、その時代の科学的な風潮と、科学の社会的な振興という役割が受け容れがたい「退行」を示している危険性があった。こうした実情に、すでに批判されていたように、他のヨーロッパ諸国と比べて、イタリアの後進的な実態があったことを加味すれば、この状態が、公衆衛生や教育だけでなく、政治的な介入を必要とする、どれほど大きな制度的で社会的な問題となったかが理解できるだろう。

＊8 モンテッソーリは、トリノでの演説から時間が経って初めて、「私は同業者たちとは違って、精神遅滞の問題は、医学の問題であるというより、主に教育の問題だという直観をもっていました。医学の学会では、多くの人が精神遅滞児の治療と教育のための医学－教育学的な方法について語りましたが、私は精神教育《モラル》を主題にして話をしました」と記すことになった。

＊9 フィアーノ侯爵は、ローマの養護施設長の立場にあった。当時は、サンテ・デ・サンクティスが施設長を務める貧しい障害児の教育のための初めての施設が、首都ローマに創立されたばかりだった。

＊10 二校目の教育学校は、ウーゴ・ピッツォーリが始めていた実験（彼の研究室では、科学的教育の確立をめ

ざして、教師に向けた講習が開かれ、そこにモンテッソーリも参加していた）から二年後に、エミリア＝ロマーニャ州のクレヴァルコーレに開設された。モンテッソーリは、同校で教育人類学を講義した。

＊11 二年間にわたる校長としての学校での経験について、モンテッソーリは、「こうして私は、二年間、同僚たちの助けを借りながら、精神遅滞児を観察し、教育を行う特別な方法をローマの教師たちに伝授しました。それだけでなく、重要なことは、ロンドンとパリに滞在して、精神遅滞児の教育の実習を学んでから、私自身が子どもたちを教え始めるのと同時に、私たちの施設で精神遅滞児を担当する女性教師たちの指導も始めたことです。小学校の女性教師たち以上に、そして誰かに交代してもらうこともなく、私は朝八時から夜七時まで、休みなくみずから子どもたちを教えました。この二年間の実践は、教育行為における私の真の肩書になっています」と記している。

＊12 『『子どもの家』の教育システムは、実際には、さらに遠くさかのぼることができる源泉があって生まれたのです。健常児に対する現在の実験は、短い期間しか行われていませんが、それに先立つ障害児への教育的な実験が下敷きになって、長く考え抜いた末に生まれたものなのです」と記されている。

＊13 モンテッソーリは「一〇年間、実践を通じて実験を行い、この二人の卓越した人物たちの仕事についてじっくり考えました。二人は仕事に身を捧げ、あまり知られていない英雄的な行為の証拠を人類に残しました」と記している。M. Montessori, 前掲書, p. 39.

＊14 M. Montessori, 同右, p. 200.

第5章

知育と人間形成の教育
――長く複雑な文化的・社会的進展

1 公立学校における教育の道のり――初めての措置

一九二三年のジェンティーレ[訳注1]（一八七五―一九四四年）改革ですでに示されていたのは、「初等教育法関連法典」（一九二八年勅令第五七七号）と「総則」（一九二八年勅令第一二九七号）だった。この改革により、障害のある者が就学するための道のりのスタートが切られることになった。

訳注1　イタリアの哲学者。観念論哲学を展開して哲学者ベネデット・クローチェ（一八六六―一九五二年）とともに二〇世紀前半のイタリア思想界を代表した。後にファシズムに傾倒してクローチェと対立。一九二二年から二四年まで、ファシスト政府の文部大臣を務めて教育改革に尽力した。

これに関わる措置として、盲児・聾児でかつこれ以外の異常を呈していない者の就学が義務化された（一九二三年勅令第三一二六号第五条）。そして、イタリア王国[訳注2]の医学部には、小児成長期の発達異常に関して、人間の多様な体質の形態学的、生理学的、心理学的な研究を推進する任務が与えられるようになった。さらに、医学部は公教育省に対して、精神障害児の支援および分離学級を組織することを提案するよう定められた（一九二八年勅令第一二九七号第二三〇条）。

あらかじめ規定されていたのは精神薄弱児[訳注3]の教育学校、そして児童の心身発達の生理学に関する教育講座[訳注4]の機能だった（一九二八年勅令第一二九七号第四〇四条）。ここで認められていた分離学級は（同上二三〇条）、後になって特別な学級[訳注5]とともに、国立学校という機能をもって配置されるようになった（一九二三年勅令第七八六号第二八条、二九条）。

これらの措置がどれほど重要だったかについて、マウラ・ジェラーティ[訳注6]は、「この措置は、教育の『最初のターニング・ポイント』であったにすぎない。公立学校が、実際に障害を抱えている生徒[訳注7]たちの受け容れ（今日的な意味での受け容れ）を意図していたと誤解されるべきではないし、あるいは別の理由で、さらなる困難を生み出したといえるかもしれない」と述べている。

一九二八年勅令の「総則」では、盲児・聾児に対して「盲・聾以外の異常を呈していない者」と明記されており、さらに「総則」の規定には、第四一五条も加えられた。そこには明確に、「繰り返し風紀を乱す行為が、精神の異常に起因すると疑われる場合には、教師は保健担当官と合意のうえで、教育行政上の学校区の長あるいは学校長に対して、（学校区は複数の学校の集合体）当該生徒を最終的に隔離する提案を行うことができる。この措置により、校長は同市内に設置された分離学級への生徒の入級の手配、また場合により、家族との同意の下で矯正教育を行うために、施設への入所手続きを開始するものとする」[*1]と規定されていた。

ここで言及されている分離学級[訳注8]は、一九〇八年には、すでにモンテサーノの発案によって、「実験的」な性格をもって開始されていた。そこで意図されていたのは、軽度の精神障害（知的障害）

訳注2　一八六一年に成立したイタリア王国が一八七一年に全土を統一して近代国家を形成した。その後、一九四六年の国民投票で王制を廃止して共和国となった。

訳注3　原語では、「ortofrenico」と記されているが、現代では知的障害に相当する語である。

訳注4　分離学級の指導に望ましい資格を取得するための講座。

訳注5　特別な学級には、重度（重複）の障害のある生徒が在籍するものとされた。

訳注6　イタリアの教育学者。専門はペダゴジア・スペチャーレ。元レッチェ大学教授。

訳注7　本書では、統一して原語を「生徒」と訳出したが、日本の教育制度の中では幼児・児童・生徒を含む包括的な用語である。

訳注8　モンテサーノの発案によって開始された「分離学級」は、少なくとも当初は、軽度の障害のある生徒が在籍する学級で、一定期間の指導・支援の下、生徒は通常学校に再度編入することが前提とされていた。このモンテサーノの実験は、一九三三年には国全体の方針となり、一九七七年までの期間に、分離学級は特別な学級とともにイタリア全土に普及していった。しかし、モンテサーノの思惑は裏切られることになり、結果的には、分離学級にはさまざまな程度や種類の障害のある生徒たちが在籍することになった。

のある生徒を集めることだった。こうした学級に一定期間通うことができれば、簡略化された授業計画、個々に応じた教育、特別な教育的方法論を通じて、通常の学級に再度入学できる能力を伸ばせるはずだった。しかし、ことは思惑通りには進まなかった。国ではなく地方自治体に財源があった分離学級は、さまざまな形態が入り乱れてイタリア国内に普及していくことになった。[*2]

この制度の創始者であるモンテサーノが想定していた精神とはかけ離れ、秩序や明確さをまったく欠いた状況の中で、分離学級には、軽度の社会文化的あるいは言語的な能力の欠如から、重度の器質的・心理的な障害に至るまで、非常に異なる状態の生徒たちが在籍するようになった。

ここまで簡潔に振り返ってきた中には、障害のある生徒とない生徒を包摂する意志が、いかに乏しかったかということが表れている。確かに言えることは、隔離主義的な方向性が優勢だったというよりも、教育以上に医学・公衆衛生的な観点からの新実証主義的[訳注9]な考え方が根底にあったということである。これは、新理想主義の枠組みの中にある考え方であり、ヨーロッパのほとんどの国々と同じように、イタリアにおいても、この考え方が、幾つかの種類の障害に対してだけ、専門的な見地からの特別な方向性とコースを提示しながら、障害者を分離して教育するという手段を確立させていた。[*3]

こうした状況については、アルド・ゼリオーリ[訳注10]が、この時代の変遷をたどりながら、「この状況は、一九七〇年代の半ばまで続いた。イタリアの学校関連の法律は、一九五〇年代の初めの五年間に公布された幾つかの法律で、盲児・聾児のための学校の国立化、これらの組織の再編成、カリキュラムの見直しに関するものを除けば、こうした状況を修正するための適切な措置を講じることはなかった」と回想している。

また医学的・精神的・教育的な取り組みの制度も（一九六一年の段階では）、分離学級と特別な学級への生徒の配置に関して、自由勝手に行われていた地域の状況に秩序を与え、さらに障害児の学校への入学を科学的に「ふるい分けする」ためのものだった。しかし、実際にはこうした制度が、障害を「医療化」[訳注11]する考え方を強化していた。その結果、一九七〇年代の初めの五年間までは、分離学級および特別な学級の急激な増加が生み出されていった。

その直後の数年間には、質的にも量的にも不足していた専門性を備えた教師の養成が、一九六三年公教育省通達第三一五号によって、公教育省から地域の複数の教員養成機関に委任されるようになった。とはいえ、多くの場合、意義のある取り組みを実現するにはほど遠く、専門性の保証は置き去りにされていた。専門性が、教師として相応しい資質に達しているとは到底言えなかった。

訳注9　論理実証主義とも呼ばれる。一九二〇年代に結成されたウィーン学団が展開した哲学の思想とその運動。知識の基礎を経験に求め、形而上学を否定する考え方。

訳注10　教育行政に携わる行政官。セルジョ・ネーリらとともに、イタリアの統合教育の実現に大きな役割を果たした。

訳注11　社会的、心理的、教育的などの統合的な症状である障害を、医学や医療の対象として捉える観点を強調することで、医学（医療）の範囲内に収めようとする態度のこと。

こうした時代の中で、障害のある生徒に提供されていた教育の質に対する社会的、政治的な無関心は、一九四八年のイタリア共和国の憲法が、平等主義のための厳粛な要求と決意を掲げ、民主主義と社会参加を保証し、それによって弱者たちの心に希望を抱かせていたことを考えるなら、いっそう深刻な状態だった。

すべての市民に対する同等の社会的尊厳と法の下の平等を掲げ、さらに、「市民の自由と平等を事実上制限し、人間の完全な発達を阻害する経済的および社会的秩序への障害を除去することは、共和国の務めである」と明言する憲法第三条に込められた、民主主義と教育権および自己実現の権利との関係性を考えてみよう。

その密接な関係性は、「(イタリア)共和国は『すべての市民の労働権を認め』かつ『その権利を実効させる諸条件』を推進する」と記されている憲法第四条にも表れている。

これらの条文に、勝るとも劣らず重要なのは、憲法第三四条である。そこには「学校は万人に開かれている。最低八年間の初等教育は、義務でありかつ無償で行われる」と記された。また、憲法三八条では、「労働不能かつ生活手段に欠如する市民は、社会的扶養、社会的支援を受ける権利を有する。[……]不能者および障害者は、職業教育又は職業訓練を受ける権利を有す」とされた。

イタリア共和国憲法の内容は、確かに人間の権利の全面的な推進を志向してはいるが、障害のある個々人に関わる記載内容は、憲法の施行から数年の間には実現されなかった。

イタリアの政治階級は、キリスト教民主党と共産党の支持者との間でイデオロギー的に分断されていて、イタリアの構造的、経済的再建に向けて、両党が共有できる解決策を見出そうと奮闘していた。学校の問題、特にカリキュラム内容の調整と非識字率の引き下げには気を配っていたが、障害者の教育と教員養成における資格化については、効果的な取り組みができないでいた。

2 世界的な変化——解放運動の広がりと政治的・社会的な変化

一九五〇年代の後半から七〇年代の半ばにかけては、民主主義的な要求、つまり障害の文化的・社会的な統合への要求があったが、その原動力となった要素と、そこに関わった人々の多様さを説明するのはとても難しい。とりわけ、明確に決められた目的を追求するために、特定の背景の中で実現された出来事とそれへの対応という有機的なプロセスを考えなければならないときには、なおさらそうである。

この件では、隣り合っていたり相互に作用していたりするものや、空間的には離れていて、表面上は直接的には結びついていないような物事の中にある複合的な取り組み、要素、要因について考えなければならない。そして、これらのことが、最新の複雑性理論と完全に一体となって、新たな社会的・文化的な秩序を生み出していった。そうした秩序は、一九七七年の法律第五一七号を通じて、国際的なレベルで見ても、非常に革新的な政治的選択に命を与えた。つまり障害の種類や障害の複雑さの度合いにかかわらず、すべての生徒を通常の学級に包摂するという選択に命を吹き込んだのだった。

とはいえ、こうした変化のプロセスの最も重要な要素を概説していく前に、一九五〇年代半ばの時点では、障害者本人とその家族に対する社会的・文化的な偏見が蔓延していて、しかもそうした風潮が根深かったために、障害者は見下され、役に立たない者と見なされていた、ということを思い出しておく必要があるだろう。

こうした状況には、一般的な関心の欠如と、国の公的な組織の側の取り組みの不十分さが反映されていた。その背景には、施設化－制度化という慣行として行われていた実践が、有益で正しいものだと考えられていたこと、そして、このことが、障害者の社会的な孤立という悪しき慣行を規範にしてしまうのに一役買っていたことがあった。

さて以下では、議論を深めることはせずに、歴史的に何が起こったのかを説明するのに役立つ、主要な「ターニング・ポイント」を概観的に思い起こしておくことにしよう。そのためにも、ここでは、歴史的な出来事に新たな解釈を加えることはせずに必要な解説をするにとどめ、それらを年代順に整理していくこととする。

(a)　一九五〇年代の後半以降になって、障害者自身とその家族が推進したアソシエーションの運動[訳注12]が起きたことにより、告発、権利要求、教育やリハビリに関する取り組みなどの役割が、爆発的に増大した。これらの運動は、障害者の「アイデンティティ」の回復に努め、障害者の「能力」と「自律」の意味を擁護するとともに、社会的な意識を高め、福祉政策に関する政治的・公的な議論を巻き起こし具体化させる推進力としての役割を果たした。

(b) 憲法で定められた文化についての民主化の要求は、一九六二年の単一の中学校（前期中等教育）の設立（これにより障害児の受け容れが、以前の小学校から中学校にまで拡大され、中学校内に分離学級が設置された）と一九六八年の国立幼稚園の設立によって実現を見たといえるだろう。

しかしながら、実際には障害児に関しては、第一のケースとして補習学級と分離学級で対応されたこと、第二のケースでは特別部門が開設されたことで、法律の制定者の間では、なおも健常児のための「通常の学校」と非健常児のための「分離学校」という考え方が優勢だった。この考え方は、障害児たちの回復をめざす学校教育の道すじという本来の仮説と矛盾していて、それを裏切るものであった。そればかりか、同級生や家族そして教師たち自身の眼に見えるように、障害児たちに汚名を着せる結果となった。

訳注12　共通の目的や関心をもつ人々が、自発的に集団や組織（アソシエーション）を作り運動すること。イタリアの社会では、アソシエーションの活動が非常に活発であるとされている。

(c)　一九六〇年代の初頭に始まった学校改革の政策は、この年代が終わろうとする時点では、それ以前に憲法で明言されていた文化への参加と民主化の宣言について、あらゆる期待を失望に陥れていた。学校は、学校が置かれているさまざまな秩序や境遇の中で、多数派の軋轢に耐えられないことを露呈させていて、その結果として、選民的で、能力主義的で、効率主義的な性格を帯びるようになっていた。

しかし、広い範囲にわたって、政治の面で横断的な異議申し立ての運動が生まれ、学校という組織全体を議論の俎上にのせて、学校の階級的な性格や、学校があらゆる多様性を尊重も評価もしないでいることを告発していった。

その結果、こうした時代の空気を象徴し先取りする、痛烈な皮肉が込められた一冊『ある女性教師への手紙』[訳注13]が生まれた。この一冊は、一九六七年にトスカーナ州にある町ムジェッロの子どもたちのグループが、司祭であるドン・ロレンツォ・ミラーニ[訳注14]（一九二三－一九六七年）と一緒に書いたものだった。

(d)　一九六〇年代末から七〇年代の初頭にかけては、反権威主義的な動揺が広がる風潮の中で、文化や市民社会のさまざまな領域を横断する、革新的な運動が生み出されていった。学術的な学問として認知されたばかりだった「ペタゴジア・スペチャーレ」が、「不適応」という問題に付随する課題を掘り下げるようになると、小児神経精神医学は、社会的な回

郵便はがき

料金受取人払郵便

神田局
承認

2420

差出有効期間
2025年10月
31日まで

切手を貼らずに
お出し下さい。

101-8796

537

【受　取　人】

東京都千代田区外神田6-9-5

株式会社 **明石書店** 読者通信係 行

お買い上げ、ありがとうございました。
今後の出版物の参考といたしたく、ご記入、ご投函いただければ幸いに存じます。

ふりがな お名前	年齢	性別

ご住所　〒　　-

TEL　(　　)　FAX　(　　)

メールアドレス	ご職業（または学校名）

＊図書目録のご希望 □ある □ない	＊ジャンル別などのご案内（不定期）のご希望 □ある：ジャンル（　　　　） □ない

書籍のタイトル

◆本書を何でお知りになりましたか？
□新聞・雑誌の広告…掲載紙誌名［　］
□書評・紹介記事……掲載紙誌名［　］
□店頭で　□知人のすすめ　□弊社からの案内　□弊社ホームページ
□ネット書店［　］　□その他［　］

◆本書についてのご意見・ご感想
■定価　□安い（満足）　□ほどほど　□高い（不満）
■カバーデザイン　□良い　□ふつう　□悪い・ふさわしくない
■内容　□良い　□ふつう　□期待はずれ
■その他お気づきの点、ご質問、ご感想など、ご自由にお書き下さい。

◆本書をお買い上げの書店
［　市・区・町・村　書店　店］

◆今後どのような書籍をお望みですか？
今関心をお持ちのテーマ・人・ジャンル、また翻訳希望の本など、何でもお書き下さい。

◆ご購読紙　(1)朝日　(2)読売　(3)毎日　(4)日経　(5)その他［　新聞］
◆定期ご購読の雑誌［　］

ご協力ありがとうございました。

ご意見などを弊社ホームページなどでご紹介させていただくことがあります。　□諾　□否

◆ご 注 文 書◆　このハガキで弊社刊行物をご注文いただけます。
□ご指定の書店でお受取り……下欄に書店名と所在地域、わかれば電話番号をご記入下さい。
□代金引換郵便にてお受取り…送料+手数料として500円かかります(表記ご住所宛のみ)。

書名	冊
書名	冊

ご指定の書店・支店名	書店の所在地域 都・道 府・県　市・区 町・村
	書店の電話番号　（　　）

復をめざしたリハビリの道のりを示し始めた。

さらに、「回復可能」な異常と「回復不可能」な異常といった明確な区別が揺らぎ始めると、調査報道は、精神医学の問題[*4]に関心を寄せるようになった。そして障害が引き起こす「違い」に対する科学的な関心は、時事的な評論や学校や教育の政策に関するより広い議論の中で扱われるようになった。

(e) 国際的な領域では、「戦術的」な意味での「開放」と「出会い」と解釈できる政策があり、カネヴァーロによれば、それは、抑止と権利の否定によって表明されてきた「管理の論理」から、「交渉（相談）の論理」への移行を示していた。この論理によって支配が消滅するわけではないが、認識によって支配がふたたび持ち出されるということだった。

この重大な局面について、カネヴァーロは、第二バチカン公会議[訳注15]（一九六二―一九六五年）

訳注13 イタリアの教育界を超えて当時盛んだった労働運動や学生運動にも影響を与えるなど、社会全体に大きな影響を与えた。日本では『イタリアの学校変革論――落第生から女教師への手紙』（田辺敬子訳、明治図書出版、一九七九年）のタイトルで出版された。

訳注14 フィレンツェ生まれのカトリックの司祭。過疎化が進むムジェッロの町バルビアーナに移り住み、町の子どもたちの教育に専念した。イタリアの学校の階級的な性格を告発するとともに、工業化社会における農民階級の救済の手段として、恵まれない人たちが文化を獲得することを提案した。

やフルシチョフ（一八九四―一九七一年）とJ・F・ケネディ[訳注16]（一九一七―一九六三年）が行った政策といった、間違いなく隔離政策から統合政策への移行を手助けした基本的な出来事を取り上げている。国際的な場でもローカルな場でも、実際に多岐にわたる問題をめぐる論争が切り拓かれていた。

イタリアでは、政治的な階級と世論の両方で非常に異なる立場があり、その中で、以下の諸問題についての議論が始まった。それは、フェミニズム運動、中絶をめぐる政策、管理下での麻薬物質の投与、マニコミオ（精神病院）の廃止の機運、精神病院の異質性などの議論だった。

障害の問題に関していえば、国際的な領域では、これまでに記した「開放」の議論と、少しずつ実現されていた市民的・倫理的な成熟の証として、非常に重要な成果にこぎ着けていた。それは、一九七一年一二月二〇日の国連総会で採択された「精神遅滞者（知的障害者）の権利に関する宣言」だった。その中で、障害者はすべての人間と同じ尊厳および権利をもつことが認められた。

(f) イタリアの政治は、アソシエーションの運動[*5]に端を発した権利の承認要求、国会の委員会報告[*6]、緊迫した公的かつ制度面の議論[*7]などの圧力に急き立てられて、一九七一年三月三〇日、法律第一一八号を公布して応対した。

実際に、これはきわめて重要な措置だった。なぜなら、この法律には健常者と障害者の包摂の原則に向けて、国内の社会が進むべき方向を示す初めての明確な兆しが見えたからだった。そのため、多くの著述の中で、これを健常者と障害者の包摂が公式にスタートした歴史的な一歩であると記されることになった。*8

(g) 学校教育の分野では、一九七一年に初等教育における「全日制学校」[訳注17]に関する法律第八二〇号が公布された。これにより、それ以前には使われてこなかった表現力とコミュニケーション力に富んだ表現言語を介して、読み書きの初等教育についてのカリキュラムと、そうした考え方そのものが押し広げられ、教育に大きな刺激を与えた。

同時に、同じく教育的な側面では、開かれたクラスと、多職種で編成された集団による

訳注15　一九六二年にローマ教皇ヨハネス二三世が召集し、死後パウルス六世に受け継がれて、一九六五年に閉会した。世界平和、教会合同、教会の現代化などの問題が討議された。

訳注16　ケネディ大統領は、一九六三年に発表した「精神病及び精神薄弱に関する大統領教書」において、精神病院に収容されている精神障害者の現状を批判して、入院中心主義への批判と地域医療への移行という大転換を打ち出した。移行という理念そのものは、時代を経ても評価されているが、後の「脱入院」政策については退院後の地域支援策のなさという点で批判された。

訳注17　以前のイタリアでは、学校は半日制で授業を行っていたが、以降は、午後も授業を行う全日制も選択肢の中に含まれるようになった。

教育計画と実践という考え方が広まり始めた。また、政治的な側面では、この法律は、多くの生徒が直面していた差別や疎外された状況を取り除くことを目的とした、学校業務の革新と教師の資格についての考え方を示していた。

こうした期待の後押しをしたのが一九七三年の委任法[訳注18]第四七七号だった。この法律は、合議に基づいた組織の構築（一九七四年法律第四一七号）とそれによる教育の試行（一九七四年法律第四一九号）を通じて、学校を民主的に運営し、教育の刷新を行うことを志向していた。

これらの措置と一九七一年の法律第八二〇号に続いて実現された試行は、当然ながらフランカ・ファルクッチ上院議員を議長とした一九七五年の調査委員会の「最終報告書」の成果に影響を与えた。ファルクッチは、ハンディキャップのある生徒の学校教育における完全なインクルージョンを可能にするために、公教育省のマルファッティ大臣から、その方策を考える任務を委ねられていた。

報告書では、インクルーシブ教育[訳注19]で義務づけられるべき原則、方法、資源などの構想が示されており、意義深く革新的な内容だった。そこには、制度的なものを含めた教育的な深い知見がはっきり表れており、ますます強まっていた社会的、倫理的、政治的な圧力に押されて、通常の学校におけるすべての障害児（重度の障害者は除く）の包摂は、もはや避けがたくなっていた。[*9] そして、こうした情勢は、その二年後の一九七七年法律第五一七号として結実することになった。

すでに述べたように、これまで概観してきたことを、障害の統合に向けた社会的・学校教育的な政策についての改革と発展という、有機的で一貫したものに集約することは難しいだろう。それは、むしろさまざまな活動や出来事の重なりであって、それらが互いに関連し合うことで、新しくも厳しい社会文化的なシナリオに命を与えることになった。

これは、一九七〇年代の後半から始まって、今日に至るまで、目新しさには事欠かないが、後戻りするリスクのある道のりでもあった。そして、この道のりを介して、障害者を受け容れることができ、また、社会的インクルージョンの完全な実現に向けて、障害者にその方向を指し示して支援することができる教育的、組織的、そして社会的な承認の仕組みを構築してきたのである。

3 万人を受け容れる学校——三〇年の道のりの光と影

ファルックッチ報告書が示したように、「『ハンディキャップ』のある子どもたちは、（その当時

訳注18 イタリアの憲法制度に従って、議会が政府に対して特定の対象に関する立法機能の行使を委任して成立した法律。

訳注19 イタリアの障害児教育は、一九七〇年代に大転換が行われた当初は「統合教育《インテグレーション》」と呼ばれていたが、その内実は、現代のインクルーシブ教育に他ならないものだった。

は、『ハンディキャップ』のある子どもたちと定義されていた）彼ら自身の成長の主人公であり、彼らは通常の学級で教育を受ける必要がある。そして、学校は、彼らの行動を一人ひとりの潜在能力と関連づける必要がある」ことを確信的に主張したことは、これから構築していくべき新たな人類学的・人間関係的な時代に向けて、嘲笑と疎外の数千年にわたる時代に別れを告げることを意味していた。

ファルクッチ委員会が提案したインクルージョンの理念が反映され、それが初めて明文化されたものが、一九七五年八月八日の公教育省通達第二二七号だった。この通達は、「学校での障害児の受け容れに向けた活動において、評価できる成果を達成するためには、解決しなくてはならない構造的かつ組織的な問題があり、それは複雑で深刻なものである」ということを隠すことなく述べていた。そして、試行的だったり、学校や学級の数が限られていたりしたにせよ、同じ学級（通常の学級）で障害のある生徒の入学を支援するための有効かつ適切な組織の基準や方法が示された。

この通達についての評価は千差万別だった。凝り固まっていて閉鎖的な学校制度に対して、この通達を革命的なものだと評価する声もあれば、ファルクッチ報告書と比べると、この通達は実質的に矮小化されたものだと言って非難する声もあった。

「真の革命」がもたらされたのは、二年後の一九七七年に公布された法律第五一七号によってだった。とはいえ、実をいえば、法的な措置の中で障害の問題は、他の問題に比べてかなり下位に置かれていた。そのことを考えれば、当初起きていたのは沈黙の革命といえるものだった。*10

新たな流れを生み出したのは同法の二条と七条だった。そこでは、小学校と中学校におけるインクルーシブ教育を保障する枠組みが明確にされていた。そして、すべての生徒の学校への在籍が一般化されるとともに、すべての生徒の受け容れを可能にするのに適したサービスや、教育計画と取り組みの枠組みなどが規定された[*11]。

この法律によって明確にされたのは、学校での受け容れは、ハンディキャップのある生徒にとって不可侵の権利であること、そして、学校の効率的、構造的、あるいは教育活動の困難さと同様に、障害の重症度を当の生徒を学校から排除する要素にはしないということだった。

それでも、そうしたことが頻繁に起こったように、国と地方自治体の間の権限と責任の配分、規律と規則の尊重、社会・教育活動の活性化、教材の購入などが、日常的な論争を巻き起こす火種となっていた。サルヴァトーレ・ノチェーラ[訳注20]が記しているように、法律に定められたインクルーシブ教育を容易には実践できないリスクがあったことを考えれば、法律の規定を適用することは決して簡単ではなかった。

より教育的な側面についていえば、障害のある生徒が、特別な学級と分離学級から通常の学級へ移ることは、大部分の教師たちが方法論的、教育的、人間関係的に準備不足だったことに加えて、障害のある生徒のクラスでの受け容れに、多くの教師が従わなかったという事実を浮き彫りにする

訳注20　イタリアの弁護士。若くして視覚障害者となった。統合教育の実現や障害児教育（盲人教育）に尽力した。

ことになった。

したがって、障害児の受け容れの第一段階は、「緊急事態」といえる状況にあり、文化的、構造的、組織的、そして職業的な専門性が不十分だった環境を、善意が埋め合わせなければならなかったことも数え切れないほど多かった。

重ねて、施設（学校、学校教育の監督機関、市や県の機関、地域保健機構[訳注21]〈ＵＳＬ〉）、学校職員（管理職、クラス担任、「支援教師」[訳注22]）、学校と家族（歓待と受け容れは決して当たり前ではなかった）、家族（障害のある生徒がクラス全体の学習の足手まといになっている、と思われることが非常に多かった）、などの間で弁証法的な議論が交わされていった。多くの著述は、こうした風潮を躊躇なく「野蛮な受け容れ」だと見なしていた。

そして、まさしくこの大きなうねりのおかげで、教育的・方法論的な提案と、組織的、対話的、人間関係的な方法によって、障害のある生徒の受け容れという挑戦が、いかにして官僚的に組織されたステレオタイプの学校の「日常《ルーティーン》」をひっくり返したのかということが、学校社会の一部には知らされたのである。

均一化、標準化によって、基準に適合させていく「正常」という考え方に対して、「多様性」という考え方は、一人ひとりの人間がもっている最小単位のオリジナリティを浮き彫りにした。この考え方は、以前にあった組織的、方法論的、対話的、人間関係的など、あらゆる論理の凡庸さの仮面を妥協なく剝がしていった。そして、この多様性の概念により、障害とは、当事者が「保有」している病であって、その障害こそが、当事者を「ハンディキャップ者」にしているという広く浸透した考え方の限界を、次第に露呈させることになった。

その一方で、イタリアの多くの地域で実践されていたインクルーシブ教育は、肯定的な経験をもたらし、文化的、組織的、コミュニケーション的、方法論的・教育的な条件の多様さによって、いかにして「ハンディキャップ」が軽減されるか、あるいは取り除かれるかということを具体的に示した。

クラス集団における障害児の存在、専門的な技能をもった支援教師とクラス担任の教師の間で共有された教育計画、教育内容の継続的な改善と再調整、言語と指導方法の個別化、学校と家庭の対

訳注21　一九七八年の医療改革によって国民保健サービス制度（ＳＳＮ）が導入され、地域住民に対しては、保健医療サービスを提供する機関として地域保健機構（ＵＳＬ：Unità Sanitaria Locale）が設けられた。その後の改革によって地域保健機構の公企業化がなされ、現在は地域保健機構（ＡＳＬ：Azienda Sanitaria Locale）の名称になっている（ＡＵＳＬ：Azienda Unità Sanitaria Locale の名称で呼ばれることもある）。

訳注22　イタリアのインクルーシブ教育のキーパーソン。障害児のいる学級に配置され、担任教師とチームを組んで指導にあたる。支援教師は障害児を直接指導・支援する責任を負うが、クラスメイトが障害児を支援するように配慮したり、学級全体の活動に留意したりするなど、障害のある児童生徒だけでなく、学級全体の指導に対しても責任をもつとされる。障害が重度の場合は、マンツーマンで支援教師がつき、軽度の場合は一人の支援教師が二～四人程度を担当する（近年では規定数に足りない支援教師の配置不足が指摘されている）。

話と協力、学校職員と専門業務を行う職員の関係性、適切な教材と補助教材の存在、障害児を受け容れる歓待の雰囲気の広がり、これらのものが、学校のさまざまな現実の中で、多様さを作り出す要素となっていた。

こうした状況の多くで、教育のインクルージョンには、構造的、組織的、内容的、方法論的な解決策が必要であり、その解決策は、生徒に対する深い知識に加えて、多様なテーマと専門的スキルに関連する実践的な仮説に基づいて柔軟に計画される必要がある、という文化的・制度的な自覚が成熟していった。

その一方で、「ハンディキャップ者たち」にとっての社会化という目的は十分に達成されているので、障害がある生徒に一対一で「支援教師」をつけておけばよい、あるいは「(個別)指導用の小教室」に支援教師を一名配置しておけば十分であるといった誤った信条の中に、もう一つの現実が残されていた。

教育的な包摂を経た後の最初の一〇年間における肯定的な経験といえば、学校教育の世界が、すべての生徒と同時に生徒一人ひとりを尊重し、能力を引き出すという教育の原則に重きを置いていたために、多様性の扱いに関わる問題を認識できるようになったことだった。

実際には、法律的あるいは教育文化的な観点からすると、次の一〇年間の初めには、それまでに培われてきた最良の経験が一体となって、教育課程の刷新とインクルージョンの意志を組み合わせながら、「学校教育のインクルージョン」という哲学から「真の意味でのインクルージョン」へという移行によって象徴できる、文化的に新たな時代が切り拓かれていった。

そうした意味で、きわめて重要な法的枠組みが公にされたことは、障害が回復不可能であるということを中心においた介護的で医療化されたあらゆる考え方を決定的に放棄することを意味しており、新しい文化的な時代の幕開けを告げるものだった。

一九八五年の小学校のための公教育省の綱領は、教育の分野でとりわけ学校、地方自治体、保健機関の関係性を定義するうえで、初めて広く細部にわたって多様性のテーマを取り上げた。

また一九八六年公教育省通達第一八四号は、支援教師の養成のための新たな条項を定めた。そして、一九八七年の憲法裁判所判決第二一五号は、障害のある生徒が高等学校に通学することを無条件の完全な権利として保障した。さらに、一九九二年二月五日に制定された「ハンディキャップ者の援助、社会的統合および諸権利に関する基本法」[訳注23]（法律第一〇四号）と一九九四年二月二四日に公布された共和国大統領令「ハンディキャップのある生徒に関する地域保健機構の業務の方針および調整規定」により、障害者のニーズに包括的に対応するための条件が整えられていった。

実際にこれらは、網羅的で体系的な性質をもった教育的・社会的ケアの見通しを示す法的な決議であり、個人のニーズから始まって、個々の潜在能力の開発と地域社会における完全なインクルー

訳注23　この法律により、大学を含むすべての学校段階で、障害のある者が通常の教育を受ける権利が保障された。

ジョンに向けた、支援のための原理と手段を示していた。

これ以前の一〇年間と比べると、九〇年代の初めには、一方では、より安定した制度的な福祉政策や、市民的、公的、そして私的な責任の考え方がますます共有されたこと、他方では、学校教育の分野で新しい教育的・組織的な手段に磨きをかけていた学校の取り組みがあったおかげで、より豊かで複雑な概念が醸成されていった。

チームとしての仕事、教育プログラムの策定、個別教育計画（P・E・I）[訳注24]に基づいた組織的な計画、教室の正面の教壇から行われる授業から複数の言語および教育メソッドの利用へという転換、新たなテクノロジー、教育内容の個別化、教育の過程における検証と評価といったものなどが、インクルージョンに向けたプロセスを具体化させ、学校全体の教育的な取り組みを形づくりながら、教師全体の知識と教育法的なスキルのレベルを向上させていった。

保護者と教師、クラス担任と支援教師[*12]、学校職員と医療や地域の専門家などの間では、問題や軋轢が生じることもあれば、実りのある協同作業ができることもあった。ともあれ、こうした相互作用が、マクロな計画[訳注25]と、授業実践のようなミクロな計画の相互関係の重要さを理解するのに役立つ、組織的で構造的なファクターについての基本的な意識を成熟させていった。

ここで簡潔に示したことは、その数年の間に、教育的なインクルージョンの道のりに特徴的だった別の課題（教育と学習内容の適合性、生徒の能力と人格の開発に関するあらゆる側面の有効活用、インクルージョンのための法的手段の適切な利用、学校における記録作成と研究の実践など）を発展させ、洗練させた、より広い範囲にわたるプロセスを示している。そして、このプロセスが、二〇〇〇年代という新たな時代の幕開けを告げるとき、学校や社会に期待していたのは、多職種にまたがり学際的になっている専門的なスキルがますます複雑になっていること、それに加えて、学校、ケア、支援、文化のすべての専門家、そして市民一人ひとりの側にも、学校教育のインクルージョンを進めるには広い感受性や知識が必要とされること、そうしたことをいっそう自覚することだった。

ここで振り返ったことは、学校のインクルージョンのプロセスの推進力となってきた要素のごく一部にすぎない。仮に、このプロセスをどうしたら改善できたのかを後になって自問自答してみるなら、このプロセスを遅らせていた弱点の要因を突き止めることができるだろう。そこにはたくさんの要因があるだろうが、たとえば、教師と支援教師の資質と役割の定義が遅れていたこと、教師の養成課程の多くに質的な問題があること、教員の採用方式、管理職とクラス担任の養成が不十分なこと、教師の配置に際しての指導の継続性に関する基準が曖昧なこと、そして最後に、長期間にわたって障害のある生徒が学校に在籍していることを、不変的なものではなく、一時的な措置としてしか考えていなかったことなどが挙げられるだろう。当然ながら、指摘されてきた問題はこれだけではなく、インクルージョンのプロセスが実現されてきた全体的な状況を理解するにはもちろん

訳注24　一九九二年の法律第一〇四号において作成が義務づけられた。
訳注25　当時の「学校計画」で、現在の人間形成計画（P・O・F）を指している。

十分ではない。

実際に、最低限記憶にとどめておくべきなのは、カネヴァーロが「この運動は、イタリアのほとんどの地域を横断していった」と書いているように、学校教育に関する方策は、根本的に、家族や家族会に焦点を当てた非常に広い範囲に及んだ運動の一側面を表しているにすぎないということである。そしてこの運動は、実質的には、教育者一人ひとり、教区の司祭、協同組合、ボランティア、労働組合の力、熱意ある自治体職員などによって育まれていた。

ここまでの概説では、公教育省が二〇〇九年に公表した「障害のある子どもの学校教育におけるインクルージョンのためのガイドライン」[*13]でも強調されたように、学校におけるインクルージョンのプロセスが、イタリアの教育的な伝統の基礎となるものであり、今でも「工事中」の建設物であることを明らかにしようと努めてきた。

したがって、これまでに、イタリア国内で公布されてきた重要な法規、あるいは、二〇〇一年に世界保健機関（WHO）が採択した「国際生活機能分類（ICF）」や、二〇〇九年三月三日の法律第一八号でイタリア議会が批准した「障害者の権利に関する条約」（二〇〇六年の国連総会で採択）のような最新の国際文書に基づいて、学校教育におけるインクルージョンのプロセスは、絶えず育まれ見直されていかなければならないものである。

そして、「国際生活機能分類」と「障害者の権利に関する条約」という二つの文書を、私たちイタリア人は、間違いなく興味深く眺めるに違いない。というのも、イタリアの「ペダゴジア・スペチャーレ」の伝統は、その内容を先取りするものであり、しかもその内容の幾つかに着想を与えたことを誇らしく思えるからである。

過去に目を移してみれば、教育におけるインクルージョンのプロセスはまったく終わりの見えない、並外れて困難な歴史であったことが容易にわかるだろう。時代を後戻りさせるような発言が完全になくなったわけではないが、新しい世紀はこれまで以上に野心的な挑戦とともに幕を開けることになるだろう。

そして、この挑戦の先にあるのは、「特別な教育的ニーズ」のある人が、他の人たちと同じように、自分の「生涯計画《ライフ・プロジェクト》」を作り上げ、それを実現することができ、また、積極的に生きる市民という状態を体現できるような「完全なインクルーシブ社会」の実現である。しかしながら、実際には、特定の個人や地域の事情とだけ結びついた結果としてこの目標が実現されてしまっており、もはや私たちは、このことに文化的にも倫理的にも我慢ができなくなっている。学校教育の社会と地域社会は、すでにグローバルな規模で協同しながら、こうした完全なインクルーシブ社会の実現という新たな目標と対峙しているのである。

【注】

＊1　以下のサイトを参照。http://www.edscuola.it/archivio/norme/decreti/rd1297_28.htm.

＊2　一九二三年の勅令第七八六号によって、初めて国は分離学級と同時に特別な学級にも注意を向けるよ

うになった。このことが、これらの学級の全国的な普及を後押しすることになった。

＊3　この制度は、分離学級、特別な学級（重度の精神〈知的〉障害児が配置されていた）および聴覚・視覚障害者のための特別な学校で構成されていた。重度の精神（知的）障害者の教育的・リハビリ的（単なる収容施設の場合もあった）な治療で重要な役割を果たしたのは、寄宿設備のある医学・教育的な施設であり、イタリア国内の多くの実態を見ると、こうした施設が分離学級や特別な学級の不足を補っていた。

＊4　一九六五年には、写真家のルチアーノ・ダレッサンドロ（一九三三―二〇一六年）が、三年間続くことになる写真ルポルタージュを開始し、カンパニア州のノチェーラ・インフェリオーレの「マテルドミニ」にあるマニコミオ（精神病院）の収容者たちで溢れかえっていた劣悪で非人間的な環境を明るみに出した。一九六九年に、『排除された者たち』という書物が出版されたことで、世論に認知されたこのルポルタージュは、すぐに政治的、社会的、人間的な告発といった性格を帯びるようになった。さらに同時期には、他の著名な写真家たちもこのテーマに興味を示し、マニコミオの内側の生活環境についての偽りのない衝撃的な資料を提供した。ジャンニ・ベレンゴ・ガルディン（一九三〇年―）は、一九六八年にフィレンツェの精神病院の内部の様子を撮影し、同年には、カルラ・チェラーティ（一九二六―二〇一六年）が、エミリア＝ロマーニャ州のコロルノのマニコミオの内部を撮影した。

＊5　こうした方向性の中で象徴的だったのは、一九六一年、六四年、六八年の三度にわたって、ローマで行われた「痛みの行進」だった。

＊6　この議論については、「イタリアにおける公教育の実態および発展の検証を目的として、国会の調査委員会が設置された」ことを思い起こしておくのがよいだろう。すでに一九六三年には、委員会は、非健常児の受け容れと分離学級および特別な学級の機能について、法整備と現行の組織の不十分さと混乱を指摘していた。教師に関しては、専門技能の不足が浮き彫りにされたために、専門課程の再構築の必要性が示され、教育学部、医学部、地方自治体に対して委託される二年間の教員養成課程が提案された。さらに教師が、医師、心理士、ソーシャルワーカーなどの他の専門職と常に連携して障害者の教育と育成の課題に取り組む必要性が示された。

＊7　一九四八年のイタリア共和国憲法の制定から四番目の政権が維持されていた間に（一九六二―一九六八年）、異なる政治政党から提出された五つの法案で、精神病理学的な支援を目的としたものは、政治階級に共通した意識の表れだと確信できる。それぞれの特性以上に、すべての提案は、社会復帰を見据えて個々の潜在能力を向上させる代わりに、地域社会から患者を引き離して孤立させてきた障害者や精神病者の入院施設を見直すという、政治的な必要性に基づいていた。

＊8　法律第一一八号は三四条からなる法律で、イタリアで初めて、市民である心身障害者が、正確な定義を用いて示された（第二条）。そして保健衛生事業、リハビリテーションセンター、病気の予防と研究の問題が取り上げられ（第三、四条）、自律支援員（自律とコミュニケーションの支援を行う）の養成課程の設置が規定された（第五条）。また障害年金・手当の支給が認められ（第一二、一三条）、訓練および職業資格取得のための課程の開設の促進（第二三条）、建築上のバリアの除去および公共交通機関へのアクセスの円滑化が規定された（第二七条）。さらに重度の身体的・知的障害がある場合を除き、義務教育は公立学校の通常の学級で実施されなければならないこと、自宅から学校までの無料送迎、重度の障害児には学校の授業時間中の介助の保障が規定された（第二八条）。法律の全文は、以下のサイトで参照できる。http://www.handylex.org/stato/l300371.shtml

＊9　この報告書は、単なる官僚・行政的な論理を超えて、報告書自体の着想のもとになっている教育文化という観点からも興味深い考察を示している。全体的に見ると、ハンディキャップのある生徒の主人公性と潜在能力の活用という考え方を伝えようとする、報告書の執筆者の努力を指摘することができる。その意味では、学校はあらゆる疎外を予防する場であり、生徒に残されている能力に刺激を与えてそれを開発するために、学校への通学（通園）は、幼稚園から始められることが大いに期待されていた。そして最初の根本的な一歩は、一五～二〇人の人数で構成される通常の学級に、障害児を含めることだった。その教育は、異なる専門職による多様な表現言語を生かし、また午前と午後の活動を関係づけながら行われることになるが（全日制学校）、その行程は、可能なかぎり個別化され、統一的に

計画する必要があるとされた。したがって、個々の評価基準は、潜在能力と実際に学習でたどった歩みを考慮しなければならなかった。そのためには、教師の活動は、教師と専門的なスキルを発揮できる他の専門職との間で、領域横断的な観点から統合される必要があった。またチームとしての仕事とそこでの取り決めは、地域の公共事業とともにある学校の取り組みを組織化し調整するために、最も良く機能する手段として示された。この報告書には、法的な価値はまったくなかったが、その後の法制化に向けて、きわめて重要な参照点となった。

＊10 一九七七年法律第五一七号は、学校についての真の意味での大改革だった。というのも、以下のようなさまざまな斬新な視点の導入により、実質的に、学校の組織的、方法論的、教育的な仕組みを、大幅に変更することに寄与したからである。それは、たとえば記入用紙を用いた新しい評価システムの導入に伴う補習試験と成績の廃止、教育活動と教師の指導における計画の中心性、教科書に代わる他の教材の使用、オープン・クラスのための教育活動の組織化と「ハンディキャップのある」生徒の受け容れといったものだった。

＊11 学校教育の課程の主な目的は、同法で「学習権の行使および生徒の最大限の人間形成の促進」であると定められた。この目的の達成は、「教育計画」によって推進され、この計画が、通常の教育活動だけでなく、「個別の取り組みを実施するために、同一学級または異なる学級の生徒集団ごとに組織された統合的な組織活動」の実施を秩序立てるとされた。そして、これらの活動の分野では、「学校は、ハンディキャップのある生徒のために、支援教師による教育的ケアを提供することでインクルージョン教育を実践する。［……］また、国や地方自治体の管轄に従って、必要な専門職の補完、社会教育的な事業、そして特別な支援形態が保障されなければならない」とされた。

＊12 支援教師は、以前は単に「障害についての専門的スキル」をもつ者、あるいは「教育的リハビリテーション」を行う者と認識され特徴づけられることが多かった。しかし、八〇年代の後半からは、教育的統合の専門職として、学校教育のコミュニティだけでなく、はるかに広いシステムの枠組みの中で、個人と集団の資源を活性化させ調整する存在として認識されて、活用されるようになった。

＊13　二〇〇九年に、公教育大臣によって示されたこのガイドラインは、既存の法的な財産と方針を参照しながら、障害のある生徒の統合プロセス――イタリアの教育学の伝統の基礎となるものであり、後戻りできない道すじである――を見直し改善することを目的として、教師たちに対して示された。

第6章

インクルージョンを実現するための新たな概念・文化モデル

1 障害を見つめる新たな視点
──国際障害分類（ICIDH）から国際生活機能分類（ICF）へ

前章を締めくくった学校教育のインクルージョンのプロセスの推進と実施において、役割を担っているすべての関係者と対話者の側の目的と行動を、相乗的かつ共有的に実施しようという訴えかけは、完全なインクルーシブ社会の構築に向けて直面することになる真の挑戦を表している。

現時点では、おそらく多くの人々には明確ではないだろうが、その挑戦とは、文化的、人間関係的、社会的、物質的な意味において、人類がますます人間的で文明的な資質を身につけていくために、人類学的な可能性の中にある、個人や集団としての実現可能な見通しに、「実体を与える」ことである。

ふたたび私たちは、まさに人類が生まれたときに開始された解放への歩みに――前章で述べたように、この解放への歩みに障害が大いに力を貸してきた――貢献することができる。そして、この道のりが、自分自身の限界や恐れに対峙することを私たちに強いることによって、人間の中にある無限の可能性を発見することも可能にしてきたのである。

こうした過程には、ある歴史的な瞬間において、記念碑的な出来事だったと間違いなく考えられる具体的な到達点――イタールやセガンやモンテッソーリが取り組んだ活動の成果、そしてイタリアの学校教育のインクルージョンという選択をこうした意味で考えるのは不当ではないだろう――として刻まれているものがある。そして、実際には、そうした到達点は、文化的・価値的な点で、人類が絶えず歩みを進めたり、進むべき道のりを見定めたりしていく必要がある長い旅路の中の分岐点だったことが明らかになっている。

また、障害を理解して定義するのに利用される基準を、概念的・言語的な用語を用いてより明確にしようとする試みも、同様の方向性の中で読み解くことができる。前の世紀の七〇年代の初めに「ハンディキャップ」という言葉が導入されたことが、研究や科学的な言説にとってどのような意味をもっていたのか、そして、このことが専門家ではない人々の理解にとってどれほどの影響をもたらし実用的で意義のある効果があったのか、ということは考えるに値する問題であるだろう。

イタリアにおいて、いやイタリアだけに限らず、歴史的に重要な文化的・社会的な方向転換が行われたことで、障害や障害者との関わり方が、根本的に改められたと述べてしまうことに、必要以上に慎重になることはない。そのときまでは、障害者は「何かを欠いた者たち」と見なされ、それゆえ「不具者」「きちがい」「化け物」「かたわ」といった蔑称で呼ばれていたのである。「ハンディキャップ」という用語が最初に用いられたときから、この言葉はある限界を示しているように見えていた。[*1] 同時に、それまでに使われていた言葉と比較して、人間の全体像に対して障害という一部分だけを際立たせていた。その意味では、言語的な議論から出発していた研究の中でカネヴァーロが明確に指摘していたのは、学校教育のインクルージョンの課題は、専門用語の問題と切り離せるものではなく、したがって、この用語の問題を単なる理論的な前提として切り捨ててしまうわけにはいかないということだった。

カネヴァーロは、「どんなハンディキャップも、社会的・文化的な関係性においてのみ存在している」[*2]と断言することにより、言葉の意味的な機能と実用的な側面の間にある密接な「つながり」を指摘し、この言葉がどれほど具体的な意味をもっているのかを明らかにしていた。

障害のある人の状態を定義する際に、以前から使われてきたすべての言葉と比べて、「ハンディキャップ」という言葉が伝播させた概念の根底にある認識論的、文化的、社会的な革新性は、一九八〇年に、世界保健機関（WHO）が国際障害分類（ICIDH）を発表したことにより、よりいっそう明確にされ、文化的に浸透していった。フィリップ・ウッド[訳注1]（一九二八－二〇〇八年）

が議長を務めた委員会が成し遂げた仕事の成果として、国際的なレベルでは初めて、この分類は障害プロセスの始まりと展開を決定する移行（疾患変調）についての明確な理解を促す、概念と定義の統一化を試みていた。[*3]

この分類が公表された後の文化的な盛り上がりは、医療、教育、社会の分野で提案されていたことの適用性を検証することに向けられた。少なくとも先進国では、実際には医療と教育の分野[*4]において熱心な試みが繰り返された。しかし、その一方では、この分類によって特定された三つの要因（機能・形態障害、能力障害、社会的不利）の間の直線的な一貫性が、はるかに複雑な現実を説明するのにいかに不十分であるかを、その後およそ一五年かけて明らかにすることになる批判的な議論が開始されていた。

イタリア国内でも、国際的にも、それぞれの障害が置かれた状況の比較が非常に困難なことからもわかるように、障害の個々の状況の複雑さの程度の変化と定義において、個人因子と環境因子は決して無関係なものではない。このような議論がさらなる成果をもたらす以前は、生物構造的な観点だけで国際障害分類（ＩＣＩＤＨ）を解釈することが横行していて、専門的な分野においても、人々の常識においても、実質的に医学的な観点だけで障害を捉えたモデルが優勢だった。

今日では、「ハンディキャップ」という言葉は、科学的にも文化的にも、間違いなく適切なものではない。そして、障害の状態を生み出す要因の本当の複雑さを説明するには、この言葉は、「ハンディキャップ者」という形容詞的な意味においてもなおさら不適切である。

とはいえ、以前の伝統について言えば、ハンディキャップという概念の導入と運用によってもたらされた、認識論的・文化的な断絶の大きさを軽く見るのは科学的に誤りだろう。初めの概念化の段階よりも、それが適用される局面で明らかになった国際障害分類モデルの限界は、ハンディキャップという言葉が、他の文脈ではない、特定の文脈に限った機能障害や能力障害の文化的、環境的、経済的な社会化を反映しているだけで、このモデルの分類には、障害の複雑さを読み解くのに相応しい手段が備わっていなかったことを実際に十分に認識させてくれた。

こうして、ゆっくりと成熟していく中で、パラダイムシフトへの突破口が切り拓かれることになった。二〇〇一年には、WHOが新たな文書である国際生活機能分類（ICF）を公表したことで、[訳注2]こうした方向転換がいよいよ明白になった。この分類は、すでに一九四七年にはWHOが策定していた（世界保健機関憲章）「完全な肉体的、精神的及び社会的福祉の状態」という健康の概念を基本的に引き継いでおり、健康とは「単に疾病又は病弱の存在しないことではない」とされた。

そして、さらに五年以上の期間にわたって、学際的に活躍する専門家たちと障害者の間で、長く入念な国際的な議論と、この分野の具体的な検証が行われ、人間の生物的・心理的・社会的な安寧《ウェルビーイング》と、人生のあらゆる文脈における人間の可能性の完全な実現という観点から、考え抜かれ追

訳注1　イギリスの疫学者。国際障害分類（ＩＣＩＤＨ）の原案を作成した。

訳注2　イタリアでは、早くも二〇〇四年度には、国際生活機能分類（ＩＣＦ）を諸分野で活用しようとする実験的な導入プロジェクトが開始された。

求された健康の概念が作り上げられ、すべてが凝縮されて策定された。

それ以前の分類「国際障害分類（ＩＣＩＤＨ）」と比べると、「国際生活機能分類（ＩＣＦ）」は、健康の概念をきわめて成熟した表現で示していた。そして同時に、生物的、心理的、社会的な要素の相互作用において、人間の一体性と複雑さを尊重した相乗効果を見出そうとする非常に異なった人類学的モデルに基づいて、「健康」の問題を取り上げていた。

こうした見方からすると、健康を、特定の機能や生理的な機能不全に基づいていて、境界線を描けたり、客観視できたりする要素と捉えることはできない。そうではなく、「実存的な健康《ウェルネス》と生活の質というのは、個々人が置かれた状態として表れる。そして、その状態はそれが検討される社会的、政治的、経済的、文化的な背景と、個人の状態を特定することが必要な人々の価値体系にいつでも影響される[＊5]」とされた。

この分類が、体系的に組み立てられていることは明らかである。グレゴリー・ベイトソンが好んで使った表現を借りるなら、社会的背景（文脈）というのは、「意味を理解するための型」になるものであり、「主体は、他のすべての構成要素と同じように、社会的背景と構成要素にダイナミックで弁証法的な相互作用を及ぼしていて、その結果、すべての構成要素の間の関係性とつながりについて、変化したり進化したりする『絡み合い』を作り上げる」ということである。

こうした仕組みの構成要素の中で、何らかの機能が異常をきたしたときに生じる障害は、「個人の健康状態と個人因子間の複雑な関係の帰結あるいは結果として、また、その個人が生活している

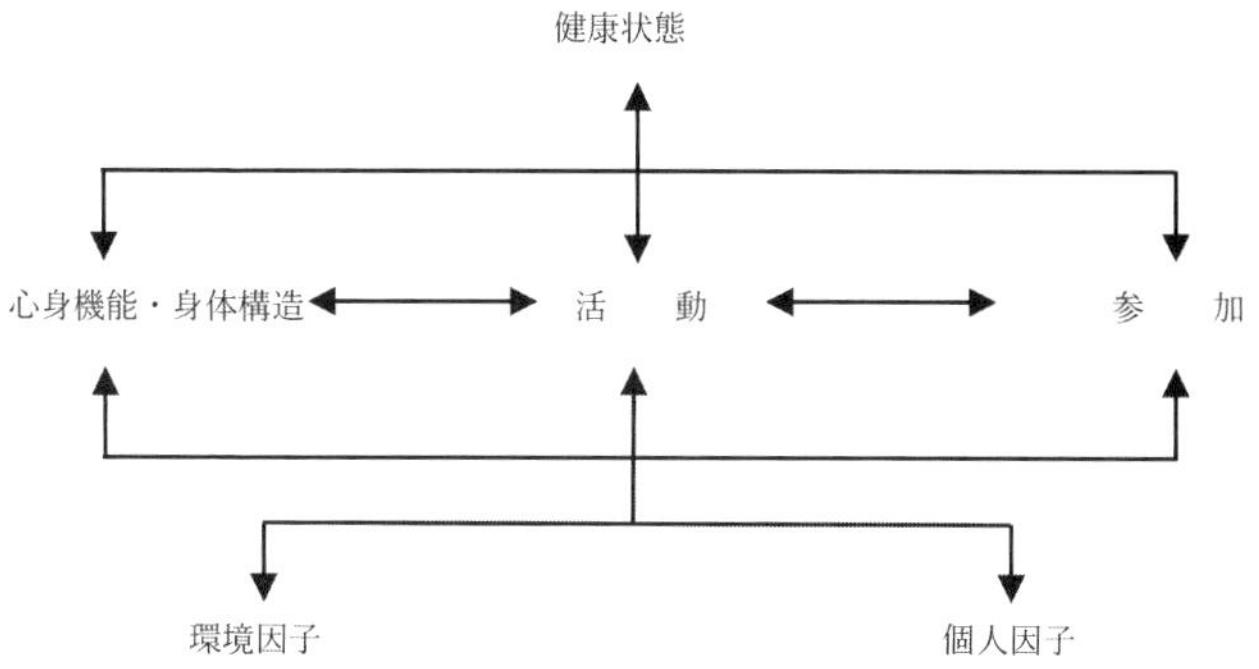

ICF 構造図

状況を示す外部（環境）因子の結果として」[*6] 定義されている。ある人の健康／障害機能プロセスを図式化することは非常に複雑だが、それは上のような図で表すことができる。

この図からわかるように、人間の健康状態や障害は、示されている要因間の相互作用のダイナミックなプロセスの結果である。図の上には、健康状態（身体的な状態、遺伝的な資質……）、図の下には、環境因子（文化、物的な環境、規範、技術的な資源……）と個人因子（年齢、性別、文化的・経済的レベル……）そして、図にまとめられているように、これらの上位にある要素間の弁証法的な相互作用の働きの中央には、身体（機能と構造）、個人的な活動（学習、コミュニケーション、自律性、セルフケア……）そして、参加の可能性（学校、家族、市民的・社会的参加）が示されている。

この図からさらに明らかなのは、これまでに障害が認識される根拠となっていた病因論の原則は、歴史上初めて、関係する要因間の等価性の原則にその地位を譲ったことだった。この考え方は、この分類の基盤となっていた認識論的な原則に、完全に一致するものだっただけでなく、これにより「特別な教育的ニーズ」の方向へ、つまり障害のカテゴリーに含まれていなくても、個別化された教育的・指導法的な取り組みが必要とされる学習をめぐる諸問題の方向へ、応用できる範囲をさらに拡大することができるようになった。

これまで述べてきたことは、もちろんこの分類を利用できる目的の範囲（公衆衛生、政治、経済）や応用できる分野の範囲（統計、臨床、研究、社会政策、教育）、あるいは国際生活機能分類（ＩＣＦ）を用いることができる規則と領域の多様性を示唆するのに十分であるとはいえない。しかし、この図がこうした形式になっているのは、前提とされている概念モデルと、真に包摂的な社会の創造に努め、他の一人ひとりの市民と同じように、障害者の安寧《ウェルビーイング》と生活の質を保障する「ペダゴジア・スペチャーレ」の科学的・文化的な責務との間にある際立った互換性を示すためであるだろう。

国際生活機能分類（ＩＣＦ）をツールとして利用するときには、より広い社会保健の領域であれ、学校を含むいかなる教育の場であれ、「ペダゴジア・スペチャーレ」によって考え抜かれたアプローチの視点と知見を大いに役立てることができる。つまり、ＩＣＦからは、対象者の機能状態をめぐる粗探し的で、記述的で、冷ややかなニュアンスのある――それは、一般化すると誰もが同じになってしまうような過剰に分析的な量的指標に基づいている――すべての意味合いが取り除かれている。そして、「ペダゴジア・スペチャーレ」の特徴である生徒の能力を引き出す精神が影響を与えたことで、ＩＣＦは、人間の可能性を探究するための発見のツールになっているのである。

そして、ここでは、記述的なものは解釈的なものに、量的なものは質的なものに、そして、障害は潜在的能力に優先されるため、すべての回復的（治療的）な物の考え方は遠ざけられている。つまり、身体、身体に命を与えている主体そして環境は、実存的な幸福、健康、生活の質に、繰り返し変化する特徴を与えることによって、それらが、相互作用の中でさまざまな微妙な違いを際立たせ、その微妙な違いが、それぞれの障害の状況を唯一の再現できないものにしているのである。

しかしながら、医師、教師、専門的な教育士《エドゥカトーレ》[訳注3]、ソーシャルワーカー、保護者、研究者、そして政治的な決定者などの誰であれ、手立てと入手可能なデータを利用したり、ケアをしたりする人々の見方が中立的ではないように、何かを観察するということは中立的ではありえない。

実際に、キアペッタ・カイオラ[訳注4]が指摘しているように、障害者というのは、「目に見える本人の姿だけに集約されているわけではない。私たちが知覚しているよりも、その実態は、はるかに豊かであり、彼らのニーズを満たすための方法を一般化できないのと同じように、障害者も一般化できない独自の特別なニーズをもっている。対象者に対する統合的なアプローチの弊害として、専門家たちがバラバラに介入してしまうリスクと誘惑を乗り越えるために、そうしたニーズを発見するこ

訳注3　社会教育および社会保健分野における教育的な取り組みの計画や管理を担う社会福祉分野の専門職。社会教育の専門家として学校に派遣される場合は、教育活動のプログラムを作成したり、教育現場で補助的な役割を果たしたりする。一九九八年一〇月八日保健省令第五二〇号で、職業的プロフィールが明文化された。

訳注4　イタリアの教育学者。専門はペダゴジア・スペチャーレ。ローマ第3大学教授。

とが、相乗効果があり調和のとれた対話的な実践になる」[*7]ということである。

こうした複雑な状態を自覚していることは、些末な要素ではない。とりわけ継承されてきた習慣のせいで、人々は心の中で物事を組み立てる手段にいつも頼ってしまい、物事を一般化しようとしたり、非機能的なものから機能的なものの考え方を引き出そうと推論したりしがちである。

このような状態では、実際には、「異なる機能」の可能性のための余地が残されなくなる危険性が生まれてくる。こうした思考の流れは、根底にある主体がもつ、すべての認識の可能性を否定してしまい、排除と閉鎖に向かうあらゆる傾向に抵抗しつつ、変化、改革、促進、そして多様性の有効な活用に対していつでも開かれている「ペダゴジア・スペチャーレ」の考え方に、真っ向から対立するものである。

障害をゼロになるまで縮小することをめざす「ペダゴジア・スペチャーレ」の理論的・実践的な視点が出会うとき、その性質上、「ペダゴジア・スペチャーレ」は学際的な対話に開かれているために、異なる学問を結びつけ、発見を促すためのコミュニケーション・ツールともなるのである。

そして、男女を問わずあらゆる人間の健康や障害の状態を認識するのに開かれていて、かつ有効であり、また多元的で多分野にわたる学際的なツールとして国際生活機能分類（ＩＣＦ）を活用できることは、誰にとっても完全にアクセス可能な環境を構築する責任があることを意味している。

ここで生じてくるのが、個人や集団のみならず、環境自体にも配慮した学校の内側と外側における開放の可能性である[*8]。それについて、カイオラは、「個人と集団と生活環境が、好ましい循環をする中で、あらゆる多様性に向けて開かれている包括的な実践である。そして、そのことが、相互に育て合う関係性を作り出し、また外部つまり前もって設定されている目標に対して開かれているだけでなく、予期しないことや未知のものに対しても開かれているダイナミズムを生み出す[*9]」ことになると述べている。

すでに本章の冒頭で述べたように、そこで描いてみせたのは、間違いなく、新たな文化的、市民的、そして社会的な解放の可能性が予見されているということである。そして、それは異なる社会の領域（市民、文化、政治、科学）が、それぞれの責任を、相乗効果を生むように融合させられるかどうかに大いにかかっている。

研究に関していえば、障害の状態を記述するために、これまで使われてきた言葉に改良を加えながら[*10]、障害の当事者の普遍性に目を向けてきた国際生活機能分類（ＩＣＦ）は、もちろん、人類学的・方法論的な観点から見て、ＷＨＯが「健康」を記述するために開発した、最も重要で興味深い成果だといえるだろう。

とはいえ、この分類が、文化的な価値、応用できる可能性の多様さ、そしてこれに関連して得られるだろう成果という点においては、まだ十分に理解されているとは言えず、すでに幾つかの批判が出てきている。それは、人間の生活の中の非常に際立った個人的な側面（欲求、願望、期待、計画）を目立たなくしてしまいかねない、理論体系の本質にある行動主義的な傾向に関わるものである。

他方では、個人史的かつ主観的に重要な要素を取り戻すために、人の生活の習慣やスタイルと密接に結びついた要素を導入するという可能性も検討されている。そして、批判的な考察をするのに役立つ要素、つまり理論モデルの明白さの点で、後戻りにならない要素を見つけ出すことにより貢献したいのであれば、健康を分類するための「機能」という言葉はあまりに機械的であって、人間に生気を与えているダイナミズムの複雑さをすくい上げるには十分ではないと指摘することもできるだろう。

さらに言えることは、「健康」という用語は、分類の中では上位レベル（相互作用のある身体、人、環境に関して）で使用されることがあり、他方では、身体の構成要素だけに使用される場合があるなど、混乱を引き起こすこともあるということである。

しかしながら、こうした指摘は以前のモデルである国際障害分類（ＩＣＩＤＨ）に対して、国際生活機能分類（ＩＣＦ）が明らかにした新たな認識論的な断絶が、どれほど重要なのかを議論の的にしようとするものではない。そうではなく、むしろ研究を活気づけ、また新たな地平と新たな可能性をめざして、いつでもその研究自体を乗り越えさせるような、途切れることのない緊張感に向けられている。

2 「精神遅滞者（知的障害者）の権利宣言」から「サラマンカ宣言」へ

ふたたび一九七〇年代初頭のことになるが、これまで言及してきた科学的な議論と並行して、国連総会は、規範の起草と宣言という熱気に包まれた時期を迎えていた。この時期は、ごく最近に至るまで障害者に新たなアイデンティティを与え、世界レベルでそれ以前と比べてまったく新しい文化的、倫理的、組織的な意識を成熟させていくのに、決定的な貢献をした時代だった。

学校教育のインクルージョンと障害者の社会的なインクルージョンの課題は、人権の承認とその完全な享受という問題と不可分の関係で結ばれており、国際的な議論の的として注目を集めていた。そして、こうした方向性につながる最初の文書は、国連総会が一九七一年の一二月二〇日に公にした「精神遅滞者（知的障害者）の権利宣言」だった。

この宣言では、その前文において「世界人権宣言（一九四八年）」と「児童権利宣言（一九五九年）」の諸原則に基礎が置かれていることが明記され、人類史上初めて、「精神遅滞者」の権利擁護のための共通の基盤を確立しそれを確保するために、各国の国内および国際的に行動を起こすことが求められていた。

「精神遅滞者」は、「実際上可能な限りにおいて他の人間と同等の権利を有する」と宣言した第一条は、とりわけ当時の風潮をよく示していた。当然ながら、この文言（「実際上可能な限りにおいて」）

が加えられたことで、第一条の主張は弱められており、また第一条の最後の部分で、「精神遅滞者」が人間としての状態に置かれていること（他の人々と同等の権利を有していること）を明記する必要があったことは、これ以前にはこのことが普遍的には認識されていなかったことを意味している。読者にとって欠かせないのは、こうしたことを理解することであるだろう。

今日からすれば、この宣言は何かに尻込みしているように見えるかもしれないし、その効果は乏しいかもしれない。しかし、思い出しておく必要があるのは、非常に文明化されていた北欧やアメリカでは、まさにその時期に、精神的な病を抱えていた何千もの人々が、優生学的な理由で不妊手術を受けさせられ、ある人は生涯にわたって施設に隔離され、ある人はまさにゲットーのような不憫きわまりない環境で暮らしていたという事実である。

したがって、この宣言を、歴史の特定の重大局面という文脈に置き直してみるなら、革新的で破壊的な価値をもったものであり、擁護されるべきものといえるだろう。そして、これに続く条項では、精神遅滞者も自分自身の能力と最大限の潜在能力を開発していくために（第二条）、医療、教育、訓練、リハビリテーションを受ける権利を有するとされた。

同様に、エドゥアール・セガンが自説を発表してから約一世紀半という長い時間が経った後、この宣言には、「精神遅滞者」が仕事を通じて自己実現をする権利をもっていること、そして早期に家庭内で教育される必要がある、という考え方が含まれることになった。

実際に、第三条では、「生産的な仕事を遂行し、あるいは自己の能力が許す最大限の範囲において、その他の有意義な職業に就く権利を有する」とされ、第四条では、「精神遅滞者は、家族または里親と同居し、［……］さまざまな形態の集団生活に参加すべきである」と記された。この場合でも、現実の状況に照らして、これらの宣言は非常に重要なものであるにせよ、これは長い道のりの始まりにすぎず、その道のりでは進展が途切れることなく続いていくとは限らなかった。

その証拠に、第四条は「施設における処遇が必要とされる場合は、できるだけ通常の生活に近い環境において、これを行うべきである」という、相変わらず過去の状況と結びついた文言で締めくくられていた。施設での生活をめぐる考え方は、間違いなく人間的なものになってきており、施設の役割と機能を考え直すための基盤も築かれてきたが、施設の抜本的な変革の必要性を主張するには、まだ機が熟しているとはいえない状態だった。

一九七〇年代の終わりには、各国の学校教育の「インクルージョン」の議論に火をつけることになる政治的・社会的な意識の芽生えとして、国連総会ではさらなる決議が行われた。そして、一九七五年の一二月九日に、ニューヨークで公布されたのが「障害者の権利宣言」である。この宣言は、先の「精神遅滞者（知的障害者）の権利宣言」と比べて、より広い視野と内容を備えたものだった。

その前文で淡々と言及されたのは、「身体的・精神的障害を予防し、障害者が、最大限に多様な活動分野においてその諸能力を発達させられるよう援助し、できる限り通常の生活への彼らのインクルージョンを促進するために、国の側があらゆる適切な活動を実施していく必要性」についてだった。

この文書は、第一条において、「障害者」という言葉の理解が必要なことを明記することから始まっている。そこでは、この用語は、「先天的か否かにかかわらず、身体的ないし精神的な能力の不全のために、通常の個人的な生活と社会的な生活の両方、もしくは一方の必要性を満たすことが、自分自身では完全にまたは部分的にできない者」を意味するとされた。

そして、これに続く一二の条項では、すべての障害者の権利の保障と尊重が必要であるとされ、障害の原因、特質、程度にかかわらず（第三条）、人種、皮膚の色、性、言語、政治上の意見、国籍、社会的状況、健康状態（第二条）の区別を超えて、障害者は尊厳を有し、可能な限り通常で完全な生活を享受することができるとされた。

また障害者は、他の人々と同等の市民権および政治的な権利を有するものであり（第四条）[11]、障害者が可能な限り自足的であるための手段として、補装具を含む医学的、心理学的、機能的な治療、並びに医学的・社会的リハビリテーション、教育、職業訓練、カウンセリング、在宅支援などあらゆる種類の手段が示された。そして、これらは、障害者の素質を最大限に開発し、社会統合または再統合する過程を促進することを目的とするとされた（第五条および六条）。

さらに、障害者は就労する権利をもち、経済的・社会的な保障がされ（第七条）、家族生活[12]を送り、社会的・文化的活動そしてレクリエーション活動に参加する権利をもつとされた（第九条）。

この宣言では、障害者団体は、障害者の権利に関するすべての事項について有効に協議を受けるものとされ（第一二条）、社会生活のさまざまな主体、つまり障害者その家族および地域社会は、この宣言で認められている権利について、あらゆる適切かつ完全な手段により、十分に知らされなければならないことが強調されて、この宣言は締めくくられている（第一三条）。

これまで示唆してきたように、また全体的に思い起こしてみても明らかなように、最先端の文化的な文脈の中で生み出され、障害者自身の運動や組織やアソシエーションの運動、そして広がりつつあった政治的な議論によって推進された「統合」を求める要求が、国際的な場で権利として取り上げられ、ふたたび議論されるようになった。

一九七一年に最初の「自立生活センター（CIL）」を設立することになる「自立生活運動[*13]」は、一九六〇年代の終わりには、すでに文化的・政治的なプレッシャーを与える存在となっていた。ヨーロッパ中に広がったこの運動では、障害のある人々の権利と市民としての義務は、障害のない人々と同等であるとされた。この考え方を促進し、要求し、承認させることをめざした活動を展開するうえで、この運動はとりわけ積極的な役割を果たしてきており、今でもその役割を果たし続けている。

ところで、国際的なアソシエーション団体からの要請も無視することはできない。たとえば、フランスの国際身体障害者連盟（FIMITIC）は、まさに同時期に、地域のアソシエーション団体と連帯して、ヨーロッパ全土で建築的なバリアを取り払うために、文化・社会的な意識を高めていくためのキャンペーンを展開していた。

知的障害者の社会的な「統合」のために、人権意識を向上させ国際的な議論を巻き起こしていくうえで、意義のある役割を果たしていたのは、とりわけヨーロッパで精力的な活動をしていたロンドンの全国知的障害児協会（現MENCAP）と、アメリカに本拠地を置くアメリカ精神遅滞学会（現AAIDD）といった団体だった。

デ・アンナが用意周到に報告しているように、少なくともヨーロッパでは、職業的リハビリテーションについての初めての具体的な政治的イニシアティブ（一九七四年）があったことで、文化的な議論はさらに豊かさを増した。この運動の目的は、あらゆる年齢層および障害種に注意を向けながら、障害のある人々が、通常の生活を自立して送り、社会に完全に包摂されるように支援することだった。そして、この二年後の一九七六年に行われた欧州経済共同体（EEC）の教育大臣理事会は、教育へのアクセシビリティ[訳注5]の平等性を保障するために、初めての欧州共同体の行動プログラムを立ち上げる決議を採択した。

先の「障害者の権利宣言」への言及は、国連総会が作成した文書が、いかに根本的かつ決定的にインクルージョンの原則に向けた参照点を確立してきたのか、そして、この文書がどれほど国際的に科学、政治、文化の議論を盛り上げることに貢献してきたのか、ということを示している。

そして、その約二〇年後になって、国連総会はふたたびインクルーシブ政策の問題を取り上げて、一九九三年一二月二〇日に「障害者の機会均等化に関する基準規則」[訳注6]を承認した。これは権利を認める宣言ではなく、法的な拘束力のない「規則」だったが、総会は、多くの国々が適用すれば、慣習的な規則として定着しうると考えていた。

こうした計画や規則は、その内容を我がものにして尊重するために、倫理的・政治的な強い責任を負うことを要請しており、そこには国が遵守すべき責任、行動、協力についての重要な原則が定められていた。そこで掲げられた目的は、「障害のある少年、少女、男性、女性が、社会を構成する一員として、他の市民と同じように権利と義務を果たせることを保障する」ことだった。

そこには、世界のあらゆる社会に障害者が自由という権利を行使するのを妨げる障壁があるという意識が浸透していた。そして、これらの規則は、国家に対してだけでなく障害者と関係組織に対しても、こうした障壁を撤廃していくために積極的な役割を担うよう直接的に求めていた。

ここで必要とされていたのは、国際社会が同じ意志を共有することにより、障害者が機会の均等を享受できるように条件を整えていくことだった。*14 社会的意識の向上、医療、リハビリテーション、支援事業などが提示されて、これらは有効な「平等な社会参加のための前提条件」であるとされた。さらに、アクセシビリティ、教育、就労、所得保障、社会保障、家庭生活、個人生活の充足、文化、レクリエーション、スポーツ、宗教などが、「平等な参加への目標分野」として示された。また、情報、研究、意思決定と計画立案、立法、経済政策、業務の調整、障害のある人の組

訳注5　さまざまな閲覧・利用環境へのアクセスのしやすさ、利用しやすさを表す言葉。
訳注6　日本語資料は以下を参照。https://www.ipss.go.jp/publication/j/shiryou/no.13/data/shiryou/syakaifukushi/515.pdf

織、職員研修、基準規則の実施とプログラムについてのモニタリングと評価、技術・経済協力、国際協力は、その「実施方策」として示された。

この場で、自律的で総合的な読解を行うために、参照すべき二二項目の規則を詳細に解説することはできない。むしろ、ここでは以下のことを指摘しておくことにしたい。それは、完全なインクルージョンに向けた解放への推進力は、歴史・社会的、文化的な条件の強化を経なければならなかったために、幾つかの点で力を失っていたこと[*15]、さらに、ここで取り上げられているテーマや議論の幅広さ、そしてそれぞれの詳細な分析は、この文書を興味深く価値のあるものにしていて、また根底にある法的知識やここで示された教育社会的で特別な価値によって、国内外の政治的・文化的な議論に影響を与えるとともに、こうした議論に対して開かれていたということだった。

一九九四年の六月七日から一〇日までの期間、スペインのサラマンカで「特別なニーズ教育に関する世界会議」が開催された。それを受けて同年の六月一〇日に九二ヵ国の政府および二五の国際組織の代表によって公布された「サラマンカ宣言」の前文にも明白な言及があることからも、前記のような議論が一貫して継続されていたことが確認できるだろう。

「サラマンカ宣言」は、これまでに検討してきたような国連総会の文書ではないが、教育について、そしてより広い意味ではインクルーシブなプロセスの実現に向けて、国際的に共有される科学的・文化的な枠組みを構築するという点で、次につながる決定的で重要な局面を示していた。それゆえ、ここではこの文書に言及しておくのが重要であるだろう。教育にテーマを絞った三つの項目だけで構成されたサラマンカ宣言[訳注7]は、国際的なレベルで、過去との決別と先例のない未来に向けた変革の瞬間を表していた。

第一項では、「通常の教育システムにおいて、特別な教育的ニーズのある子ども、青年、大人に対する教育を提供することの必要性と緊急性」があると明言され、この宣言に含まれる規定や勧告が、政府や組織が活動していくための指針となることが期待された。

また、これに関連する論点としては、教育はすべての子どもの基本的な権利であり、教育システムやプログラムは、すべての子どもが有している独自の関心、性格、学習ニーズの多様性を考慮して実施する必要があることなどが指摘された。

さらに、インクルーシブな方向性をもつ通常の学校こそが、差別的な態度と闘い、教育システム全体の利益と効率を向上させ、喜んで受け容れられる地域を作り出すものであって、インクルーシブな社会の建設のための最も効果的な手段であると明記された（第二項）。

こうした前提条件は、教育システムを改善していくために、国や政府の指針となるべきものである。そして、ここでは「法律ないし政策の問題として」インクルーシブ教育の原則を採用すること、モデルとなるプロジェクトを開発しそれを共有すること、教育の提供の計画、観察および評価

訳注7　「サラマンカ宣言」の原文にある五項目のうち、イタリアの場合は、一～三項目を宣言として取り上げている。

のためのメカニズムを確立すること、インクルーシブ教育の意思決定の過程において、保護者やさまざまな組織の参加を促すこと、システムを変更するときには、通常の学校における特別な教育的ニーズに応えられるように、研修を含めて教員教育を進めていくことなどが挙げられた（第三項）。

ここで、ヨーロッパの国際社会が、「サラマンカ宣言」の文書全体の背景にある教育学的な言説の公理を共通した方法で引き受けていて、それを前提にしていることを指摘するのに、むやみに紙幅を費やす必要はないだろう。

繰り返しになるが、人間と社会の解放に向けた歩みにおいて、教育は人間化のための主要な要素であり、社会の発展と変革のための手段としても最も効果的で永続的なものである、ということが明確に理解されている。こうした意味では、障害者は他のすべての人々と同じように、自分なりの方法で、自分の開放と計画そして継続的な自己変革に向けて身を乗り出しているといえる。そして、それがまずは学校で次に社会の中で実現されるように、文化的・物質的な条件を生み出し導いていくことが義務なのであって、同時に社会的・倫理的な責任でもあるといえる。

3　二〇〇六年の国連条約

前段では、国際的に重要な別の文書にも言及してきたが、[*16] 二〇〇六年の一二月一三日に国連総会で採択された「障害者の権利に関する条約」と、これまでに取り上げてきた文書を合わせると、筆者の考えでは、科学的、文化的、法的な道のりの主要な分岐点を明らかにするのに十分なものになる。こうした道のりは、この四〇年の中で、国際的なレベルで「政治的な行動」を導き、それと同時に、インクルージョンの原則がますます意識化され確信できるようになるための集団の意識を導いてきたものだった。

このプロセスはこれまでにも進められてきたが、最終地点とはまだほど遠いものであり、二〇〇六年の国連条約は、科学的・文化的な所産の複雑性と、この条約の署名者に課されている法的・規範的な拘束力という両方の点で、最も新しく重要な要素を示している。

その意味で初めに明確にしておくべきなのは、二〇〇七年三月三〇日に公開された「障害者の権利に関する条約」に、イタリアは二〇〇九年三月三日の法律第一八号で署名・批准して、これが国の法律となっており、*17 また筆者が本書を執筆している時点では、この条約には一五三ヵ国が調印し、一一八ヵ国が批准しているということである。[訳注8]

この数字だけをとってみても、この条約の世界的な影響力の大きさを実感することができる。さらに、この条約の規定が、約六億五千万人もの障害者に実質的に影響を及ぼすようになること、そ

訳注8　二〇二二年七月の現時点で一八五ヵ国が批准し一六四ヵ国が調印している。最新の情報は以下のサイトを参照。https://www.un.org/development/desa/disabilities/convention-on-the-rights-of-persons-with-disabilities.html

して、その中のとりわけ資源の乏しい国々では、最低限の福祉と教育を享受することすら許されない生活環境があることもさらに明らかとなった。

ここで考えて欲しいのは、この条約が準備されていた二〇〇四年の段階では、ＥＵ加盟国のうちの二五ヵ国で、障害のある子どもたちの五六％以上が、いまだに特別な学級あるいは特別な学校に通っており、五〇万人もの人々が約二五〇〇ヵ所の巨大施設の中で暮らしていたことである。

この条約は、認識論的・法的な観点から、過去との決定的な決別を告げるものであり、文化的な意味でも立法的な意味でも、障害という課題へのアプローチの仕方を大きく革新させた。国と地域社会に対しては、障害者のアイデンティティと彼らが置かれた状況にスティグマ[訳注9]というレッテルを貼り、それを肥大化させているあらゆる偏見やステレオタイプの考え方を乗り越えること、そして障害者の完全な個人的・社会的インクルージョンと、その実現を妨げている障壁、差別、機会の欠如を取り除くことを求めている。

そして、二〇〇一年に採択された国際生活機能分類（ＩＣＦ）で明確にされたことに沿って、（イタリアでは）「障害者によるあらゆる人権及び基本的自由の完全かつ平等な享有を促進し、保護し、及び確保すること並びに障害者の固有の尊厳の尊重を促進する」（イタリアの二〇〇九年三月三日法律第一八号第一条一項）ことが目的に掲げられたことで、医療化されていてかつ救済的なすべての考え方が棄てさられた[*18]。

「完全な社会的インクルージョン」を保障するために、一人ひとりに対して、「人間としての完全な尊厳」および権利と義務を有することを認めながら、人権というパラダイムに基づいて、国家や地域社会の取り組みを築き上げていくことが、障害について残されているあらゆる概念を乗り越えていくことを可能にし、それによって、人間としての条件が当たり前のものになっていく。

こうした意味で、「全ての障害者のあらゆる人権及び基本的自由を完全に実現することを確保し、かつ促進する」ために、締約国（障害者の権利に関する条約　第四条）並びに個人に（同条約　前文W項）生じる一般的義務もまた、ただちに過去との断絶の兆しとそうした感覚を与えるものだった。そこでは、地域社会は、「平等」「公正」「正義」「共同責任（連帯責任）」の原則に基づいて、行動しなければならないという考え方が提示されていたからである。

ここで生み出されるのが、主観的かつ集団的な責任の原則と、参加型で自覚的なインクルージョンに向けたプロセスという原則に応じた、社会的な絆を認識するための条件である。このことが意味しているのは、パスクアーレ・モリテルニ[訳注10]が、インクルージョンの概念を定義しながら、明らかにしているように、「居場所があるという権利の承認としての障害者の単純な受け容れから始まって、障害者の気軽なアクセスという観点から、障害者が居場所をもち、そこで自立して生きていくこと、そして次に誰もがもっている潜在能力を引き出すために、誰一人として排除されることなく

訳注9　恥辱、汚名、負の烙印などのこと。
訳注10　イタリアの教育学者。専門はペダゴジア・スペチャーレ。ローマ・フォロ・イタリコ大学教授。

誰もが参加でき、成功するための条件を作り出していくことの必要性へ」[*19]ということだった。

障害者の権利に関する条約では、インクルーシブな社会的背景作りを促進することは、看過できない一般原則であることから始まって（第三条）、市民として権利＝義務を行使／遂行することができ、また公共的、社会的な生活への完全な参加を可能にすることを意味している。それは、障害とは発展する概念であり（前文Ｅ項）、社会的背景のそれぞれの要素が、動的にともに発展していくという認識に基づいていた。

したがって、生活のあらゆる側面において、環境、教育、輸送、通信、情報にアクセスできることに伴う（第九条）、公衆および個人の責任と意識の向上を通じて（第八条）、社会参加のための障壁を取り除き、積極的な市民意識を高めていくことが必要になる。こうして実現されるのが、社会的背景／制度と、そこに関わる人々の役割の間の相互のやりとりであり、そのことが、この条約が作り出す制度を制度たらしめて、機能させているのである。

この条約のほとんどすべての条文は、この論理に従って読み進めることができる。この条約は、男子、女子、児童の（第五、六、七条）生命に対する権利を擁護し（第一〇条）、人類学的なモデルを志向しており、考えうるすべての困難と不平等な状態を考慮し（第一一、一三、一四、一六条）、障害者が法律の前に等しく認められ（第一二条）、当人の完全性（障害者の心身のそのままの状態）が保護されることを保障している（第一七条）。

これに続いて、障害者の誰もが、その人が置かれた状態にかかわらず、世界市民として完全に自由に移動することができ（第一八、二〇条）、自立した生活を送り（第一九条）、私生活と家族生活が、最大限に尊重され（第二二、二三条）、また情報が利用でき、自分の意見を表明でき（第二一条）、権利を有していると記されている。さらに、労働を通じた自己実現（第二七条）、公的な政治的活動への参加（第二九条）や文化的な生活、レクリエーション、余暇およびスポーツへの参加も当然の権利とされた。

これまで展開してきた議論でまず必要になるのは、こうした仕組みに基づいた教育を通じた自由獲得の権利を見出すことである。この条約では、締約国には、あらゆる段階でのインクルーシブな教育制度と、生涯を通じて継続される学習のための条件を確保することが求められている（第二四条一項）。これは、多角的な目的で、これまでは看過されてきたものであり、最も知られた教育の教えに従って、教育の最終的な目標を再確認するものである。

その目的とは、人間がもつ潜在能力の完全な発達、尊厳と自尊心および人権と基本的自由を尊重する感覚の獲得、さらに多様性の尊重、多様な存在条件の独自性から生じる才能と能力を最大限度まで発達させることなどである（第二四条一項）。

これらの提案は、ここ三〇年の間に、国内外の科学的な研究の成果が生み出したもので、それは、筆者の考えでは、ジャック・ドロール[訳注11]（一九九七年）の言葉に総合的に集約された認識に沿っ

訳注11　フランスの政治家、経済学者。欧州委員会委員長などを歴任した。

ている。ドロールは、個人や国家の貧困、抑圧、社会的排除の条件を取り除くのに、教育は最も有効な手段であると考えていた。同じように、エドガール・モラン[訳注12]（二〇〇一年）は、人間形成の教育と知育の中に、「世界市民と新たなグローバルな人間倫理」[*20]の構築に向けた希望を見出していた。

実際面については、第二四条の二項および三項と、それに関連した項目の中で、教育制度の普及とその一般化のために、そして教育制度がすでに存在する場合には、その組織の質的な考察を行うのに関連性があって重要だと考えられる指標が示されている。

それらは、要約するならインクルーシブな学校制度を活性化させる必要性、無償の教育と義務教育、初等・中等教育の享受の保障、個人のニーズに応じた合理的配慮、学校のカリキュラムにおける専門的な支援、インクルージョンのプロセスを最適化する環境における個別化された支援措置、特殊な文字や言語（点字、マロッシアルファベット〈指文字の一種〉、代替言語）を用いた学習を容易にするための措置、教育の質などになるだろう。

すでに別の箇所で指摘したように、「これまで言及してきた問題の教育的・指導法的な奥深さは、市民を作り出し、個人と集団の解放を生み出す場所［……］としての学校の役割と『使命』を示唆し、再確認させるものである。したがって、たとえどんなに複雑な障害があったとしても、誰一人として、学校に受け容れられなかったり、学校に通う権利を否定されたりすることはない」[*21]ということである。

これまで教育をめぐる権利について明らかにしてきたことは、イタリア国内で培ってきた文化にとっては間違いなく共有できかつ実現可能で、ゴールをめざすことのできるものであるように思われる。しかしながら、障害者の権利に関する条約の世界的な広がりを考えると、ことはそう単純ではないだろう。

この点について、ジャンピエロ・グリッフォ[訳注13]は、障害者の権利に関する条約の第二四条については、「イタリアの代表団がイニシアティブをとった成果でもあった。彼らは、自分たちの国の完全なインクルーシブな教育モデルを大いに推奨した。イタリアの教育モデルは、盲者・聾者の団体や、ヨーロッパの豊かな国を含むたくさんの国々の数多の抵抗を乗り越えてきたものだったからである[*22]」と回想している。

同様の意味で、デ・アンナは、ヨーロッパの国々と非ヨーロッパの国々の現状を比較して、「非ヨーロッパの国々では、総じて、ある種の堂々巡りを見出すことができる。それは、特別な教育施設から医療的な教育施設へ、そして特別な学校から通常の学校へという時間のかかる歩みである。しかし、残念なことに、この最終的な目標が達成されることは滅多にない[*23]」と自説を述べている。

とはいえ、私たちは悲観的な見通しに身を委ねることはない。むしろ人権や正義と結びついた「障害者の権利に関する条約」のインクルーシブな視点は、今までにないほどの解放的な推進力を

訳注12　フランスの哲学者、社会学者。さまざまな領域に関わる領域横断的な仕事を展開している。

訳注13　イタリアの政治家。障害者インターナショナル（ＤＰＩ）の会員。「障害者の権利に関する条約」の起草に貢献したイタリア代表団の一員だった。

育んでいる。そして、この視点は「イタリアでも世界でも、変革に向けた環境とグローバルな生態系を保証する暮らしのなかのあらゆる文脈で実現されるべき『普遍的な社会的提案』として、インクルーシブな見方を理解している人々の思想」へと受け継がれていくことになる。[*24]
教育学的な意味でいえば、これは実現されるべき「具体的なユートピア」であって、誰もが、そして一人ひとりが、その実現に関わることが求められているものだが、その結末はこれから数十年が経って初めて評価できるものだろう。

【注】
＊1　特定の障害に関して使用されるハンディキャップという用語の普及にとって、特に重要だったのは一九七四年にユネスコが発表した研究だった。そこでは、七つのハンディキャップの種類（視覚、聴覚、知能、身体・筋力・運動能力、社会的・人間関係的な行動、言語、読み書き）に応じて障害を分類する手法が採用された。
＊2　A. Canevaro, *Educazione e handicappati*, Firenze, La Nuova Italia, 1979, pp. 4–17.
＊3　この文書では、機能・形態障害（心理学的、生理学的または解剖学的な構造や機能の喪失あるいは異常と定義）から始まって、能力障害（人間として正常と見なされる方法や範囲で活動していく能力の「機能障害に起因する」制限や欠如と考えられた）が引き起こされ、それにより、社会的不利（機能障害や能力障害のために、その個人に生じた不利益の状態であって、その個人にとって「年齢、性別、文化的・社会的な因子から見て」正常な役割を果たすことが制限されたり、妨げられたりすること）が生じるという一方向的な因果モデルが説明された。

＊4　ここでは、医療と教育という両方向における、効果的かつ熱心な貢献を思い起こすことができる。その中でも、教育学者兼医師としては、アドリアーノ・ミラーニ・コンパレッティ、ジョヴァンニ・ボッレア、ジョルジョ・モレッティなどの名を、教育の分野では、ロベルト・ザヴァッローニ、アンドレア・カネヴァーロなどの名を、あるいは学校や団体で行われた実験としては、「イタリア痙攣患者支援協会（ＡＩＡＳ）」「イタリア知能障害および知能障害者家族協会（ＡＮＦＦＡＳ）」などの試みを挙げることができる。

＊5　L. Pati, *La prospettiva antropologica*, in L. Croce, L. Pati, *ICF a scuola. Riflessioni pedagogiche sul funzionamento umano*, Brescia, La Scuola, 2011, p. 12.

＊6　WHO, *International Classification of Functionig Disability and Health*, Genève, WHO, 2001, p. 21. (tr. it. Erickson, 2002).

＊7　L. Chiappetta Cajola, *Didattica del gioco e integrazione*, Urbino, Carocci, 2011, p. 17.

＊8　本書を執筆している時点で、イタリア大学省（ＭＩＵＲ）の主導により、イタリア全土に設置されているすべての校種と学年段階の学校のサンプルの中で、ＩＣＦモデルの学校における適用テストを目的とした「ＷＨＯモデルからインクルージョンのためのプロジェクトへ」と題された実験が進行中である。

＊9　L. Chiappetta Cajola, 前掲書, pp. 19–20.

＊10　ここでは、言葉遣いに多くの注意が払われ、否定的なニュアンスを含んだ用語は避けられた。「ハンディキャップ」という言葉は、もはや使い古されて意味的に劣化していたため、「参加」と「活動に関する障害」という用語に置き換えられた。こうした努力は、限界や障害を突き止めるためではなく、対象者が人生のさまざまな文脈の中で表現できる可能性の探求を方向づける「肯定的なまなざし」に向けられている。

＊11　第四条では「精神遅滞者（知的障害者）の権利宣言」の第七条が引き合いに出されて、精神遅滞者が有

している諸権利のあらゆる制限や排除にも適用されるとされた。

＊12 この宣言の場合も、先の一九七一年の「精神遅滞者（知的障害者）の権利宣言」と同じく、必要不可欠と考えられる場合には、専門施設への入所の可能性があるとされた。

＊13 この運動は、一九六〇年代後半に、カリフォルニア大学バークレー校において、大学の学業や社会が他の市民に提供している事業へのアクセシビリティを要求していた障害のある学生の集団の活動を通じて生み出された。間もなく、この運動はヨーロッパ特にスウェーデンにも根ざすようになり、他のすべての人々と同じように、障害者の可能性と選択権および自己決定権を要求する組織的ネットワークを構築していった。

＊14 諸規則の中の機会均等への言及は、公共事業、活動、情報、文書といった環境と社会のさまざまな仕組みを、あらゆる人々、とりわけ障害者にとってアクセスしやすく利用できるようにする過程を示していた。

＊15 例を挙げられる中の一つは、教育に関する規則六で示されたものである。そこでは、障害者の教育が、教育制度の一部に含まれるように国が監督することが求められていたが、それを通常の学級と統合システムの中で実施すべきであると主張するほどの力はなかった。それどころか、特別な学級や盲聾教育に関わる特別な学校の存在を完全に正当化していた。一九九三年には、イタリアだけがフルインクルーシブの教育システムを誇っていたのに対し、他の国々では非常に雑多な地域状況があることを理由にして、統合の原則を拒否していた。イタリアの文化にとっては、すでに確立されたことだったが、実際には通常の学級における教育のインクルージョンの原則を主張することは、決して簡単ではなかった。

＊16 ヨーロッパだけのものになってしまうが、とりわけ重要なのは、一九九六年一一月の欧州連合のヘリオス・プログラムの最終セミナーの最後に採択された「ルクセンブルク憲章」と、スペインの首都で開催された「欧州障害者会議」の結果として、二〇〇二年三月に採択された「マドリード宣言」である。

＊17 二〇〇九年三月三日法律第一八号は、二〇〇九年三月一四日官報第六一号に掲載された。

＊18　ＩＣＦの生物的・心理的・社会的パラダイムの考え方を採用したことは、「障害者とは、身体的、精神的、知的、感覚的に持続的な障害があるものであり、こうした障害と別の性質の障壁との相互作用により、他の人々との平等性に基づいた障害者の完全かつ実際的な社会参加が妨げられる可能性がある者のことである」（イタリアの法律第一八号第一条二項）と記されていることからも明らかである。

＊19　P. Moliterni, *Inclusione e integrazione: lo sguardo sulla cittadinanza*, in L. d'Alonzo, R. Caldin (a cura di), *Questioni, Sfide e Prospettive della Pedagogia Speciale. L'impegno della comunità di ricerca*, Napoli, Liguori, 2012, p. 101.

＊20　A. Mura, *Pedagogia speciale oltre la scuola, . Dimensioni emergenti nel processo di integrazione*. Milano: Franco Angeli, 2011, p. 49.

＊21　A. Mura, 同右.

＊22　G. Griffo, *Introduzione*, in P. Barella, E. Littamè, *I diritti delle persone con disabilità. Dalla Convenzione internazionale ONU alle buone pratiche*, Trento, Erickson, 2009.

＊23　L. de Anna, *La Pedagogia Speciale in Europa. I processi di Integrazione e di inclusione nel confronto con altri paesi europei ed extraeuropei*, in L. d'Alonzo, R. Caldin (a cura di), 前掲書, p. 51.

＊24　R. Caldin, *Verso dove? L'"abitare" familiare e insolito della Pedagogia Speciale*, in L. d'Alonzo, R. Caldin (a cura di), 同右, p. 252.

第7章

「ペダゴジア・スペチャーレ」と特別な教育方法論の貢献

1 「ペダゴジア・スペチャーレ」の目的と課題

本書の初めの幾つかの章では、今日のイタリアにおいて、「ペダゴジア・スペチャーレ」と呼ばれている学問が生まれた経緯をたどってきた。この分野の嚆矢で、神話的なエピソードでもある『アヴェロンの野生児』から始まって最新の展開に至るまで、この学問の成り立ちの諸段階が、どのように築かれてきたのかを「読み直す」必要性については、「ペダゴジア・スペチャーレ」のあるべき姿と対象範囲を明確にするためのアイデンティティのこだわりとして理解されるべきではない。それはむしろ、この学問の主要な関心の対象――たとえば、時代や社会的背景の変化に応じた障害者の受け容れ、接し方（支援）、教育といったもの――について、その起源と発展のプロセスの複雑さを理解するための試みとして受け取られるべきである。

その点で特に興味を引かれるのは、人文科学の領域で、信頼を勝ち取りながら、この学問が認識論的で実際的な地平を切り拓いてきた要素を理解するために、四〇年あまりの期間の発展の様子を見直してみることである。

その一つに、この学問が苦労して教育理論を練り上げてきたこと、そして、その意味でルイージ・ダロンツォ[訳注1]が指摘しているように、他の教育科学との対話を重視してきたことがある。第一に言えるのは、「ペダゴジア・スペチャーレ」は、教育学一般の一つだということである。なぜならこの学問は、それらの教育学と同じように、人間が教育可能であることのさまざまな側面とニーズに応える必要性から出発し、土台を築いているからである。そして「ペダゴジア・スペチャーレ」は、さらに自律した独自の学問となるために、この学問の「継母」でもある医学との関係性を含めて、従属しているすべての学問から自由になりつつあるといえる。

他方では、理論的・実践的な要素が、あらゆる優先順位を無にしてしまう解釈の循環を作り出す中で、当事者、社会的な背景、実践との直接的な関係を通じて、この学問自身が、いつでも科学的に練り上げてきた内容を検証しながら実践していることは、理論と実践が相互に補足し合いながら、この学問の領域と限界を押し広げ新たに生まれ変わらせることに貢献している。

ところで、イタリアの学術分野の中に、初めて「ペダゴジア・スペチャーレ」を位置づけたのはザヴァッローニである。彼は、「この学問は教育的・教育方法論的な観点から見たときの、子どもや若者の心理的な困難さ、遅れ、そして、あらゆる種類の生物学的・心理的・社会的な発達の不具合についての科学である。また、この学問の対象は、最も包括的な意味における『不適応』であり、個人的あるいは家族的な不適応の結果としての環境に対する不適応は、『ペダゴジア・スペチャーレ』の対象が、きわめて広い分野にわたっていることを表している」[*1]と述べている[*2]。

これは、研究対象の範囲が広く、異なる性質の困難にも対応することができ、また教育と教育方法論の領域に生じるニーズにはっきりと方向づけられているこの学問についての正確な定義である。そして特定の問題についての医学的な因果関係というのは、ザヴァッローニが、「不適応」という言葉を用いて、二つの要因に言及しながら、「一つは当事者の病状であり、もう一つが、当事者が成長していく社会文化的な世界における教育のさまざまな不十分さである」[*3]と述べているように、統計学的に表現できるものではないだろう。

また、社会文化的な環境に開かれていることは、現在では、「ペダゴジア・スペチャーレ」の取り組みの根本的な主題となっている文脈的な要因への注意を先どりすることを告げているが、実際には、マリーザ・パヴォーネ[訳注2]が述べているように、ザヴァッローニによる定義は、時代背景が足か

訳注1　イタリアの教育学者。専門はペダゴジア・スペチャーレ。イタリアのペダゴジア・スペチャーレ学会の現会長。ミラノ・サクロ・クオーレ・カトリック大学教授。

訳注2　イタリアの教育学者。専門はペダゴジア・スペチャーレ。トリノ大学教授。

せになったままで、過去を超えることができていない。ここで指摘しておくべきなのは、ユネスコが、万人のための普遍的な教育を充実させる方式として、すでに「ペダゴジア・スペチャーレ」に言及していた意義深い時期に、ザヴァッローニは、これまで見てきたような障害者の教育が特別な学級や施設で行われていた時代の義務教育期のことだけを考えていたことである。

実際には、方法論的な議論、つまり医学的、教育学的、人間形成的な手段の間の区別についての議論、あるいはザヴァッローニが示したような教育方法論的、人間形成的、治療的な取り組みの細分化の議論を深めていけば、「ペダゴジア・スペチャーレ」という学問の理念と方法に対して有機的な認識論的構造を与えようとする科学的な意志があることに、はっきりと気づかされることになるだろう。

しかしながら、そうした試み特にその方法論についての議論は、初めから分断されており、学際的な議論を始める準備ができているとは言えないものである。「ペダゴジア・スペチャーレ」というのは、限界を示したり、規定したりするのが困難な学問であるため、「インクルーシブ教育と一対であるはずの『ペダゴジア・スペチャーレ』という学問の根拠に異議を唱えている研究者たちが、その一方では、（インクルーシブ教育を推進するための）分離学級の廃止を主張している」[*4]ということもある。

とはいえ、「ペダゴジア・スペチャーレ」の研究対象の多面性と複雑さは、大勢の人々の目に映っている苦しみや病状についての誤解によって、当人が周囲から疎外されてしまうことを乗り越えるためのものであって、人間存在の根源に対して注意を払うことを邪魔するものではない。そうした意味で、モントゥスキによれば、「ペダゴジア・スペチャーレ」の最も顕著な特徴というのは、「一般的な注意から抜け落ちてしまいがちな問題をすくい上げ、この学問がもつ適切な方法でその問題を解釈し、さらに人間的に最も豊かな方法で、当人が意味のある『行動』をして、意欲をもって『生きる』存在としての経験を取り戻せるように、重要な手助けを提供しながら、取り組みの仮説を立てること」[*5]である。

こうしたことが、文化的で実践的な感性や能力を育み、これによって人間には初めから個人差があることが認識できるようになり、また、生きていくための正しいバランスを見つけ出すのに役立つ、個人的な資質を引き出すための効果的な取り組みにつながるのである。

さて、本章の初めに指摘しておいたように、理論と実践という解釈法的な循環を特徴づけている、とりわけ途切れることなく繰り返される営みについて、カネヴァーロは対象および研究の焦点についての厳密な個別化という考え方を示しながら、次のように記している。

今日、「ペダゴジア・スペチャーレ」が対処すべき「違い」をめぐる最初の課題は、障害と病に由来する違いの問題である。その違いというのは、そこに何かを付け加えることはできても、他のものと置き換えができないものである。[……]この学問の目的は、今そこに存在している必要性に応えることであって、カテゴリーごとに分けられた必要性に応えることではない。［……］また、今ある必要性に応えることは、広範にわたっていて、カテゴライズされていない文脈の特定の問題にまさしく特別な回答を与えることである。学校教育というのは、特定の必要性を排除するものではないのである。したがって、「ペダゴジア・スペチャーレ」は、万人に対してすでに確立された科学としてではなく、探究が続けられている科学として活用されることになるのである。[*6]

ボローニャ大学の教育学者カネヴァーロの主張は、インクルーシブなプロセスに向けられていて明快である。それぞれの主体に備わっている教育上の潜在能力を認識して活用していくことは、解決策を導くための絶え間ない探究に基づいている。つまり、「ペダゴジア・スペチャーレ」には、解決策を見出すことが求められているが、それは、精神医学という主な母体から分離することと、治療的な専門性で成り立っていた過去を決定的に乗り越えることを通して、公の生活に開かれた文脈の中で行われるべきものである。

これまで述べてきたように、障害者が置かれた状況の特殊性が、人間存在の核にある最も敏感で根源的なものを理解するためのさらに深い感性を必要としていることを除けば、障害者の教育について考えることは、まさに当人の複雑さの中で教育を考えることである。そして同様の意味で、私たちは、ジェラーティが記している次のような定義を目にすることができる。

「ペダゴジア・スペチャーレ」は、何よりも教育学であり、その認識論的な領域は、教育学一般の研究によって示されたものとまったく同じである。［……］しかし、その一方で、遺伝的および機能的な側面において、あるいは健常者とは異なる発達のせいで違いが際立っている人々の教育プロセスの分野には、もっぱらこの学問の専門知が関わることになる。今日では、「ペダゴジア・スペチャーレ」の研究対象はますます広がっており、成人になってもこの学問の知見を必要とする人々に対しても、教育理論の構築が重要だとされている。*7

「ペダゴジア・スペチャーレ」は、その起源にあるより一般的な教育学の原型を忘れることなく、新たな道すじを示している。また年齢を重ねても無くなることのない違いに対して開かれていながら、命のあるかぎりどんな時期にも、人々の生活のどんな分野にも、そして、必ずしも障害には限らないもしれないが、この学問が必要とされるどんな状況にも、研究と取り組みの地平を広げていくものである。

それゆえ、ファビオ・ボッチ[訳注3]が述べているように、「ペダゴジア・スペチャーレ」は、「あらゆる人々のニーズを理解し、それを自身の理論的な装置の中に反映させ、さらにそのニーズに対して、質の高い専門性を用いて意義のある回答を示す*8」ことができるのである。

訳注3　イタリアの教育学者。専門はペダゴジア・スペチャーレ。ローマ第3大学教授。

こうして、「ペダゴジア・スペチャーレ」の考察と活動の範囲は拡大していき、人間を対象とする他の学問分野との対話と交流の必要性は、より高まりをみせ建設的なものになる。それだけでなく、弁証法的かつ批判的なものとなり、それが障害に対する固定観念や偏見を育てている考え方や事実を解体し、新たな考え方を作り上げていくのである。また一方では、教育的な取り組みが度を越して専門化したり、曖昧になったりすることを避ける必要があり、他方では、方法論の比較や教師間の協同作業を方針としている「ペダゴジア・スペチャーレ」の発見的な手法や学際的な性質を明らかにする必要がある。

実際に、ガスパリは、「ペダゴジア・スペチャーレ」は、「『ハンディキャップの軽減』をめざした複雑性と多様性の科学としてますます認知されるようになっており、この学問は、その認識論的な立ち位置を示す考え方と認知モデルを見出して、それに磨きをかけている。そして、この学問のニーズがより明確になったことで求められているのは、日常生活と結びついた実践を排除することなく、多様な学問分野にまたがる知を体得することである。さらに、科学的な必要性として指摘できるのは、実際にある人間関係の結びつきを意識に入れながら、障害者に影響を与えている社会的文脈に関係する人々に知見を提供することをめざして、理論と実践の多面的なモデルを作り上げることの重要さである」[*9]と記している。

科学的―実践的な特質、探究の絶え間ない営み、多様な専門技能、考えうる解決策の柔軟さといったものは、境界を押し広げながら、学問の多面性を形作っている「ペダゴジア・スペチャーレ」の根本的な特徴になっている。同じように多面的なのは、障害が顕在化する状態でもある。そうした状態の中では、偶発的な状況の独自性－問題意識をもって多様性を解釈したり、再修正したりすることができる解釈論的、生態学的、系統的なものの見方によって、物事に対応することもあるだろう。

それと同時に、その特異性についての認識では、ジュゼッペ・ヴィーコ[訳注4]が指摘しているように、対象となる子どもを理解したり共感したりするだけでなく、障害者と人間の存在そのものの基礎になっている価値に「耳を傾ける」ことができること、つまり人類学的な意味で障害者に寄り添い、その人を解放することができるという考え方を成熟させていくことも必要である。

こうした方向性に進んでいくとしたら、「『ペダゴジア・スペチャーレ』は、障害を軽減するかリセットするために、個人的かつ社会的な教育の理論を精査して構築する役割を与えられている理論と実践の学になっていく。この学問には、人間の関係性と、人類学的、文化的、社会的な解放について、よりいっそう人間らしく、人間性の優れた形を探究し、提案し、推進していく責任が委ねられている」[*10]と述べているヴィーコの確信は、ますます深まっていくことになる。

これは、(イタリアの)「ペダゴジア・スペチャーレ」の歴史から着想を得た視点であり、国連条約(障害者の権利に関する条約、二〇〇六年)が打ち出した目標－挑戦に完全に一致するものである。

訳注4　イタリアの教育学者。元ミラノ・サクロ・クオーレ・カトリック大学教授。

骨が折れるし簡単ではないが、こうした視点がすべての人々を活性化させるという魅力ある役割を「ペダゴジア・スペチャーレ」という学問に与えている。なぜなら、こうした方法がいっそう共有されることで、教育的であり市民的であり包摂的である責任が互いに絡み合い、より正しく公平でいっそう連帯感のあるグローバルな社会の建設に向けて、社会参加の新しい形を生み出す必要がある、という考え方が共通の財産になっていくからである。

教育の学として、こうした道のりを歩んでいくとき、「ペダゴジア・スペチャーレ」に求められているのは、変革のあり方を理解して進むべき方向性を指し示すという責任をもち、自らの達成を凝視して、変革を推し進めて組織することである。そして、ますます個人主義的で自己中心的な世の中ではあるが、こうした時代錯誤な傾向を奨励しているような現代の兆候に惑わされることなく、この学問の役割がもたらす課題の中で変革を上手くやり遂げていくのである。

ここで生まれてくるのが二重の責任である。理論的な側面でいうと、科学的研究にとって必要なことは、より適切な方法で特別なニーズとそれへの対応について、複雑さの原因は何かを突き止め、それを解釈し方向を示していくことである。

そして、実践的な側面で必要なのは、すべての市民を完全に包摂する具体的な環境作りを推進して、それを実現するための道すじの計画、構造作り、評価をしていくことと、人材育成、仕事、社会生活の環境において、文化的・社会的な役割を担うあらゆる人々をより積極的に巻き込んでいくことである。

イタリアの研究者たちが、障害の問題の解決に関する取り組みの理論とモデルを明確にしようとして悪戦苦闘してきたこと、そして、今も注ぎ込んでいる熱意の表れを、ここでさらに強調するつもりはない。そうではなく、ここに込めた意図は、今の歩みと活動に意味を与えることであり、オーケストラのように一体となった活動は、それぞれの貢献が互いに補完し合うことでより豊かになり、実体を作り出しているのである。

ここまで述べてきたように、実際には、「ペダゴジア・スペチャーレ」の理念のさらに明確で充実した認識を作り上げようとして、多くの権威ある研究者たちが数々の貢献をしてきたが、それらを網羅的に考えることはもちろん不可能である。その意味からすると、ここで言及に値するのは、イタリア「ペダゴジア・スペチャーレ」学会（SIPeS）[*11]の七〇名を超える会員たちである。彼らは、科学的な議論を活性化させ、この学問の専門技能をすべての教育者の財産にするために、研究と実践を絡み合わせて相乗効果を発揮させている。

そこでめざされているのは、ダロンツォが述べているように、「人々が、教育上の曖昧な主義主張、教育的な未熟さ、専門的であるべき取り組みのアマチュアリズムから抜け出して、真の教育的、社会的、そして、科学に根ざしたリハビリテーション的な提案に到達すること[*12]」である。

これは、世界に「影響を与えて」きたイタリアのフルインクルージョンのモデルを、誇ってはいけないということでは決してない。そうではなく、これまでの達成は、障害者の実存的な条件を改善させただけでなく、あらゆる市民の利益にも合致する現実に即したヴィジョンを作り上げ、それを広めることに貢献してきたといえる。とはいえ、こうした事実に裏づけられたインクルージョンモデルの限界についても、さらなる研究が必要だということを言いたいだけである。

また今日でも変わらず、大多数の人々はインクルーシブなプロセスについての研究とその実現は、障害者のニーズだけに関わるものだと考えている。しかし、そうした研究と実現、そして、初めは見捨てられ「怪物のように」扱われていた障害者の存在こそが、何かを要求しそこから成果を引き出すことを徹底しながら、以前の政治的・社会的な秩序を覆してきたのである。そして同時に、障害のある人々が、社会全体の文化的、市民的、物質的な財産の発展と成長のための貴重な資源であることも証明されていった。

こうした見方からすると、間違いなく認められるのは、「ペダゴジア・スペチャーレ」という学問とこれに関わる研究者たちが、この三〇年あまりの期間に学校社会に貢献してきたことである。既存の秩序に順応できずにいたために、その秩序自体を議論の渦に巻き込んで、それを改革させた子どもたちというまさに「一筋縄ではいかない」存在をきっかけにして、「ペダゴジア・スペチャーレ」とその研究者たちは、学校教育を支えながら、学校という組織と教育内容および方法の刷新に向けて、方向を示してきたのである。

学校での（障害児の）受け容れや計画や組織についての一般的な受け止め方、個別の計画と学級計画の橋渡し、学校と校外の連携、教師たちの教育方法論のレパートリーの拡大、多様なコミュニケーション言語や記号、支援技術の活用、さまざまな経験を記録化することの価値、学習困難の研究、インクルーシブ教育の質、そして、以前は支援教師の養成、今日では障害の問題についてのすべての教員の養成といった多くの課題が、教育システム全体の近代化のための根本的な検討事項であることが明らかになり、初めは義務教育期間の学校を突破口として、次に高校そして今では大学においても、それが共有されるようになっている。[*13]

そして、こうしたそれぞれの要素は、あらゆる種類の多様性と同時に、すべての生徒が教育において最大限の成就を手にする権利を有しているという考え方にも大いに開かれた環境を作り出しながら、機能性とインクルージョンの特質を改良していくのに寄与してきた。そして同様に、学校外の領域でも、初めは障害のある人々だけの関心事と考えられ扱われてきた特定の問題が、あらゆる市民にとっても、根本的に重要であることが明らかになってきたのである。

たとえばアクセシビリティの問題、建築的なバリアの撤廃の問題、あるいはモビリティ[訳注5]に関するテクノロジーの問題について考えてみよう。七〇年代には、これらの問題は少数の社会集団のニーズにすぎないのに、問題の解決には費用がかかりすぎると考えられていて、課題への理解は乏しく反対すらあった。

しかし、今日では、こうした課題は、人々の文明の水準を表す指標となっており、万人に役立ち、誰もが利用できる環境、製品、そして、コミュニケーション・システムを想定して実現するユ

訳注5　場所、階層、職業などの変動しやすさ、流動性や移動性のこと。

ニバーサル・デザイン[訳注6]の方向性が推し進められている。

こうした場合においても、一見したところ、規則的にもテクノロジー的にも解決することができる単純な技術上の問題のように見えていたものが、実際には、人間と社会についての考え方に直結するより深い考え方を示唆していることが明らかになってきた。この考え方は、私たちが構築しようとしているものであり、したがって、障害と結びついた要求を受け容れることで、常に更新されていく進歩的な文化市民的意識という財産に組み込むことができるものである。

わずか三〇年ほど前には、予測することすら難しかった社会文化的な大転換という面では、障害者の家族の存在の大きさを認め、その力を十分に引き出すことによって得ることができた成果も尊重すべきである。障害者の家族をめぐっては、インクルージョンに向けたプロセスの推進力として、あるいは集団意識を駆り立てるものとして、根本的な役割を果たすはずの政治的な発言や科学分野からの発言は、ほとんど聞かれることがなかった。

実際には、障害者のいる家族は、長い間、社会的な無関心の犠牲者だった。二〇世紀の前半が終わろうとする頃、幾つかの精神社会学的な研究によって、彼らの存在は朧気《おぼろげ》ながら明らかにされていた。しかし、その後は、精神分析に基づいた別の研究が現れたことで、ほぼ三〇年間にわたって、彼らは日の目を見ることがなかった。社会的・文化的な次元において、障害者の家族は、そのアイデンティティにスティグマという烙印が押され、肥大化されて表現された言葉の中に閉じ込められていたのである。

こうして障害者の家族はその家族の中で疲弊していった。子どもたちの成長と、子どもたちという社会における最初の生命体にとって、家族は根源的で最も重要な拠り所であるどころか、その家族に対して、子どもたちが置かれた状態に精神的な負担を感じさせるまでになっていたのである。

障害者の家族を、「支援する対象」や「病の対象者」とするだけでなく、むしろ、「活性化させるべき資源」、あるいは「資源の保有者であり、特定の専門知識の所有者」であると見なすような立場に、少しずつ変化が見られるようになったのは、近年のわずか二〇年のことにすぎない。

この場合においても、「ペダゴジア・スペチャーレ」に注意を向けて研究することは、当事者家族の回復力や対処力、子どもと関わるうえでの特定のスキル、そして、子どもたちの成長、発達、成熟といった最も繊細な問題を一連のものとして組織立てて対処する力、こうしたさまざまな力を引き出していくための根本的なものとなっていた。

こうすることで、家族はすべての障害者の「権利」「アイデンティティ」「自律性」を認めていくことに、決定的に大きな貢献をしてきた。そして同時に、この家族の力が「価値観や政策や行動についての個人的・制度的な意識——この意識が、倫理的に市民を尊重し、責任を負った社会の姿を表すことになる——を方向づける文化的、社会的、政治的な圧力」[*14]を生み出してきたのである。

訳注6　障害の有無にかかわらず、すべての人にとって使いやすいように初めから意図して作られた製品・情報・環境のデザインのこと。

ところで、ほかに挙げられる重要な事柄は何かといえば、カルディンが、「ペダゴジア・スペチャーレ」という学問の歴史そのものと、統合－インクルージョンおよび障害のプロセスを書き改める際に、躊躇なく指摘しているものである。それは、「ペダゴジア・スペチャーレ」がますます力を注ぐようになっている障害の当事者たちの「自分語り」[訳注7]の活用に関わるものである。そして、「自分語り」を活用していくことは、まさしく「新たな教育的責務であり、問題のある状況に置かれた罪のない証人＝解説者である人々と共有されている、より豊かで刷新された知識を拡散させることが重要である」[*15]ということだった。

そして、自分語り的な思考と自分語りという行為が、「個人的な生活を構成するものとして、文化的な一貫性」を備えているという本質的な機能をもっていることと、その二つが、教育学的な意味において、どのように「自分自身」だけでなく、「他者」や「世界の物事」に向けられているかということは、今では広い範囲で理解された教育学的な考え方の共有財産になっている。

ガスパリが指摘しているように、自分自身について物語ることは、多様な分野や学問で取り上げられている研究対象ともなっており、より多くの言語と知の領域を横断的に惹きつけているまさしく真の歴史・文化的なパラダイムとなっている。

「ペダゴジア・スペチャーレ」の場合には、この学問の関心の対象である重要な当事者たちが、自分自身や他者の障害体験を語り、それが、研究者たちにとって検証＝比較の要素になるという可能性は、そう遠くない昔までまったく予測することができなかった。したがって、この場合でも、研究や調査活動、そして直接的に障害を体験している人々に近づいてみることは、繰り返し述べてきた特別な感覚と結びついて、以下のことを理解させてくれる。障害者の自分語りがどのようなものので、どのように見えるにせよ、そこからわかるのは、「文章や芸術といった特別な方法を通じて、人々を結びつけることができ、また、人々を結びつけるはずの糸や結び目を、誰もが自分自身や自分の複雑さの中にもっていて、だからこそ、非常に困難な状況に置かれていても、自分を消し去りたい、この世から消えてなくなりたいという思いよりも強く、生きていたいという願望が存在することを理解するようになる」[*16]ということである。

今、取り上げた引用の内容は、今日では、障害者とその家族によって直接書かれた、多数の作品によって裏づけられている。さらに、研究者の視点からすると、口頭での語りや文章化された語りには、その書き手にとって、「治療的で」「人間形成的で」「再生的な」価値が備わっていることが、記された文章から明らかになっている。

それに加えて、「自分自身について語ることは、実際には、まず自分のアイデンティティを規定しているものについて自問することであり、また自分と他者とを区別している姿について自問することである。つまり、自分自身について語ることは、自分自身と他者に対して自分たちが何者であ

訳注7　原文では「語り」を意味する「Narrazione」の語が使用されているが、訳出する際には「自分語り」とした。

るかを伝えることであり、他者との対話の中で内なる独白《モノローグ》を変容させていくことであり、さらには、人生の出来事を表現することによって、感情を表に出しそれを整理すること[*17]なのである。

また、「自分語りの旅というのは、すなわちセルフケアでもあり、自己のアイデンティティの構築にたどり着くのに必要な、内なる葛藤の光と影を表している自己治療[*18]」でもある。自分語りの旅は、これを実践する人が、二度生まれ変わること、自分を発見すること、あるいは自分自身を再発見して自分の人生を計画し直し、自己決定していくことを可能にしてくれるのである。フィリッポ・デットリ[訳注8]は次のように記している。

人はいつでもこうした旅に出ることができ、仮に気ままで楽しい生活に浸っているときに障害が不意にやってきたとしても、自分語りの旅に出ることは可能なのである。たとえ自分自身を失うような感覚が初めに訪れ、その次に、時には苦しい内省的なプロセスがあり——身体だけでなく精神にも障害が起こる場合には、非常に多くの場合、状況はまったく異なるにせよ——それに続くのが、自分を取り戻す可能性である。

この簡潔な言及は、障害者とその家族の「人生の物語」に対する「ペダゴジア・スペチャーレ」の関心が、ますます高まっていることを十分に裏づける認識論的でかつ教育的・人間形成的な根拠があることに気づかせてくれる。そして、解釈学的・現象学的な観点から受け容れられ、読み解かれた「人生の物語」は、個人的なアイデンティティのみならず、障害者の歴史的・市民的なアイデンティティを記述し直し再構築すること、そして「ペダゴジア・スペチャーレ」という学問に専門家として関わっている人たちの関心と計画の方向性を示し直すことに寄与することになる。

ところで、「ペダゴジア・スペチャーレ」の関心領域や探究すべき事柄を、さらに描き続けることもできる。しかし、残された紙幅では、見落としなく引用をしたり、さらに系統的な分析をしたりすることなど望むべくもないだろう。したがって、「この学問の究極的な目的が、障害者のトータルで完全な社会的インクルージョンだとしたら、これからたどる道のりはそう短くはない」ということを指摘して、この節を締めくくるのがよいだろう。

「ペダゴジア・スペチャーレ」は、指針となっている理念と専門知の内容をより広く普及させることに力を注いでいく必要がある。その意味では、この学問に刺激を与える考え方やこの学問を構成している課題について、[*19] 常に示唆をもたらしてきた学際的な特徴と、この学問が根ざしている多様な方法論的な装置に基づいて、他の学問領域との対話に発見を見出しながら、昔から言われているように、絶えず「考え直し」「見直し」「統合し」「実践する」こと、そして同時に、新たに立ち現れてくる諸問題に立ち向かうことが求められている。

しかも、これから進んでいく方向は、間違いなく新たな制度的・社会的な担い手との対話＝議論

訳注8　イタリアの教育学者。専門はペダゴジア・スペチャーレ。サッサリ大学准教授。

ということになってくる。そうした担い手は、インクルーシブなプロセスの政治的な決まりの中で、国際的、全国的、地方的なレベルで、増え続ける負担を背負っており、多くの場合、社会的、公衆衛生的、教育的な取り組みを統合したシステムを計画して、それを実現していくときには、共同責任者、共同生産者、共同管理者として、ますます協力的な役割を果たすことになる。

ここで想定されているのは、国境を越えた組織から地方自治体まで、障害に関係する文化的、スポーツ的、そして余暇活動の社会団体から、肩書にかかわらず支援に関わっている社会的協同組合、ボランティア、専門家まで、さまざまな範囲に及んでいる。そして、こうした人々こそが、到来しつつある未来において、ほとんど検討されていない課題に立ち向かい何かを決定をしていくための、まさしく「ペダゴジア・スペチャーレ」的な議論の対話者としての資格を備えている。

ここでは、幾つかの課題を挙げるだけにとどめるが、それは、たとえば「障害と主体的な市民権の関係」「ポストモダンと福祉政策」「インクルーシブな計画とコミュニティ・ネットワークの構築」「テクノロジーと社会事業」「インクルージョンの基準と質」「労働と自立した生活」「移民の流入とインクルーシブ政策」、そして、旅行、余暇、スポーツといったものである。

仮に、これらのすべてを成し遂げるとしたら、またしても既成の価値を作り変えて、新たな価値を創出するところまで、さまざまなニーズ、理念、行動、政策、文化的・社会的な意識、そして公的・個人的な自覚を改めていくことになるだろう。

そこで期待されているのは、「ペダゴジア・スペチャーレ」という学問が、これまで特徴を示してきた批判精神を備えた建設的な方法で、この先避けては通れないだろう抵抗にあったり、後戻りすることによって、批判の的となったり気勢を削がれたりすることなく、考察と実践による貢献を続けていくことである。

2 インクルージョンのための教育法

まずはこの節のタイトルだが、これは、「多様性」をしばしば異常で例外的なものと捉えてしまう文化を克服して、すべての生徒のための「インクルーシブ教育」とは何かを見極めるための、教育法と学校のインクルージョンの実践についての探究を示唆するものである。

この後の考察では、国際的な伝統と進展にも目を配りながら、「学校という日常生活」の中で実施されている理論的な研究、組織的な実践、インクルーシブ教育の形態の間にある歴史的な結びつきを明らかにし、人間形成の教育と知育としての教育の関係の「連続性」を確立するのに有益な熟慮すべき事柄を取り上げていく。[*20]

そうすることで、私たちは、熟考を重ねていくための基礎としての「『ペダゴジア・スペチャーレ』という学問と特別な教育方法論の領域において、これまでに作り上げてきた科学的、理論的、文化的な専門的なスキルと、一般的な教育学のモデルから引き出されたスキルが、異なる認識論的な規定とそれぞれの研究と実践の分野の自律性を保ちながら、学校の内外でインクルーシブ教育の解決策を模索するうえで互いが絡み合い、共通の目的に向けて有益な協力関係を築くようになる」という考えを手に入れることができるだろう。

しかしながら、前述のように、ここでは本書の意図は別にあるため、先に示した学問間の科学的な基盤や関係性および文化的な影響の理論的な正当性といったことに立ち入ることはしない。

おそらく想像に反して、今日「Inclusive education」[*21]のテーマが、全人類の民主的・文化的な解放という見地から、世界中に呼びかけている教育的・倫理的な意味合いは、地球全体がますます異文化間の装いで生まれ変わりつつある社会における、平等性や互恵性や相互扶助といった理想をめぐる哲学的な理論化や理論的な思索に基づいているものではない。そうではなく、その意味合いは、人間社会の外側にいると考えられてきた人々の違い＝多様性と出会って、それに立ち向かう挑戦を受け容れた人々が行った教育の経験的な実践に根ざしたものである。

ところで、ここでもう一度ペドロ・ポンセ・デ・レオンが、聾啞の子どもと実践した教育の初期の試みと、一八世紀末に行われていたシャルル・ド・レペーが確立した仕事に触れておくことにしよう。彼らは、身振り手振りによる非常にシンプルなコミュニケーション符号《コード》でありながら、豊かで言語文法のすべてのニュアンスを含んだコードを考案することに成功し、それは世界中に瞬く間に広がる方法《メソッド》を生み出すことになった。

同じ時代には、盲目の子どもに対する初めての教育的な試みも行われた。ヴァランタン・アユイの発案で、初めは文字が浮き彫りで作られていたが、その文字は目の見える人たちが一般的に使用しているアルファベットと同じ形だったために、盲人には文字の読み書きに時間がかかってしまい、この方法は彼らのニーズには適していなかった。

その後、ヨハン・ヴィルヘルム・クライン[訳注9]（一七六五―一八四八年）の考案により、いくらかの改善が加えられたが、[訳注10]状況が大きく変わるには、ルイ・ブライユが触覚を利用した伝達コードを発明するのを待たなければならなかった。

この方式では、浮き彫りにされた横二列×縦三列の六つの点の組み合わせのバリエーションによって、アルファベット、音符、数字などの複雑な言語記号を再現できる六四通りの符号《コード》が生み出された。今度は、使用するにあたってコードがシンプルで、しかも盲人の知覚面のニーズに完全に対応していた。そのため、点字はヨーロッパやアメリカに急速に普及していった。

こうした兆しは些細なものだった。しかし、これらの初期の教師＝教育者たちの仕事は、探究の実践と、関わりのある当事者たちの特定のニーズに応えられる機能的な方法を構築しようとする試みを認めるには十分なものであるだろう。これらは、明確な方法論的な提言に基づいた手順、教授と学習の道のりを通じての障害という特殊性に対応するための初めての本格的な努力だった。

訳注9　オーストリア出身の神父で盲人教育の先駆者の一人。オーストリア国内をはじめ各地に盲学校を設立した。一八一九年には盲人教育のための指導書を記した。

訳注10　クラインは針先を使って点で文字のパターンを表す仕組みを開発した。

前章でも見てきたように、感覚障害者の教育についての初めての体系的な試みは、ジャン・マルク・イタールとエドゥアール・セガンによる、構造化されていて方法論的にも多角的な活動を通じて、精神障害者（知的障害者）に対する試みの後になって現れてきた。

彼らについて思い起こせるのは、イタールの功績が、統合に向けた道のりを切り拓いたことだったとすれば、セガンの功績は――イタールの功績に劣るものではない――「白痴《イディオティ》」に対する知育と人間形成の教育についての体系的で有機的なメソッドを開発したことだった。

議論の的になっている問題について肝に銘じておくべきことは、セガンが同時代の教育制度を徹底的に批判していたことである。そうした批判がなされたのは、今日になって言うなら、当時の教育制度の中で育まれていた知的な発達が、一つの方向だけに限られていて、さらに、セガンが「記憶力だけが中心に据えられている」と考えていた教育法が選択されていたからだった。

すでに述べたように、セガンの考えでは、開発されるべきなのは「人間全体」、つまりあらゆる機能と資質であって、その開発は、形式的な教育だけでなく家庭から始まって、日常生活や社会教育のあらゆる側面に関わるプログラムに沿って行われなければならない、ということだった。したがって「白痴」の教育は、教育問題の広範囲にわたる土台を築かせることになったのである。セガンは、それについて以下のように記している。

教育メソッドについての批判的な検討を少しずつ進めていくうちに、私は白痴児のケアの試みの中で孤立していただけでなく、毎日、最大限の正確さで組み立てる必要のあった一般的な教育学の仕事でも孤立していった。その結果、白痴という対象について一冊の本を書く代わりに、一冊は白痴児について、もう一冊は教育について二冊の本を書いていたかのようだった。白痴の問題と教育の問題の論理的な結びつきが非常に強固だったために、一つ目の白痴の問題を先に解決してしまうことができず、この問題の解決策を見つけ出すために、二つ目の教育の問題も解決しなければならなかった。人間をめぐる学問の定理は通底しているので、白痴の問題を独立したものとして捉えることはできず、したがって、この問題と必然的に結びついている衛生学、哲学、教育学、倫理学といった問題にも自分が関わっていることに気づかされたのだった。[*22]

現代に論じられている幾つかの重大な問題と比べてみても、セガンの言葉の意義の大きさは明らかである。

- 教育をめぐる包括的な議論の中でなければ教育メソッドなど存在せず、同時に教育メソッドを批判的に研究することは、研究自体の意味と意義の「広がり」と「明確化」につながる。
- セガンの議論は、研究－実践のパラダイムの興味深い先例について考えさせるものである。
- 知的障害のある生徒の知育と人間形成の計画は、その本来的な性質上、学際的（公衆衛生、倫理、哲学、政治）なテーマと考え方を含んだ教育の議論の中に位置づけられる。さらに、セガンはとりわけ白痴と似た障害（精神遅滞、認知症、クレチン病、痴呆）の分析と分類および特別な教育メソッドの説明においては、国際的な研究の実践や成果の相当な知識をもっていて、それに注意を払っていたことは覚えておくのがよい。

こうしたセガンの活動の後、一九世紀の前半以降には、障害の問題に関するかぎり、教育、組織的な実践、そして特別でインクルーシブな教育法についての、一般的な原則と目的の関係性を考察するための土台が築かれた。また、この特別でインクルーシブな教育法は、苦難がなかったわけではないが、とりわけ一九七〇年代の後半以降になって、ローカルなレベルから国際的な場へと議論が移っていき、よりいっそう広い範囲で内容を充実させながら発展していった。

もちろん、本書は、そうした道のりを特徴づけている、長く曲がりくねった歴史的な遍歴をたどるための場ではない。とはいえ、ほとんど現在に至るまで、イタリアのこうした道のりにつきものだった主だった評判、そして国際的な課題や対応の幾つかには――教育制度の比較という課題およびインクルーシブ教育の方略についての研究を避けられないものにすることに寄与した――少なくとも言及ができるだろう。

ここで最も権威ある名前といえば、もちろんよく知られた人物として、ふたたびマリア・モンテッソーリの名を挙げることになる。本書にもすでに登場しているように、彼女は二〇世紀の初めに、まさに経験とそれに基づく実践から出発して、見事な方法で教育法（三つの時期、段階性、教具）、学校と環境に対する組織的な配慮、節度のある励まし、教育の可能性および自律と自由ということへの教師の強い思いといったものを組み合わせていった。

障害者に対する教育と特別な教育法に対して、尊厳と科学的な権威を付与したのが、まさしくモンテッソーリだった。彼女自身が回想しているように、マニコミオ（精神病院）の白痴児に用いられていた教育メソッドが、すべての子どもたちに機能することを彼女は実証してみせたのである。

これ以前のド・レペー、ブライユ、そしてセガンのときもそうだったように、モンテッソーリの場合にも、その方法論の提言は、当時は批判を免れなかった。しかし、彼女の提言はいち早く世界中に浸透していき、今なお検証や賞賛そして国際的な議論の対象となっている。

モンテッソーリの同時代人の仕事仲間には、デ・サンクティスやモンテサーノなどがいた。彼らは、ともに医師でもあり、「精神異常者たち」の人間形成の教育と知育のために、具体的で科学的な活動に乗り出した。サンクティスは、イタリアで初めての「白痴」のための学校を設立し、モンテサーノはローマに「スクオーラ・マジストラーレ・オルトフレーニカ（精神薄弱児のための学校）」を開校していた。

科学に裏づけられた彼らの著作を読んでみると、モンテサーノが行った考察にある教育学的、教育法的な概念の限界については、もちろん、ジェラーティが述べた彼らへの評価と同じように考えることができる。つまり、モンテサーノが、医師としてではない「仕事」をしているときには、たとえば、彼が学校の教師たちに何かの指示を出したとしても、それは常識的な範囲のものだった、といった評価のことである。

とはいえ、教育的な実験と、非常に幅広い世界各国の最先端の文献研究に基づきながら、制度的な面での学校教育に特有の組織や教育法の問題を、障害のある当事者の個々の能力の促進と発達に関連づけようとした試みは、サンクティスの場合もモンテサーノの場合も、無視することはできないだろう。

戦争の始まりと二〇世紀に引き起こされた悲劇は、あらゆる「多様性」の考え方にとっては不幸なことであり、事態の後退を招いていた。しかし、ヨーロッパのレベルで見てみると、教育研究の面では、一九六〇年代には、[*23]イタリアにおいて、大学に初めて「ペダゴジア・スペチャーレ」の講座が設置された（一九六四年）。そして、教育実践の面では、一九七〇年代の後半に障害のあるすべての生徒が通常学級に編入されるようになるなど（一九七七年）、イタリアで再開された障害者のインクルージョンのプロセスは進展に向けた準備が整っていた。そして、このときから、「ペダゴジア・スペチャーレ」と教育実践の課題をめぐる学問的な考察は、万人のための教育という課題の中に統合されていったのである。

研究誌『インクルーシブ教育、学校、都市』をはじめとするさまざまな雑誌で巻き起こった議論から導き出されたアルド・ゼリオーリとアンドレア・カネヴァーロの発言では、より広い意味での社会的なインクルージョンという目的から見ると、障害児を分離する制度で行われている読み書きに関する初歩的な教育が、どれほど不十分であるかということが指摘されていた。一九七〇年代には、読み書きの問題をめぐる国際的な状況にも注意が払われるようになり、この時代の政治的・文化的な考察を深めるうえで、こうした指摘はとても重要だった。[*24]

そして、一九八〇年代に入ると、教育組織の面でも教育法の面でも、インクルージョンの試行は、潜在能的にもっていた力を発揮し始め、変革とすべての生徒のための教育の充実に向けた、刺激をもたらすものになっていった。

こうした方向性で、カネヴァーロは、「ハンディキャップのある人の諸問題は、多くの人々に共通する問題に対処するためのきっかけを示している。そして、教育の枠組みにおいては、『一般的な教育の質』は、ハンディキャップのある子どもへの取り組みとともに向上していくことになる。したがって、インクルージョンの計画を反映させた環境作りをすることは有益である」[*25]と記している。

こうした方向性の中で大きな弾みがつき、一九七〇年代の後半からは、国際社会の活動にもつながっていった。これについては、デ・アンナが多数の仕事の中で解説しているように、「共同体の決議」「国際機関の宣言」「会議」「各国の立法」「文化交流および専門家の養成プログラム」などを通じて、国際社会では、文化的・社会的なインクルージョンの目的を、共有された普遍的な原則と考えるようになっていった。[*26]

障害者の知育と人間形成の教育を「万人のための教育」の中に位置づけるという考え方は、こうして共通の目標となっていったが、この目標は多面的な性格をもっており、さまざまに枝分かれするなど複雑さを露呈させている。

実際に多くの状況において、インクルージョンの考え方は、なかなか軌道に乗れないでいる。たとえば、東アジアやアフリカの多くの地域では、障害のある子どもたちの九〇％以上が、まったく学校にも通えていないことを考えてみよう。そこでは、インクルーシブな教育という理念を実現しようとはしていた。しかし、「経済協力開発機構（ＯＥＣＤ）教育研究革新センター」と「欧州特別支援教育機構」が、数々の研究で明らかにしているように、インクルージョンの考え方を追求する道のりの解釈の仕方の違いが示しているのは、文化的、規則的、財政的、組織的、方法論的な選択肢が数多くあるために[*27]――同様の特別な教育的ニーズの分類や評価の中に、同じくらい多くの異質なものが混在している――共通して読み解ける量的・質的な統計指標を比較したり定義したりすることが、いかに難しいかということである。

とはいえ、こうした難しさがあるにせよ、まさしく先に述べた国際的な枠組みから、知識の共有、さまざまな教育システムの分析、領域横断的で相乗効果を生む探究といったものに向けた対話という考え方とその必要性が形成されていく。そうした対話というのは、多文化にまたがり、専門的で、組織的な共有された成果――そうしたものとは異なった雑多な要素から得られる成果かもしれないが――を模索しながら、人間形成の教育とインクルーシブな教育の実践を改善するための解釈をめぐる議論のプロセスを通じて、展開していくものである。

たとえば、教員と学生のヨーロッパ間の移動を目的とした、非常によく知られた「ヘリオス」

「ホライズン」「エラスムス」「ソクラテス」「コメニウス」などの文化プログラム[訳注11]が、この二〇年の間に相次いで始動したが、こうしたものも、これまでに述べてきた対話の方向性の中で読み解かれるべきものである。

また、人間同士の相互的な関係性、共同帰属の意識、そして連帯感についての経験を積むことを通じて、人間として成長し、自由を獲得していくためには、学校というのは最良の場所であるといえる。そうした学校に与えられた役割と政治的・社会的な意義は、世界中で共通しており、そのことを再確認することができるだろう。

そして、教育の問題が、誰の目にとっても明らかなように、経済的な意味において捻じ曲げられているとき、こうした意味での学校教育の役割を指摘しておくことは、今日では、これまで以上に決して「欠かすことのできない」ものである。数多くの人々にとっては、今でも学校が読み書きなどの初等教育を受けるための唯一の可能性なのであり、また、より幅広い「人間形成のシステム」の中に学校教育を統合することは、先に挙げた価値を高めたり、それを尊重したりするだけでなく、新たな価値の創造を保証することを意味している。

その意味では、学校というのは、何よりもオープンで、アクティブで、物事の指針を示す社会的な機関として理解されているべきである。学校は、文化や価値観を構築して、それを練り上げてい

訳注11　EUが行っている教員や学生の流動性を高め、生涯学習を促進するための教育プログラム。

く場所であって、民主的な性格と人間形成のプロセスの最も深遠な意味を探求できる力を備えている。そして、それによって、学校は、誰一人として排除されることなく、個人あるいは集団として、誰もが将来の道すじを作り、人間形成のための経験を積むことができる場所になるのである。

これまで述べてきたことに沿って、イタリアでは、『カリキュラムのための国の教育指針』[訳注12]に「学校は、あらゆる種類の多様性、障害、不利益の支援に特に配慮するよう努めながら、[……]その公共的機能を十分に果たすこと」と記されている。[*28]

「Inclusive education」の考え方は、主に感覚障害と精神障害（知的障害）を包摂することに関連して生み出されて発展してきており、今日では、あらゆる種類の「多様性」と「マージナルなもの」をいっそう包摂するようになっている。イタリアの内外の学校教育プロジェクトの根幹にこうした考え方を据えることは、すべての生徒たちのニーズに応えるという目的のみならず、学校教育がもっている民主的で解放的な実際的な力を検証し、それを高めていくための方策でもある。

実際に、インクルーシブ教育の考え方が、決断と専門的なスキルをもって追求されているなら、この考え方は、「学校教育の制度」の弱さと亀裂を明るみに出し、それと同時に、まさにこれが理由で新たな可能性を切り拓き、これまでにない方向性を指し示すことになるだろう。

今日では、ヨーロッパ中の学校の教室で見られる「特別な教育的ニーズ」と、学校教育におけるインクルージョンという大きな挑戦が、感覚障害、知的障害、あるいは重度の重複障害を話題に挙げることは少なくなっている。その一方で、[*29]行動障害、社会性の障害、情緒障害、そして学級集団における「異質性」などが取り上げられることが増えているが、こうした移り変わりを認識できないとしたら、先見の明がないということになるだろう[*30]。

民族的、文化的、社会的、宗教的な多様性、あるいは障害と結びついた多様性が、教育的な見地から見て、ますます増大している状況は、もはや日常に対する異常事態とも例外とも、見なすことはできないだろう。それは、ダリオ・イアネス[訳注13]の言葉を借りるなら、十分に考えなければならないものだが、むしろ「特別な正常さ」という状態になっている。そして、それについては、ダロンツォが「昨今の教師たちが抱いている関心は、もはや『包摂』すること自体ではなく、いかに包摂するかである」と記しているほどである。

その意味では、方法論の多様性や、障害のある生徒およびそれ以外のすべての生徒にとって機能する教育法と教育的方略の研究は、普遍的な目標として捉えられるものである。そして、教室での実践という日常では、この目標は、インクルーシブな教育法と教育方略を研究し活用することが必要だということを思い起こさせる。それは、緊急時における対応の不安定さを克服するためであり、また、独自で唯一無二の存在である人間の形成と人生の計画を組み立てるために、誰に対しても回答できる教育と教育法の知識を構築することを主張するためである。

訳注12　日本の『学習指導要領』に相当するものだが、記述内容は大綱的なものである。
訳注13　イタリアの教育学者。専門はペダゴジア・スペチャーレ。ボルツァーノ自由大学教授。この領域の最前線で最も旺盛な研究活動を展開している一人。

ところで、「正常さ」という概念は、自己を画一化し、標準化し、規準に適合させていくことで、それぞれの自己意識を病的なものにしてしまうが、それとは異なって、「違い＝多様性」という概念は、教育の方法とプロセスに刺激を与えるものである。そして、この概念は、その独創性と普遍性に重きが置かれており、妥協を受け容れることはない。また、この「多様性」という考え方は、ある問題に対して、事前に用意された万人にとって有効とされる解決法や、あらかじめ決められた論理（組織やコミュニケーションや人間関係や教育法についてのものなど）が、いかに短絡的なものであるかを暴くものでもある。

「多様性」の概念は、あらゆる取り組みに想定される失敗を避けるためのものであり、また、それぞれの生徒についての幅広く、深い知識に基づいた知育と人間形成の教育を個々に合わせたり、教育の過程でそれを調整したりする必要性に、十分に応えることができるものである。そして、同時にこの考え方は、活用できる資源と支援が備えられたネットワークを構築するのに役立つ社会的背景の中のあらゆるファクターを考慮し、認識し、利用し、それを生かすことができるような包括的で系統的なアプローチの必要性を求めている。

ここから導き出されるのが、万人にとって有効なインクルーシブ教育の必要性である。インクルーシブ教育では、教育の内容だけに焦点が当てられるのではなく、どんな生徒にも通用する特別な教育的ニーズと考えられる回答を探し出す非常に広範な理論的－実践的な側面にも、力が注がれている。その意味で、この教育では、より積極的に相乗効果が発揮されるように、知育と人間形成の経験を積むための計画、実施、評価に、すべての学校教育の関係者たちを巻き込んでいくことがめざされている。

そして、こうした考え方に基づいて、学校社会には「人間形成計画（初出P・O・F）」[訳注14]の作成が義務づけられている。この計画は、さまざまな種類の話し合い、ミーティング、協力体制、チーム作業、契約、取り決めなどを介して、地域社会の中のさまざまな制度的、文化的、社会的、経済的な事情と合わせて関係者の間で共有されて、できるかぎり共同で運用されるものである。

「インクルージョン」というのは、それが学校教育に関するものであれ、文化や社会に関するものであれ、実際のところ、部分的な取り組みだけでは実現できないものである。そのうえ、その当事者が関係している生活や人間関係のさまざまな環境においては、好ましい協力関係や相互的な結びつきが求められている。

ミクロな次元でいえば、教室という場には、クラスメイトたちとの全体的な人間関係の質の問題と、インクルージョンのプロセスを最適化していく際に、戦略的な役割をはたす教師たちが用いる教育的なスキルの問題がある。そして、教師がインクルージョンに向けたプロセスの鍵となる条件として位置づけられていることは、「欧州特別支援教育機構」が実施した一五ヵ国の実態に関する

訳注14　各学校において、教師委員会が作成して学校評議会が採択する文書である。文化的・計画的な学校像、教育プロジェクト、人間形成プログラムなどが記載される。二〇一五年以降は三年ごとに作成される「人間形成三ヵ年計画（P・T・O・F）」となっている。

比較研究で明らかにされている。

その研究で取り上げられたのは、たとえば、障害のある生徒と関わるときの教師の姿勢、教師が社会的な関係性を築く力、学級の中にある「違い」に配慮する方策、そして、その「違い」に効果的に対処しようとする意志などである。また同じ研究では、教師が、本当の意味で自分の学級集団の中の多様性を受け容れるためには、専門的スキル、経験、知識、教育法、適切な教育方略、教材、時間といったレパートリーが必要になると結論づけられている。

実際には、教室での実践は非常に広範囲にわたっており、それは、マクロな次元にも直接的につながっている多職種的な関係の環境や仕組みの成果なのである。幾度も述べてきたように、この事実を無視することなく、先に引用したヨーロッパの研究の成果も手がかりにしながら、教師と教育法に注意を向けるのは、インクルーシブ教育というものを、支援教師と生徒との間の教育プロセス、あるいは彼らの間だけの排他的な関係性と解釈したり結論づけたりすることはできない、ということを確認するためである。

「ペダゴジア・スペチャーレ」とその教育法の研究者たちが繰り返し指摘してきたことで、最終的には、幼稚園、小学校、中学校、高等学校の教師の初期的な養成の要件および方式として規定されたように[*31]、すべての教師は、専門的で常に刷新される教師のスキルに加えて、熟達した仕事を保証するのに十分な、障害の問題についての基礎的な教育と教育法のスキルを備えていなければならない。

そして、実際には、人間に備わっている奉仕の精神のみならず、広い専門的なスキルに基づいているからこそ、私たちは、教師や他の専門職たちとの間で共有できる効果的な協力や弁証法的な相互作用の論理を発展させていくことができるのである。

さまざまな状況で複雑な事態に直面したとき、教師には、物事を具体に決断することが求められる。しかし、たいていの場合には、そうした決断は、一般的な法則や類推による予測的な仮説に基づいて構築された専門的なスキルがいかに不十分なものであるか、ということを露呈させることになる。

さらに、方法論的なスキルをもっていたとしても――たとえ基礎的なものであるとはいえ――そのスキルが、柔軟で可変的な方法、つまり修正可能で改善しながら活用できる概念的かつ実践的なパラダイムの中にあるものでないならほとんど意味がない、ということが明らかになっている。ちなみに、ここでいうパラダイムとは、多数のコミュニケーション的・人間関係的な符号《コード》と組織的な選択から成るもので、その都度現れる変化する主体と社会的な背景に基づいて、私たちが、組み合わせたり組み替えたりして活用できるものである。

それは、もちろん、教育の理論モデル（哲学的・学問的、活動主義的、行動主義的、認知主義的、構造主義的、現象学的、構成主義的なものなど、それがどんな理論モデルなのかは重要ではない）への強固で一途な執着ではなく、教師と生徒に対して、教育活動を実践する最良の条件を採用することを保証する教育組織（時間割、教員数、空間など）の理論的なモデルへの執着でもない。それは、むしろ教師たちに対して、さまざまな組織的・方法論的な選択肢を絶えず作り出すことを課すような、問題提起的で省察的な教育に活力を与えるものである。

そして、そうした教育のあり方は、知識、教師、生徒、社会的背景が相互に作用する中で、生み出されては展開していく解釈学的な循環[訳注15]に基づいており、理論モデルが混ざり合うのを恐れることなく、それらが連続的に接近する中で形作られていく。

したがって、専門性を行使する基準＝指標として、「アクション・リサーチ（実践研究）」と「省察的な思考（振り返り的思考）」を取り入れることによって、生徒一人ひとり、あるいはすべての生徒のニーズに応じた教育法や教育的方略を研究したり組み合わせたりする場が生まれてくることになる。

その意味では、万人に有効な「インクルーシブな戦略」の探究に向けて、道を切り拓くための条件として想定されているのは、教科内容の横断性の探求、変化しないと思い込んでいる客観的実存[訳注16]との交渉ではない日常における不確かさとの交渉、さまざまな教育法の組み合わせの活用、コミュニケーションや表現の符号《コード》を等しく尊重した活用、感情や愛情への配慮、人間関係と社会的・社会貢献的な能力の開発とケア、分析的・メタ認知的思考および創造的・実践的な思考の促進、学習方法の尊重といったものである。

これらの考えうる幾つもの組み合わせを試行していくことが、生徒一人ひとりのニーズとあらゆる「多様性」のニーズに対して、何かを発見し、自分自身の歩みを個別化し、互いに支え合うために他者と寄り添い、話し合い、価値を他者と一緒に作り上げていくという発見的な方法の喜びを、生徒たちの中に呼び覚ましていくことになる。こうした価値は、他者と共有できるかもしれないが、時には受け容れがたいこともある。あるいは部分的であったり、不確かであったり、無防備であったりするかもしれない。しかし、カール・ポパー[訳注17]（一九〇二－一九九四年）的な比喩を用いるなら、「反証の克服が可能（誤りを認めて修正できること）」なものでもあるだろう。

さて、「ペダゴジア・スペチャーレ」という学問と、とりわけ特別な教育法が、まさに最近の二〇年間の中で、複数の課題を通じて、「インクルーシブ教育」の探究の理論的・実践的な特徴を具体化し、革新していくことに絶えず努めてきたということを指摘して、ここまで行ってきた考察を結論に向かわせることにしよう。[*32]

それと同時に、「インクルーシブ教育」が投げかけた挑戦は、またしてもエドガール・モランが述べている通り、人類が共有している人間倫理に向けられている人々の多様性における人間間の共感、相互性、共通帰属の意識にも対応できる「良くできた頭脳」を育んでいくために、ある意味で

訳注15　解釈学において、全体の理解は部分の理解に依存し、部分の理解は全体の理解に依存するという、何かを解釈する際の全体と部分の循環的な関係をいう。
訳注16　主観とは関係なく、それ自体として存在しているもの。
訳注17　イギリスの哲学者。科学（知識）は合理的な仮説の提起とその反証（批判）を通じて試行錯誤的に成長するという「批判的合理主義」の認識論を提唱した。

は、教師たちに生徒一人ひとりの「アイデンティティ」「知識」「自己認識」を保障することを課している。

そして、別の意味では、研究者たちを含めて、教師たちに課せられているのは、計画、方法論の選択、学級の運営、評価あるいはさまざまな取り組みの記録を実践していくことはもとより、その実践についての研究、調査、考察を通じて、自分たちの教育活動から規則性と指針となる基準を導き出すために、主体的にそうした活動の担い手になることである。

ともあれ、私たちは、自分自身に自信をもつことができる。なぜなら、アンドレア・カネヴァーロが繰り返し指摘しているように、私たちには、「素晴らしい手本」が十分に残されており、その素晴らしい手本が、「良い実践」に結びつくように、それらを吟味し議論していくことが可能だからである。[*33]

【注】

＊1 R. Zavalloni, (a cura di), *La pedagogia speciale e i suoi problemi*, Brescia, La Scuola, 1967, p. 20.

＊2 一九六四年、ロベルト・ザヴァッローニはローマにあるラ・サピエンツァ大学の教育学部で、初めての「ペダゴジア・スペチャーレ」講座の正教授となった。

＊3 R. Zavalloni, 前掲書, p. 18.

＊4 F. Montuschi, voce Pedagogia Speciale, in M. Leang, (a cura di), Enciclopedia pedagogica, Brescia, La Scuola, 1992, pp. 8862–8866.

＊5　F. Montuschi, *Fare ed essere. Il prezzo della gratuità nell'educazione*, Assisi, Cittadella, 1997, p. 161.

＊6　A. Canevaro, *Pedagogia speciale. La riduzione dell'handicap.* Milano, Mondadori, 1999, p. 3.

＊7　M. Gelati, *Pedagogia speciale e integrazione. Dal pregiudizio agli interventi educative*, Roma, Carocci, 2004, pp. 18–19.

＊8　F. Bocci, *La ricerca nella prospettiva della Pedagogia Speciale*, in L. d'Alonzo, R. Caldin (a cura di), 前掲書, p. 63.

＊9　P. Gaspari, *Un epistemologia per la pedagogia speciale, in Studium Educationis*, Padova, Cedam, 2001, n. 3, p. 568.

＊10　A. Mura, *Prospettive di ricerca per l'integrazione sociale* in età adulta, in A. Mura, (a cura di) L'integrazione scolastica e sociale (5/2), 2006, p.106.

＊11　現在、ルイージ・ダロンツォ教授が会長を務めているイタリア「ペダゴジア・スペチャーレ」学会（SIPeS）は、二〇〇八年六月にボローニャで正式に設立された。イタリア国内外の大学教員、学校ソーシャルワーカーなどからなる団体で、この学問分野における研究・調査活動に従事している。当学会についてのより詳細な情報やデータは、直接、次のページで見ることができる。https://s-sipes.it

＊12　L. d'Alonzo, *Questioni, sfide e prospettive della Pedagogia speciale*, in L. d'Alonzo, R. Caldin (a cura di), 前掲書, p. 17.

＊13　インクルーシブな教育プロセスにおける組織、教育力、学生の能力の活用についての全体的な質に最大限の注意を払うことで、大学格差という現象も抑制できる可能性がある。

＊14　A. Mura, *Famiglie e associazionismo: il contributo al processo di integrazione nell'ultimo mezzo secolo*, In M. Pavone (A cura di), *Famiglia e progetto di vita. Crescere un figlio disabile dalla nascita alla vita adulta*, Trento, Erickson, 2009, pp. 325.

＊15　R. Caldin, *Verso dove? L'abitare familiare e insolito della Pedagogia Speciale*, in L. d'Alonzo, R. Caldin (a cura di), 前掲書, p. 259.

＊16 M. Giusti, *Il desiderio di esistere. Pedagogia della narrazione e disabilità*, Firenze, La Nuova Italia, 1999, p. 6.

＊17 L. Trisciuzzi, *Il mio dell'infanzia. Dall'immaginario collettivo all'immagine scientifica*, Napoli, Liguori, 1990, p. 28.

＊18 T. Zappaterra, *Percorsi autobiografici dell'handicap*, in L. Trisciuzzi, T. Zappaterra, L. Bichi, *Tenersi per mano. Disabilità e formazione del sé nell'autobiografia*, Firenze, University Press, 2006, p. 53.

＊19 ここでいう課題とは、学問についての調査や研究の古典的な課題のことである。たとえば、偏見、アイデンティティ、教育的ケア、学校教育の統合、教員養成、学問的な言語、認識論的な議論、仕事の統合、教育と教授法の方法論、国際比較といったものである。

＊20 この節の内容は、フランチェスカ・サリスとともに編集に携わり、二〇〇五年に出版された紀要に寄稿した論考を引き継ぎ、必要な調整と追加を加えたものである。

＊21 この用語は、国際的な文書の中でますます使用が増えている。意味的な内容の点では完全に合致するとは言えないが、イタリアの「統合《インテグラツィオーネ》」教育とフランスの「統合《インテグラシィオン》」教育の内容をほとんど直接的に想起させるものである。ここでは、特に統合をめぐるイタリアとヨーロッパの伝統を参照しつつ、「多様性」という言葉が喚起する多次元性を理解するために、意味的に参照する対象を広げることで、より広い国際的な動向を受け容れて、「インクルーシブな教育」または「インクルージョンのための教育」というイタリア語でこの用語を訳すのがよいだろう。

＊22 É. Séguin, *Cura morale igiene ed educazione degli idioti e di altri fanciulli ritardati nello sviluppo, agitati da movimenti involontari, debili, muti non sordi, balbuzienti ecc.* (G. Bollea, A cura di) Roma, Armando Editore, 1970, p. 30.

＊23 一九六七年と一九六九年には、ロベルト・ザヴァローニの編集で、ブレシアのラ・スクオーラ社からそれぞれ約一〇〇〇ページの大著が出版された。本書でもすでに言及した『ペダゴジア・スペチャーレとその課題』（原題 *La pedagogia speciale e i suoi problemi*）と『ペダゴジア・スペチャーレとその方法』（原題 *La pedagogia speciale e i suoi metodi*）の二冊である。同書は、最新の各国の実験から得られた理論的

な考察と教育的・指導法的な提言という価値、そして障害のある生徒の「不適応」の度合いに応じて、教育および教育活動がその取り組みの社会的背景、手段、類型によって差別化されているという、まだ分離主義的だった教育観の限界を兼ね備えている。

＊24 一九七〇年代の前半に行われた国会での議論を見ると、外国で行われていた社会的・文化的な政策に注意が向けられ、十分な情報が得られていたことがわかる。一九七九年には、カネヴァーロが、ラ・ヌオーヴァ・イタリア社から、すでに引用した『教育とハンディキャップ』（原題 *Educazione e Handicappati*）という著作を出版した。同書は、最新の世界各国の文献研究と科学的研究に基づいており、教師には、実践のための具体的かつ教材的な指針を与えることで、実際に障害のある「すべての」生徒を学校に統合する可能性を提言した。

＊25 A. Canevaro, *Le basi teoriche e concettuali*, in *Id.*, (*a cura di*), *Handicap e Scuola Manuale per l'Integrazione Scolastica*, Urbino, NIS, 1987, p. 13.

＊26 非常に重要な文書や宣言には、「精神遅滞者（知的障害者）の権利宣言」（国連、一九七一年）、「障害者の権利宣言」（国連、一九七五年）、「国際障害者年」（国連、一九八一年）、「障害者の機会均等化に関する基準規則」（国連、一九九三年）、「サラマンカ宣言」（ユネスコ、一九九四年）、「ルクセンブルク憲章」（欧州連合「ヘリオス」一九九六年）、ダカールの「世界教育フォーラム」（ユネスコ、二〇〇〇年）、「欧州障害者年」（欧州連合、二〇〇三年）、「障害者の権利に関する条約」（国連、二〇〇六年）などがある。

＊27 詳細については、欧州特別支援教育機構による報告書『二〇〇三年のヨーロッパ全域の特別支援教育』を電子データで入手できるウェブ・サイトを参照のこと。https://www.european-agency.org/resources/publications/special-education-across-europe-2003

＊28 Ministero della Pubblica, *Istruzione, Indicazioni Nazionali per il Curricolo per la scuola dell'infanzia e per il primo ciclo d'istruzione*, Napoli, Tecnodid, 2007, pp.16–17.（イタリア公教育省『カリキュラムのための国の教育指針』）

＊29　学校教育における複雑な障害状況の統合が、今日までのところ、組織的な欠落や専門性――万人のための学校における統合モデルは、この専門性について満足のいく答えを出せていない――の欠如を露呈させる問題を引き起こしてこなかったということでは決してない。

＊30　欧州特別支援教育機構が、欧州連合の一五ヵ国で実施した比較研究の最終報告書『インクルーシブ教育と教室での実践』は、電子データの形式で以下のサイトで閲覧できる。https://www.european-agency.org/sites/default/files/inclusive-education-and-effective-classroom-practice_IECP-secondary-Literature-Review.pdf

＊31　二〇一〇年九月一〇日の省令第二四九号（二〇一一年一月三一日官報第二四号に掲載）は、あらゆる校種と学年段階の学校の教師に対して、初期の教員養成の要件と方式の規則を定義した。イタリアで初めて、少なくとも幼稚園と小学校の教師に対して、基礎的かつ特徴的な活動における「ペダゴジア・スペチャーレ」と特別な教育法をテーマとした大学での教員養成についての一定数の単位の取得義務を定めた。その一方で、中学校および高等学校の教師に対して想定されている取得単位数については、立法者が行った選択は絶対的に不十分であり、教育学的な正当性を欠いているように見える。

＊32　この二〇年の間に、「ペアゴジア・スペチャーレ」が練り上げてきた課題としてきたことを思い起こすのは、決して容易ではない。なぜなら、そこから抜け落ちてしまう課題が出てくる可能性が高く、そうした調査や研究に精力や熱意を注いできた人たちの感情を害するリスクがあるためである。そのため、ここではその中の幾つかの例を示しただけであり、ほかにも取り上げられるべき多くの課題があることが、あらかじめ想定されている。(a) 教育‐学習プロセスにおける感情的・人間関係的な要素の中心性、(b) 教育的な相互作用の制度的／施設的な側面、(c) ペダゴジア・スペチャーレの起源とその歴史的発展、(d) 認識論、(e) 教師と専門職の養成、(f) 感覚障害、(g) 特殊な障害、複雑な障害、特別な教育的ニーズ、(h) 教育の方向性、教育計画、教育方法論、(i) 支援的テクノロジーと学習ためのテクノロジー、(j) 学校と家庭と学校外の関係性、(k) 学校教育の統合の質、(l) 国際的な領域におけるインクルーシブ教育の研究と実践、(m) 大学における受け容れと教育、(n) 学校の内外における運動とスポーツ活動、

＊33 (o) 移民と障害と教育的な課題。

「良い実践とは、現在の方法論的な意味における科学的研究ではない。アクション・リサーチ（実践研究）に近いものだといえるが、良い実践には、決まりきった特徴がなかったり、科学的な研究に必要なデータを客観的に測定する方法がなかったりすることが多い。とはいえ、それは、特定の実験的な計画を通じて、実践の中の要素の影響をより徹底的に評価する必要性を強調するための実践的な基盤となるものである。その意味では、それは、もはや単なる『良い実践』ではなく、むしろ優れた研究であり、実際に重要視される経験的な側面について、より確かで一般化できる妥当性を探究するものでもある」。

第8章

インクルージョンのプロセスに現れる側面
――いくらかの自覚と多くの挑戦

1　専門化されたスキルからスキルの共有へ
――取り組みを包摂するシステム

これまでの章で述べてきたことを踏まえると、イタリア内外の文化と規則の発展、そして「ペダゴジア・スペチャーレ」と特別な教育法の理論的・実践的な貢献があることで、教育を受け社会的に支援された障害者が、自分の実存に関わる計画を自律的に選択してそれを実現し、また、その計画によって、当人が地域社会のあらゆる活動に参加可能になるという考え方は、広く受け容れられていると考えるべきである。

しかし、障害者の社会参加を「当たり前にする必要性」が、社会の人々の思いとして、ますます高まっているにもかかわらず、実際には古い固定観念や文化的な偏見が抵抗を続けている。そして、こうした古い考え方が、「障害」に対して、「病」や「弱さ」や「未熟さ」や「無能さ」といったイメージを植えつけており、なかなか消え去ることがない。同時に、この考えが人々の無意識の中で生き続けているために、インクルーシブなプロセスを完全に実現していく際の具体的な妨げとなっている。

ここで、忘れてはならないのは、法律の制定や権利や義務を規定している規範全体に、「人間」の境遇を充実させることが位置づけられているとしても、別の側面で、そうした正式な承認が、障害者に能力を生かせる社会的な役割を与えたり、人と人との相互関係に基づいて彼らに対処したりすることにつながっていないならば、それでは不十分だということである。

こうした見方からすると、まさに障害者が経験している障害の現実は、一つまたは幾つかの専門職だけが関わっている領域で、福祉的あるいは医療的に対処できるものではないし、あるいは幾つかの学問分野だけで扱われるべきものでもない。ここでは、すでに述べてきたことに立ち戻ってみるのがよい。そうすれば、こうしたことを明確に断言できるだろう。むしろここで必要になるのは、強い関心と専門知の共有、多元的な仕事の視点とメソッド、そして領域を超えた対話と学際的な議論が求められる生態学的な対応なのである。

実際に国際生活機能分類（ＩＣＦ）では、障害というのは「個人に帰属するものではなく、諸状態の複雑な相互作用であり、その多くが社会環境によって作り出されている。したがって、この問題に取り組むには社会的な行動が必要であり、また障害者が社会生活のあらゆる分野に完全に参加するために不可欠な環境面の改善を行っていくことは、社会全体に共有された責任である」[*1]とされている。

モリテルニが書いているように、インクルージョンに必要なのは「『相互作用』のプロセス、つまり一人ひとりが他者にとって重要な存在であるとともに、一つの組織としてまとまりのある新たな形で現実に対してヴィジョンをもち、その具現化に貢献できる担い手たちの間の『相互活動』のプロセス[*2]」なのである。

そして、人間の成長と連帯に基づく民主的で公正な発展という論理が、繰り返し呼び覚まされる中で、インクルーシブで相乗効果があり共有されたシステムを有した取り組みの実践に向けて、文化的かつ法律的な観点から、考えられる活動に乗り出してみる可能性が生じてくることになる。

とりわけイタリアの現状を見てみると――イタリアの場合だけではないが――そうした計画の実現に効果的に貢献できるもの、つまりインクルージョンに向けた文化的で現実的なプロセスの手助けとなりうる取り組みや選択肢が概略的に示されている。

(a) 障害とは、広く社会の繁栄に貢献するものだと認識すべきもので、また人権や市民権の範囲で対処すべき普遍的で人間としての多面的な状態を示すものであること。したがって、精神的で社会的な健康の問題であるとして、「予防的」、臨床的―リハビリ的、福祉的な観点から、決められた制度的な対応をするべきだという考え方は適切でないこと。

(b) ウルトラ・リベラルで個人主義的で分離主義的な政治的誘惑を捨てて、代わりに市民に対する連帯、援助、共感、承認、関与といった「人間的・社会的」な政策を実施していく方向で、明確な選択を行っていくこと。ちなみに、こうした政策は、アソシエーション化、障害、第三セクターの領域で、一九九〇年代の初頭にとられるようになったもので、そこでは、制度―共同体である国家と市民のニーズの間に、より大きな自覚と調和を実現することがめざされていた。[*3]

(c) 分離と「特殊なカテゴリー」という考え方を場当たり的な措置で無意識的に補強する取り組みではなく、現行法を見直して、市民一般に向けた法律の中にさまざまな取り組みを位置づけることによって、障害者に対する教育的・社会的な措置とサービスを包摂するシステムをより合理的なものにして強化すること。

(d) 公衆衛生や社会事業や教育の専門家であるかどうか、あるいは、扱っているサービスの組織や経営の管理者に将来的になるかどうかにかかわらず、インクルージョンとそれに関連するニーズの問題について、それぞれの専門性を尊重しながら、ケアや支援を行う人々の基本的かつ専門的な養成に連携して取り組むこと。それは、各々の専門性が限界を作り出したり専門性を乱用したりする代わりに、専門化することによる互いの好影響が、障害の有無に関係なく、すべての市民が必要とする「居心地の良い」環境と「広く共有された専門的スキル」を生み出していくためである。

(e) 支援の専門家たちの間のコミュニケーションと、何かの決定に関わるさまざまな組織のシステムを「相互運用」することの難しさを克服し、同時に、専門的スキルと取り組みの補完性と学際性に重きを置いた対話と協働の論理に従って、責任を共有することが大切であること。そのために、非営利団体や民間団体の機関、サービス、そして職員を統合的にプランニングしていく考え方に、新しい有効な方法で働きかけて発展させていくこと。

(f) ユニバーサル・デザインの知見に従って、万人に役立ち、万人が利用できる環境、製品、ツール、交通手段、ICTのシステムなどを初めからデザインして実現することで、物事に対して事後的に取り繕うことや、時代遅れのユーザビリティの考え方といった差別的で偏見に満ちた現在の論理を克服すること。

(g) 公的な情報伝達の場において、よくあることだが、定義や概念が不適切で混乱を招く用語を使用するのではなく、適切で責任ある用語を使用するために、政治家や情報の専門家たちに対して、障害の問題についての適切な知識をもつよう要求すること。なぜなら、不適切に用語を用いているうちに、無意識にとはいえ、変革に向けた論理を支持してそれを促進する代わりに、固定観念や誤った信念を存続させたり、状況や事実を誤った方法で表現したりすることになってしまうからである。

(h) 障害の程度にかかわらず、一人ひとりが自律的な生涯計画を描きたいという欲求を当たり前に育み実現できるようにするために、さまざまな生活の文脈からなる日常において、個人的・社会的な幸福を享受できる「アクセシビリティ」と環境の「サステナビリティ(持続可能性)」の条件を作り出すこと。

以上のことだけで、この問題のすべてを網羅していることにはならない。万人にとってのインクルーシブな条件を作り出す取り組みとしての統合的なシステムの構築は、特定の専門性だけで成り立っているものではない。それは、文化的・倫理的な自覚と責任を生み出して、それを実践することに寄与している行動、選択、取り組みで成り立っているのであって、それには、特定の役割や専門的なスキルにおいて、一般市民や専門職や政治的な意思の決定者たちが関わっているのである。繰り返しになるが、障害の問題はたった一つだけの解決策を求めるものではない。この問題は、むしろ、地域や国といった文脈を超えて、当事者を中心に据えながら、その人の行動の実現可能性と限界を検討してみることを必要としており、より広い市民意識をめぐる文脈の中に位置づけられるものである。

2 世界を生きる――個別教育計画から生涯計画《ライフ・プロジェクト》へ

人間存在の中には、自己の召命[訳注1]を中断してそれを乗り越えるためのものとして、もう一つの召命がある。すなわち他者の存在であり、それは自己の宿命である。*4

エマニュエル・レヴィナス[訳注2]（一九〇六－一九九五年）のこの一節は、わずかな言葉で記されているが、彼の思想としてよく知られている。それは、「他者」の存在が、どれほど「自己（私）」の存在にとって無視できないものであり、それゆえ、「自己」は「他者」に対して、どれほどの責任を負っているのかということを、濃密な言葉で的確に理解させてくれるものである。

訳注1　キリスト教において、神から召されて新たな使命を与えられること。
訳注2　リトアニア出身のフランスの哲学者。現象学をフランスに移入することに貢献した。思索の中心は、「他者」に関する考察を通して実存哲学を追求することだった。

その結果として生じるのが、個人的な「責任」と集団的な「責任」の「倫理」であり、この一節にはインクルーシブな社会の実現を保証する根本的かつ不可欠な支えとなる考え方が表れている。

しかしながら、少なくとも筆者にとっては、その「他者」がたとえ誰のことであっても、この世に生まれてきたときから、他者の存在が受け身の担い手と考えられているとしたら、前記のようなレヴィナスの考え方は、十分に納得のいくものとはいえない。そこでは、他者の存在が、無数にある「自己」の存在と同じものではなく、つまり、完全な平等性と相互性という条件の中で、自己と他者の命運が表裏一体の関係にあるような「共同の主人公」には成りえないものと考えられているからである。

そして、自分自身と他者の中に主体性の真の表れを認めないリスク、そして「インクルージョンのプロセス」を画一的かつ単進的に考えてしまうリスクを取り除こうとしたら、先に示した考え方は〈自己と他者が「共同の主人公」であること〉、不可欠な条件のように思われる。というのも、こうしたリスクのある状況では、一つひとつの行為は、事実上、一人ひとりの存在が有しているオリジナルかつ人生の道のりで獲得した特性を軽視したものとなり、それぞれの関係が、機能主義的で外面的なアプローチによって、一方的に広げられてしまうからである。

それに反して、インクルージョンというものが最初に示す振る舞いは、歓待の行為である。この行為は、具体的な特定の誰かへ注目する以前に、人が「この世に生まれてくる」こと自体に注目することから始まる。たとえ、「当人の容貌」や「当人の状態」がどのようなものであれ、こうした注目は、両親たちの手に渡るよりも先に、生まれたばかりの子どもを「人類」に託すという診断を伝えるために、最もふさわしい言葉を探し求めることにつながっていく。

子どもは、まさに生まれる前から、あらゆる人間存在に関わる途方もない冒険を始めている。体の形や機能に障害のある当事者の場合であれは、そうした難しい時期から家族が適切で親切でわかりやすい情報を利用できなければならない。そして、そうした状態こそが、私たちがいつでも確実に頼りにすることができる、多職種による生態社会学的な支援のある幅広いプロセスの始まりになるのである。

つまり、ケアをしたり両親が寄り添ったりすることによって、他の子どもと同じように、障害のある子どもが、できるかぎり自律的な意志決定に基づいた実存に関わる自分の方向性をもてるようになるため、あらゆる生命の誕生において、生命に対する愛情と生命に対する価値と意味を認めることは前提条件となるのである。

それは、長期にわたる繊細な教育の道のりだが、その道のりは、当事者の大部分にとって、人生の途上で生じてくる数えきれないバリエーションのせいで、しばしば複雑なものとなる。しかしながら、その道のりは、障害のない他のすべての人間と同じように、他者との関係性や「世の中の物事」との関係性の中で、少しずつ絶え間なく身をもって体験したり、自分の成功や失敗を経験したりすることでしかたどることのできないものである。

一人で物事を行うこと、同年代の人々やさまざまな問題やルールと出会って衝突すること、新しい場所や集団に参加すること、これらのことは、自律とアイデンティティの感覚を育てていくための手助けとなる要素である。

しかし、もちろん無意識のうちに自分たちの子どもを守りたいと思っている保護者にとって、子どもを守ったり受容したりする状態と、子どもに自由な体験をさせたり、ストレスとなりうる活動をさせたりすることに余地を残しておくという二つのことの間に適切な手段を見つけ出すことは、当然ながら容易なことではない。

とはいえ、教育的な意図という尺度とそれぞれの親子関係の中の当たり前の感情との間を揺れ動く行動の中で、親の愛情のこもった励ましと支援は、体験に基づいた経験と感情をもう一度築き上げ、さらに何かを行う動機、何かに役立ちたいという気持ち、何かを知りたい探検したいという欲求を育て、つまり自由であるように促し、その自由を拡大させる自尊心の感情を鍛えていくことになる。

したがって、初めから知っておく必要があるのは、他のあらゆる家族の場合と同じように、保護者は子どもにとっての最初の道しるべであり、保護者の行動は、それが示唆的なものであれ、意図が明らかなものであれ、子どもたちの将来の人格の主要な部分を作り上げることになるということである。

これまでに私たちは、人と人との関係性と支援から成り立っている生態系の中でなければ、成長や発達などありえないということを明らかにしてきた。しかし、すべての責任は家族にあると言いたいわけではない。家族以外の環境的な関係性についての人間的・文化的な広がりが、道しるべとなる非常に重要な補完的な機能を果たしているということが、実際にさまざまな文献からも明らかにされている。

　したがって、ここで指摘しておきたいのは、むしろ障害のある子どもであっても、親の行動から始まって、人間形成のための道のりを踏み出すための第一歩を実現していけるということである。それは、途切れることのないプロセスの構築である。そして、その道のりは幼少期から始まって、家族や関係する広い地域社会の段階的な手引きと支援を受けながら、他者からの方向づけという最初の形から自覚と選択についての自律した自由、つまり、進むべき道のりを自己決定するというますます成熟した方向性へと発展していく。

　こうした前提があって初めて、就学に向けたプロセスは、滞りなく始まって流れに乗ることができ、学校教育のインクルージョンと将来のさらに広い意味での社会的なインクルージョンに向けて育まれていく。そして同時に、このプロセスは、多様な専門性をもっていてさらに重要な決定を担っている多くの人々によって、相互に作用し合う多面的な関係性の枠組みにおいて進められていくのである。

　実際に、イタリアの『カリキュラムのための国の教育指針』には、「学校は、縦軸と横軸からなる二重の人間形成の道すじを追求する。縦軸は、生涯にわたって継続できる教育の土台作りの必要性を表しており、横軸は、さまざまな教育的資格を備えて役割を担っている校外の専門職と学校との間で、慎重に協力していく必要性を示している」[*5]と記されている。
「ある一面で、世の中に生じるすべてのことが、あらゆる人間の生活に影響を及ぼしているとすれば、もう一つの面では、人類の未来に対して、一人ひとりの人間が、自分の手の中に一つしかない特別な責任を握っている」[*6]ために、個人という小宇宙《ミクロコスモ》と人類という大宇宙《マクロコスモ》の関係性が出会うのは、いつでも学校という場所である。したがって学校とは、相互に影響を与え合う社会的な背景の中で、生徒に教育的な体験を追求する機会を与える場所なのである。そして、学校では、その体験自体の意味について話し合いながら、その体験を社会化することができ、社会認知的かつ社会情緒的な葛藤を経験することができ、また知育と人間形成の教育についての計画的で体系化された歩みを通じて、自分自身、他者との人間関係、環境との関係などを自覚させる学習を深めることができるのである。

　実際に、幼稚園から始まって高等学校に至るまで、継続した人間形成の枠組みの中で「個人のアイデンティティ」の意味が構築され、「能力が開発」され、「自律性が獲得」されていく。[*7]これらは、発展していく側面であって、それは、自己認識を手に入れて自らの方向性を自分で決定する力を身につけるためのプロセスのすべての土台となるものであり、また、自律的で社会参加的で責任感を伴う市民権を行使するための教育の到達点をも示している。

　したがって、学校に求められるのは、教育の目的とその道のりが相互に結びついている中で、未来の市民に方向性を示して教育するプロセスの普遍的な目標と、こうした目標を達成するための組織的で教育的な道すじ、手段、方法、内容、そしてより広い意味での組織的・教育的な資源や人間関係といったものが何であるかを解き明かして、それらを実現していくことである。

他の箇所でも述べているように、障害のある生徒の場合でいえば、こうしたことは、まさしく日常の教育実践で繰り返されているわけだが、この実践は、教育の質的な水準を安定させること、インクルーシブ教育によって培われた文化的・科学的な知見を参考にすること、学校教育のインクルージョンのための法律で定められているあらゆる制度的な手段を有効に活用することを介して行われている。*8

さて、多くの活動を通じて、「ペダゴジア・スペチャーレ」が広範囲にわたって証明してきたのは、この学問の知見が一部分だけ必要とされる場合であれ、非常に困難な障害があるような場合であれ、インクルージョンのプロセスと学びの獲得が、どんなときでも可能だということである。とはいえ、時間の経過と適用されるルーティーンが、教育的な効果とインクルージョンの潜在力を擦り減らさないようにするためには、とりわけ「個別教育計画（P・E・I）」という手立て《ツール》に、全体の注意を傾ける必要があるだろう。

周知のように、まず「個別教育計画」は、「機能診断（D・F）」と「動態－機能プロフィール（P・D・F）」に続いて作成される。訳注3 最初の「機能診断」は、主として、障害のある当事者と家族

訳注3　二〇一七年の委任立法令第六六号により、「機能診断」と「動態－機能プロフィール」は、一つの文書「機能プロフィール」として統合された。

について の臨床的かつ心理社会的な要素を取得して、地域保健機構（ASL）のマルチ・ディシプリナリー・チーム[訳注4]が準備するものである。[*9]

さらに、「機能診断」については、国際生活機能分類（ICF）の活用が始まったことと、学校が多岐にわたる特別な教育的ニーズに対応できるという見方が定着してきたことにより、多くの研究者たちによって抜本的に修正する必要性が指摘されるなど、議論の口火が切られている。その議論は、あらゆる生活領域で対象者のニーズを認識する必要性に「機能診断」をできるだけ合致させて、教育的に活用しやすくすることで、教育法および教育の潜在力を引き出していこうとするものである。そして、最終的には、学習の教育的ニーズの認識とインクルージョンのプロセスにとって、「機能診断」は無用なツールであるとして廃止する可能性までが検討されている。

二番目の「動態―機能プロフィール」は、マルチ・ディシプリナリー・チーム、つまり、教科担当教師、支援教師、生徒の保護者たちから成る混成チームによって作成されるものである。そこでは、「ハンディキャップのある生徒が、短期（六ヵ月）および中期（二年）の期間に、到達できると考えられる発達レベル」が示される。

また、「動態―機能プロフィール」は、中期的には、主として人間形成的でインクルーシブなプロセス、実施される取り組み、そしてさまざまな関係者（専門職や保護者など）が引き受ける共同責任を自己管理するためのツールであると考えられており、このプロフィールは、さまざまな取り組みを計画し、その計画を練り直し、バランスをとるための重要な教育的な価値を担っている。

そして、先に示した「機能診断」と「動態－機能プロフィール」という二つのツールを緻密に調整したうえで作成されなければならないのが、「個別教育計画」である。[訳注5]「個別教育計画」は、教科担当教師、支援教師、地域保健機構の専門職、当事者の家族と協力関係にある地域機関の専門職、そして当事者が高校生である場合には、障害者本人を含めた人々が協力して行った作業の結果として作成されることになる。

「個別教育計画」には、「特定の期間に人間形成と学校教育を受ける権利を実現する目的で、個別の教育計画、個別のリハビリ計画、個別の社会化計画、並びに学校内外の活動の統合にも留意しながら、ハンディキャップのある生徒のために考案された統合的でバランスのとれた取り組みが記載される。［……］ここでは、生徒自身の障害、障害に由来する困難、活用可能な生徒の潜在能力などに関連づけられた教育計画の最終案が作成されることになる」と記されている。

この「個別教育計画」の定義は、法律の制定から時間が経過してしまっているので、筆者が思うには、場当たり的な措置で対応するのではなく、学校教育関連の法律の広い文脈の中で、より適切

訳注4　当事者の病理に該当する専門医、小児神経精神科医、心理士、教育士、ソーシャルワーカー、リハビリ療法士（言語療法士、理学療法士、心理療法士、音楽療法士など）などで構成される。

訳注5　二〇二〇年一二月二九日省令第一八二号により、「機能プロフィール」と「個別教育計画」は、生物・心理・社会的な視点を備えた国際生活機能分類（ＩＣＦ）の考え方に基づいて作成されなければならないとされている。

な教育学的な用語を用いて改正する必要性があることは明白である。

ともあれ、「個別教育計画」の教育学的な特性については、活用できる膨大な研究文献があり、その一部はすでに紹介してきた。ここでは、そうしたことを再確認する議論を深めるよりも、この個別の教育計画というツールの動的で発展的な性質には、教育の理念や方法に効果を発揮する重要な装置としての特性があり、それが「てこの支点」の役割を果たしていることを指摘しておきたい。そして、その「支点」を中心にして、専門的かつ教育的に共同責任を負っているという協力的な文脈の中で、これまで言及してきた将来に向けた方向づけと人間形成のプロセスを教育的に組織し発展させていくのである。

また、ありがちなことだが、個別教育計画の活用がルーティーンになってしまうことがある。つまりこの計画の作成が、年度の初めに行われる単なる形式的な仕事になってしまって、個別教育計画からすべての真の意義が取り去られてしまうことがある。そうしたことがないように、幼稚園から始まって高等学校に至るまで、教師、社会的・医療的な専門職、そして保護者が、この計画の更新を怠らないように自覚しておかなければならない。

「個別教育計画」は、対象者の最も内面的で主観的な側面と潜在能力との統合を可能にするツールである。そして、この計画は、対象者を縦軸の成長の道すじに方向づけていくわけだが、この縦軸の成長は、横軸の網の目状に張り巡らされたインクルージョンのプロセスの側面、つまりクラスメイトから学校内外の専門職、保護者からさまざまな社会的背景、そして人生のさまざまなバックグラウンドの中で安定していく人間関係に至るまで、当の生徒があらゆる関係する人々と共有している人間関係や経験とともに、生涯にわたって途切れることなく継続していくものである。

そして、生徒が、個々人に見合っていてかつ地域社会の体験とも結びついた方法で、学校という環境で過ごすこと、また、知識を「組み立て」たり、「分解し」たり、それを「適用し」たりする経験ができる状況で、自分自身の能力や関心を発見する機会が得られる人間形成の道すじを発展させること――能力や関心を掻き立てたり、その反対に能力や関心を削がれたりすることによって――こうした「守られた練習」を積み重ねるのが、学校で行えることである。そして同時に、これらのことは、社会的な文脈や人間関係の中で良い時間を過ごしているか、あるいは我慢を強いられているのかという違いを可視化する根本的な要素でもある。

「個別教育計画」は、一方では、この計画の実施に際して、成長や発達や将来の方向づけのプロセスの大きな原動力となるもので、他方では、個人の生涯計画《ライフ・プロジェクト》を思い描くのに必要な知識や能力を育むための根本的かつ基礎的な手段となるものでもあり、非常に大きな力をもったツールである。

また、一人ひとりの生徒が、自律した存在として、本当に歓迎されていて、物事に一緒に関わっていて、同時に個人的にも社会的にも地域社会の生活の担い手であり責任を負っていると感じられるように、生涯計画《ライフ・プロジェクト》は、生徒の最大限の可能性において作成され、その計画が実践されることが求められている。

3 世界を構築する――主人公としての市民

これまで述べてきた生態学的‐組織的な見方からすると、教育的、社会的、そして政治的にインクルーシブな状態に置かれていれば、障害のある人であっても自分自身の生涯計画《ライフ・プロジェクト》を発展させていくことができるといえるだろう。そして、その生涯計画というのは、自分が生きている人間関係、文化、社会的背景の実態と、それと同じくらい重要な自分自身と人類のために並行して展開させて育んでいる夢、願望、渇望、期待などの側面から生まれてくるものである。

この側面というのは、時間の経過の中で変化していくものであって、成人期になってもなくなることはなく、むしろ現実の状況と「駆け引き」をしながら続いていくものである。そして、この側面は、非常に奥が深く、取り替えができず、人間形成的なものであるため、あらゆる人間に対してそれを手放すように要求したり、その発展を認めないようにしたりすることは、まさに暴力といえるものである。

したがって、障害者か否かにかかわらず、個人の可能性とその個人が置かれた文脈という枠組みの中で、そうした計画を練り上げ実現していくのに必要な物質的かつ文化的な条件を創造することは、教育や文化や法律が、一人ひとりの人間と人類全体に対して保証している自由につながるものである。

こうした点で思い起こされるのはマリア・ザンブラーノの言葉である。その言葉は、現実に直面したときの人間の態度を映し出しており、次のように記されている。

私たちは、はっきりこう言えるだろう。人間の中には、物事を認識するための条件とともに、同じように根源的な次元において、形而上的でかつ実際的でもある対極的なものが統一された現実的な心構えが備わっている。それはすべてに必要なものであり、人間の潜在力を引き出すことができる「徳」の中だけにある召命（神から召された使命）なのである。［……］もし現実を前にしたときにとる態度や姿勢を数値で表すことができるとしたら、私たちは、一人ひとりの人間の発達を通して、長い歴史のある時代に到達できた人類としての成熟の度合いを測ることができるだろう。[*10]

作家であり哲学者でもあるこのスペイン人女性の言葉は、別の考察をも促している。インクルージョンの歴史と関連づけてみるなら、共通する認識や偏見があるにせよ、段階的に「ユートピア」が現実になってきていると考えられる。つまり人類は、自分自身を乗り越えることができたのであり、そうすることで、決定的なやり方ではなかったにせよ、人間としての限界を拡大させてきたといえるだろう。

現在と見比べてみるならば、ザンブラーノの言葉は、多くの点で、これからどのような道すじをたどるべきなのかを示すのにも役立つものである。この言葉は、市民権としての実際的な条件を保証すること、そして、インクルーシブの権利を完全に具体化することに貢献していくために、イタリア国内外を問わず、個人的にも社会的にも、人々やさまざまな機関がともに取り組んでいくべき真の挑戦を示している。

たとえ障害者であっても、大人へと成長し、その過程で存在するあらゆる分野で、完全な自己実現を図っていく可能性を手にすることができる。それは、科学、芸術、政治、芸能、スポーツなど多種多様な分野にわたっていて、例を挙げればきりがないほどである。たとえば、本書を執筆している時点では、ロンドンでパラリンピックが開催されているが、こうした場は障害者全体にとって非常に重要な晴れ舞台であり、競技場で並外れたパフォーマンスを披露し、観客の魂に火を点け、国家や国民を誇らしい思いにさせている男女一人ひとりのアスリートにとっても、完全な自己実現の機会となっている。[*11]

他の分野でいえば、たとえば芸術表現の分野では、障害を抱えている人々がますます増えており、身のこなしの優美さや人並外れた演技力で、人々を熱狂させたり感動させたりしている。[*12] 遠い昔からごく最近に至るまで、科学や文化の領域に名声を残してきた障害を抱えた男や女たちの偉大さについては、どれほど言葉を尽くしても言い足りないほどである。[*13]

また、公共の利益に奉仕するという市民性の最高の表現であるはずの積極的な政治活動においても、障害を抱えて生活していながら、高い評価を得ている人々が数多く存在している。[*14]

確かに、何かに秀でている人々の名前や人生の物語を知ることは、数多くのそれ以外の市民にとって、何かの動機づけに刺激を与える役割を果たすことができるし、偏見や固定観念を取り去ったり、最終的には、人々の間の距離をよりいっそう縮めたりすることにも役立つだろう。これは、もちろん些細なことではない。だからといって、深く考えることなしに、障害を見るための現実の普遍的な条件が歪められ、障害の有無にかかわらず、市民の中の障害についての認識とそう認識する理由が捻じ曲げられてしまうリスクなどありはしないと十分に確信できるだろうか。「勝利者」という主人公になることが、そのまま日常の市民の主人公になることを意味していると、本当に自信をもって言えるだろうか。あるいは、インクルーシブな社会を構築していくうえで、私たちは、「自己実現」という言葉の意味を共有できているだろうか。そして、「自律（autonomy）」と「自足（self-sufficiency）」の違いは、周知のことだろうか。偏見は本当になくなったのだろうか、それとも、目には見えなくなっているだけなのだろうか。

最後の問いから始めるなら、一八歳のときに重大な交通事故に遭い、障害を負うことになったピーノ・トリポディの厳しい告発の言葉は、広く共有された考え方を象徴するものである。

> 避けたり、隠したり、壊したりすることができないのは、他人の視線という鏡です。この独特な方法で、僕はいつでも他人から観察されています。それというのは、いつも僕が自分自身を見ている鏡から映し出される声なき評価なのです。僕を観察しているすべての人、あるい

は、あらゆる手段を尽くして、僕を観察するのを避けようとしているすべての人は、僕にとっては鏡なのです。その鏡の中で、僕は自分自身を見るように強いられているか、自分自身を観察することが避けられなくなっているのです。［……］そして、視線を向けるのを避けている人というのは、自分が病に感染するのを恐れている人です。視線を送るのを避ける人は、自分が病に感染しないように、見えない振りをしているのです。［……］僕に視線がとどまることがあったら、できればこう言ってやりたいと思います。「心配しなくたっていい。たとえそうしたくても、君に病気を感染させることなどできないから。君は僕のようにはならないから、心配など無用だ。それに、君が怖れなくちゃならないのは、僕の視線なんかじゃない。怖れるべきは君の無知であって、この無知こそが見るべきものを見えないようにしているんだ[*15]」。

ここで語られていることは、原則として言われていることと、他者の視線の「餌食になっている」数多くの障害者の日常生活の実情との間に、どれほど大きな乖離があるのかを示している。これは、社会的な取り組みの質という以前の問題である。そして、他者の視線が、（障害者と健常者との間の）直接的で濃密な相互関係と共同性によって出来上がっていないかぎり、障害者の承認が本物になるのは難しいということである。

トリポディは、「見たいと願うこと」が必要だと記しているが、だとするなら、告発ができたり、公の場に姿を現したりすることのできる人たちのいる場所の窓の向こう側に目を向けて、大人になっても、自分たちの声を上げることができない無数の人々の生活の実情を考えてみる必要があるだろう。

こうした人々は、「口を閉ざしたままで、誰一人として何をすればよいのかわからず、あたかも傷ついた体の中に閉じ籠っているかのようである。また、どれほど多くの知的障害者が、事業者や投薬の管理下に置かれていることか。あるいは、どれほど多くの年老いた障害者たちが、表現ができるなら示せるはずの人間性を欠いた自分の姿に向き合わされて、失意のどん底に突き落とされていることか[*16]」ということなのである。

ここで、ふたたび湧いてくる疑問は、自律した市民、あるいは自足した市民というのは、何を意味しているのかということである。残念なことに、自足ということ、すなわちセルフケア、コミュニケーション、モビリティ、課題の遂行といったニーズを自分で満たせるということは、自律性、すなわち自分自身で意識的に選択ができることと混同されてしまうことが多い。

自律ということは、教育的な意味において常に探求されなければならないが、自足感が低下したり、それが得られなかったりしたときに、自律性が低下するというわけではない。そして、自律的な選択を行うために、医療的な支援、支援技術、環境の改善、もしくは一人あるいは複数の人々の直接的な支援が必要になったとしても、それは大した問題ではなく、人間にとって最も重要なことは、少なくとも自分自身のために選択ができるということなのである。

とはいえ、知的障害や重複障害などの最も複雑なケースでは、慎重かつ専門的な見地から見て、時には最低限でしか自律性を認められないこともある。しかし、そうした場合であっても、自律性を尊重してそれを発揮できるように、できるかぎりのことをしなければならない。たとえ教育士であれ、教師であれ、社会保健分野の専門家であれ、あるいは家族であれ、いかなる理由があっても、他人が職権を乱用したり、代理権を行使したりすることは正当化できないのである。

そうではなく、「自律」と「自足」という二つの概念を明確に区別することから始めることで、一見したところ非常に複雑な状況に対しても、「肯定的な視線」、敬意、そして尊厳で応えることができ、また実現できるのがどのような次元であっても、一人ひとりの自己実現という本物の道のりを歩み始めることができる。

そして、そのとき発見することになる、私たち市民が手にしているもう一つの選択肢とは、自己実現と「すべてが備わっている」こととは別ものであること、何かへの関与が何かを積極的に生産することにつながるとは限らないこと、また、たとえ積極的な生産ができなくても、そのことが人間の尊厳を傷つけることにはならないということである。

そこに生まれてくるのが、市民的な積極的行動主義《アクティビズム》を、文化的、政治的、組織的に見直すための余地であり、そこでは、他者のニーズに対応することよりも、「他者」の存在自体にどう応えていくかが、人類の地平を押し広げていく相互性をめぐる「倫理的な命題」になってくる。

そこで同時に生まれてくる可能性が、複雑な障害がある状況を生きている人であっても、公的な取り組みや事業所の支援があれば、自立した生活ができ、仕事が得られ、そして、家庭をもつことを願うこともできるようになるということである。そこでは、「多様性」と「正常性」が境界線になるのではなく、むしろハイブリッド化が進んで現実の新たな条件が作り出されて、多面的な市民モデルの原理として、「受容」の条件が生まれてくるのである。

そうなれば、オリンピックとパラリンピックは、もはや別々の時期に行われるイベントとして、自己を正当化することはできないだろう。時間のかかる競技が、華々しさに欠けるという理由で排除されることもなく、見世物という経済主義的な動機によって掻き立てられたパラリンピックの「できないこと」をめぐる偏見と偽善は、人間が共有している感覚を前にして、敗北することになるのである。

そして、日常生活において、市民の誰もが「主人公になれること」が、万人に共通して保障される条件になっている世界では、何かに秀でた人物たちの「偉大さ」は、人々の感情を高揚させ驚きを与える刺激として作用し続けていく。

本書の最後に述べられていることを、「論点先取の虚偽」[訳注6]と考える人がいても無理もないことだろう。しかし、その部分をより適切に解釈して、「行動のための道しるべ」と捉える人がいるとしたら、それは、ここまでに検討してきた国際文書や「ペダゴジア・スペチャーレ」という学問が行ってきた提言の中で、すでに明らかにされてきたものである。

訳注6　論証を必要とする命題を、前提として採用するところから生じる虚偽のこと。

短い時間では結果は出ないかもしれないが、答えはすでに「準備」されつつある。つまり、どれだけ豊かな人間性を確立できるかは、個人的にも社会的にも、人類がまたしても自分で選択していくことになるのであり、このことを胸に刻みながら、「ペダゴジア・スペチャーレ」は描いている方向に舵を切り続けることになるだろう。

【注】

＊1 『ＩＣＦ国際生活機能分類――国際障害分類改定版』障害者福祉研究会編、中央法規出版、二〇〇二、一八頁。

＊2 P. Moliterni, *Inclusione e integrazione: lo sguardo sulla cittadinanza*, in L. d'Alonzo, R. Caldin (A cura di), 前掲書, p. 101.

＊3 最も重要な措置として記憶されているものに、一九九一年法律第二六六号（「ボランティアに関する基本法」）、一九九一年法律第三八一号（「社会協同組合についての規則」）、一九九二年法律第一〇四号（「ハンディキャップ者の援助、社会的統合および諸権利に関する基本法」）、一九九八年法律第一六二号（一九九二年二月五日法律第一〇四号「重度障害者の支援措置に関する法律」の改正法）、一九九九年法律第六八号（「障害者の労働権に関する規定」）、二〇〇〇年法律第三二八号（「社会的介入および社会事業の統合システムの実現のための基本法」）、二〇〇〇年法律第三八三号（「社会振興協会の規則」）などがある。

＊4 E. Lévinas, *Responsabilità e sostituzione. Dialogo con Augusto Ponzio*, in A. Ponzio (a cura di), *Dall'altro all'io*, Roma, Meltemi, 2002, p. 149.

＊5 Ministero della Pubblica Istruzione, 前掲書, p. 18.

＊6 Ministero della Pubblica Istruzione, 同右, p. 20.

*7 これらは、『カリキュラムのための国の教育指針』とあらゆる校種と学年段階の学校プログラムで言及されている、人間の成長と発達についての基本的な諸相である。

*8 特に二〇〇四年二月二四日の共和国大統領令「ハンディキャップのある生徒に関する地域保健機構の業務の方針および調整規定」(一九九四年四月一五日官報第八七号に掲載)を参照されたい。

*9 すでに引用した二〇〇四年二月二四日の共和国大統領令「ハンディキャップのある生徒に関する地域保健機構の業務の方針および調整規定」の第三条を参照のこと。

*10 M. Zambrano, *Per l'amore e per la libertà. Scritti sulla filosofia e sull'educazione*, Città di Castello, Marietti, 2008, pp. 146–147.

*11 パラリンピックの多くの主人公たちの物語に細心の注意を向けながら、歴史を再構築している興味深い書物に、クラウディオ・アッリゴーニが出版した『パラリンピック　障害者のためのスポーツ――著名選手、歴史、種目』(原題 *Paralimpici. Lo sport per disabili: storie discipline, personaggi*)がある。(イタリア語原著の刊行当時)ロンドンで開催中のパラリンピックについていえば、象徴的な意味で多くの参加選手たちの敬意を集めると予想されるものに、アンナリーザ・ミネッティの言葉を挙げることができる。一五〇〇メートル走の銅メダリストで、視覚障害者である彼女は、芸能の分野ではイタリアの聴衆にすでに知られた存在だった。彼女は、ゴール・ラインを通過した直後に、レポーターに向けられたマイクを通じて、「私たち選手は、アスリートと見なされ、耳を傾けられ、観戦されることだけを望んでいる」とその思いを述べている。

*12 そうした意味で、二〇〇六年のトリノの冬季パラリンピックの開会式で披露されたダンスは、両腕のないダンサーであるシモーナ・アッツォーリの並外れた芸術性によって、消し去ることのできない記憶となった。同じく芸術表現の分野では、おそらく最も著名な人物たちの中に、盲目のイタリア人歌手アンドレア・ボチェッリ、映画や演劇の女優であるエマニュエル・ラボリ(聾者)、有名な映画『八日目』の主演俳優であるダウン症のパスカル・デュケンヌなどがいる。

＊13 特別な教育的ニーズという概念について言うなら、ここに挙げるべき名前は数え切れないほど多くなってしまう。そして、こうしたニーズを必要としていた過去の人物たちに絶対的な確証があるわけではない。ともあれ、十分に説得力のある証拠があるものに、ディスレクシア（文字の読み書きの障害）を抱えていた人物として、レオナルド・ダ・ヴィンチ、ガリレオ・ガリレイ、アイザック・ニュートンを挙げることができる。より最近の人物には、アルバート・アインシュタイン、アガタ・クリスティ、ニコラス・ネグロポンテらがいる。さらに、より重度の障害を有していたケースとして、スティーヴン・ホーキング（筋委縮性側索硬化症〈ＡＬＳ〉）やフルヴィオ・フリゾーネ（痙性四肢麻痺）がいる。

＊14 歴史的な時代を考えてみると、おそらく最も有名な人物は、下肢の麻痺により車椅子での生活を余儀なくされていたアメリカの大統領フランクリン・ルーズベルトになるだろう。しかしながら、今となっては、障害を抱えた多くの人々がイタリア国内や世界中の議会で議員の立場に就いている。

＊15 P. Tripodi, *Vivere malgrado la vita. Sguardi di un disabile sul mondo*, Roma, DeriveApprodi, 2004, pp. 159–169.

＊16 A. Goussot, (A cura di), *Il disabile adulto. Anche i disabili diventano adulti e invecchiano*, Santarcangelo di Romagna, Maggioli, 2009, pp. 26–27.

●原著参考文献

Alleruzzo, G. (2006). La qualità dei servizi di cura e delle organizzazioni di solidarietà. *L'integrazione scolastica e sociale* (5/2), 134–139.

ANMIL. (1965). *Gli invalidi e le barriere architettoniche*. Roma: Edizioni ANMIL.

Aristotele. *La politica* (trad. it., Roma-Bari, Laterza, 1993 ed.).〔山本光雄訳『政治学』岩波書店、一九六一〕

Arrigoni, C. (2012). *Paralimpici. Lo sport per disabili: storie, discipline, personaggi*. Milano: Hoepli.

Babini, V. P. (1996). *La questione dei frenastenici. Alle origini della psicologia scientifica in Italia (1870–1910)*. Milano: FrancoAngeli.

Babini, V., & Lama, L. (2000). *Una «donna nuova». Il femminismo scientifico di Maria Montessori*. Milano: FrancoAngeli.

Bateson, G. (1976). *Verso un'ecologia della mente*. Milano: Adelphi.〔佐伯泰樹訳『精神の生態学』（上・下）思索社、一九八六／一九八七〕

Becchi, E. (A cura di). (1987). *Storia dell'Educazione*. Firenze: La Nuova Italia.

Bellatalla, L. (2007). *Scienza dell'educazione e diversità. Teorie e pratiche educative*. Roma: Carocci.

Besio, S. (2005). *Tecnologie assistive per la disabilità*. Lecce: Pensa MultiMedia.

Bettelheim, B. (1964). *Dialoghi con le madri*. Roma: Ed. Comunità.

Bettelheim, B. (1976). *La fortezza vuota: Autismo infantile e nascita del sé*. Milano: Garzanti.

Bichi, L. (2011). *Disabilità e pedagogia della famiglia. Madri e padri di figli speciali*. Pisa: ETS Edizioni.

Bocci, F. (2012). La ricerca nella prospettiva della Pedagogia Speciale. In L. d'Alonzo, & R. Caldin (A cura di), *Questioni, sfide e prospettive della Pedagogia Speciale* (p. 61–82). Napoli: Liguori.

Bocci, F. (2011). *Una mirabile avventura. Storia dell'educazione dei disabili da Jean Itard a Giovanni Bollea*. Firenze: Le Lettere.

Bollea, G. (1970). Introduzione. In E. Séguin, *Cura morale igiene ed educazione degli iditoti*. Roma: Armando Armando Editore.

Bortolo, S., & Pradal, M. (2009). La classificazione ICF-CY all'interno di un servizio educativo e formativo. *L'integrazione scolatica e sociale* (8/5), 505–513.

Brown, C. (1990). *Il mio piede sinistro*. Milano: Mondadori.

Bruner, J. (2002). *La fabbrica delle storie. Diritto, letteratura, vita*. Roma: Laterza.

Bruner, J. (1992). *La ricerca di significato. Per una psicologia culturale*. Torino: Bollati Boringhieri.

Bucciarelli, P. (A cura di). (2004). *L'accessibilità degli ambienti di lavoro. Aspetti progettuali e psico-relazionali dell'inserimento lavorativo di uomini e donne con disabilità*. Milano: Guerini e Assoociati.

Cairo, M. T. (2008). *Problemi di apprendimento a scuola: disabilità, svantaggi e dotazioni. Percorsi di pedagogia e didattica speciale*. Milano: Vita e Pensiero.

Caldin, R. (2002). *Introduzione alla pedagogia speciale*. Padova: Cleup.

Caldin, R. (2009). La prospettiva inclusiva nella/della scuola. Percorsi di ricerca e nuove questioni. *Studium Educationis* (3), 85–99.

Caldin, R. (2012). *Verso dove?* L'*abitare* familiare e insolito della Pedagogia Speciale. In L. d'Alonzo, & R. Caldin (A cura di), *Questioni e prospettive della Pedagogia Speciale* (p. 247–269). Napoli: Liguori.

Caldin, R. (2004). Vissuti genitoriali e figli con disabilità. Una lettura psico-pedagogica. *Studium Educationis* (3), 536–545.

Cambi, F. (2004). *Saperi e competenze*. Bari: Laterza.

Cambi, F., & Ulivieri, S. (A cura di). (1994). *I silenzi nell'educazione*. Firenze: La Nuova Italia.

Canevaro, A. (1979). *Educazione e handicappati*. Firenze: La Nuova Italia.

Canevaro, A. (1987). Le basi teoriche e concettuali. In A. Canevaro (A cura di), *Handicap e Scuola Manuale per l'Integrazione Scolastica* (p. 13–49). Urbino: La Nuova Italia Scientifca.

Canevaro, A. (2001). L'integrazione in Italia. In S. Nocera, *Il diritto all'integrazione nella scuola dell'autonomia. Gli alunni in situazione di handicap nella normativa scolastica italiana* (p. 209–223). Trento: Erickson.

Canevaro, A. (1999). *Pedagogia speciale. La riduzione dell'handicap*. Milano: Mondadori.

Canevaro, A. (2012). Pedagogisti speciali: come. In *Questioni prospettive della Pedagogia Speciale. L'impegno della comunità di ricerca* (p. 21–37). Napoli: Liguori.
Canevaro, A., & Gaudreau, J. (1989). *L'educazione degli handicappati. Dai primi tentativi alla pedagogia moderna*. Roma: NIS.
Canevaro, A., & Goussot, A. (2002). *La difficile storia degli handicappati*. Roma: Carocci.
Canevaro, A., & Ianes, D. (2002). *Buone Prassi di integrazione scolastica*. Erickson: Trento.
Canevaro, A., Balzaretti, C., & Rigon, G. (2004). *Pedagogia speciale dell'integrazione. Handicap: conoscere e accompagnare*. Firenze: La Nuova Italia.
Ceppi, E. (1986). *I minorati della vista*. Roma: Armando.
Chiappetta Cajola, L. (2012). *Didattica del gioco e integrazione. Progettare con l'ICF*. Urbino: Carocci.
Chiappetta Cajola, L. (2007). L'impiego funzionale degli stnunenti di integrazione scolastica: Diagnosi funzionale, Profilo dinamico funzionale e Piano educativo individualizzato. In A. Canevaro (A cura di), *L'integrazione scolastica degli alunni con disabilità. trent'anni di inclusione nella scuola italiana* (p. 221–248). Trento: Erickson.
Cottini, L. (2004). *Didattica speciale e integrazione scolastica*. Roma: Carocci.
Cottini, L. (2011). *L'autismo a scuola. Quattro parole chiave per l'integrazione*. Roma: Carocci Faber.
Crispiani, P. (2011). *Dislessia come disprassia sequenziale. La sindrome dislessica. Dalla Diagnosi al trattamento. Le pratiche ecologico-dinamiche*. Parma: Junior.
Crispiani, P. (1998). *Itard e la pedagogia clinica*. Napoli: Tecnodid.
Crispiani, P., & Giaconi, C. (2010). *Qualità di vita e integrazione scolastica*. Trento: Erickson.
Crispiani, P., Giaconi, C., & Capparucci, L. (2005). *Lavorare con il disturbo di attenzione e iperatività. Dalla diagnosi al trattamento educativo*. Bergamo: Junior.
Curatola, A. (2008). *I bisogni speciali nella società della complessità*. Roma: Anicia.
Cyrulnik, B., & Malaguti, E. (2005). *Costruire la resilienza. La riorganizzazione positiva della vita e la creazione di legami significativi*. Trento: Erickson.

Dal Pozzo, C., Haines, H., Laroche, Y., Fratello, F., & Scoretti, C. (2003). *Assessing Disability in Europe. Similarities and Differences*. Strasbourg: Council of Europe.

d'Alonzo, L. (2012). *Come fare per gestire la classe nella pratica didattica*. Firenze: GiuntiScuola.

d'Alonzo, L. (2008). *Integrazione del disabile. Radici e prospettive*. Brescia: La Scuola.

d'Alonzo, L. (2002). *Integrazioni e gestione della classe*. Brescia: La Scuola.

d'Alonzo, L. (2003). *Pedagogia Speciale*. Brescia: La Scuola.

d'Alonzo, L. (2012). Questioni, sfide e prospettive della Pedagogia Speciale. In L. d'Alonzo, & R. Caldin (A cura di), *Questioni, sfide e prospettive della Pedagogia Speciale. L'impegno della ricerca* (p. 7–20). Napoli: Liguori.

de Anna, L. (1983). *Aspetti normativi dell'inserimento sociale degli handicappati in Italia e all'estero*. Roma: Tempinuovi.

de Anna, L. (2001). Integrazione: la dimensione internazionale. *Studium Educationis* (3), 605–622.

de Anna, L. (2012). La Pedagogia Speciale in Europa. I processi di Integrazione e di Inclusione nel confronto con altri Paesi europei ed extraeuropei. In L. d'Alonzo, & R. Caldin (A cura di), *Questioni, Sfide e Prospettive della Pedagogia Speciale. L'impegno della comunità di ricerca* (p. 41–60). Napoli: Liguori.

de Anna, L. (2005). Le esperienze internazionali sull'Accoglienza degli Studenti Universitari con disabilità. *L'integrazione scolastica e sociale* (4/2), 103–113.

de Anna, L. (2011). L'identità della persona con disabilità nella Convenzione ONU del 2006: evoluzione storica attraverso i documenti internazionali. In A. Mura (A cura di), *Pedagogia Speciale oltre la scuola. Dimensioni emergenti nel processo di integrazione*. Milano: FrancoAngeli.

de Anna, L. (1998). *Pedagogia speciale. I bisogni educativi speciali*. Milano: Guerini e Associati.

De Sanctis, S. (1915), *Educazione dei deficienti*. Milano: Vallardi.

Demo, H., & Ianes, D. (2009). Riconoscere i Bisogni Educativi Speciali su base ICF e progettare risorse efficaci e inclusive. *L'integrazione scolastica e sociale* (8/9), 474–484.

Dettori, F. (2011). *Perdersi e ritrovarsi. Una lettura pedagogica della disabilità in età adulta*. Milano: FrancoAngeli.

Dewey, J. (1949). *Democrazia e educazione*. Firenze: La Nuova Italia.

Errani, A. (2002). Le immagini degli handicappati nella storia. Permanenze e cambiamenti. In A. Canevaro, & A. Goussot (A cura di), *La difficile storia degli handicappati* (p. 189–336). Roma: Carocci.

European Agency for Development in Special Needs Education. (2009, Giugno 4). *Inclusive education and classroom practices*. Tratto il giorno Settembre 1, 2012 da European Agency for Development in Special Needs Education: http://www.european-agency.org/publications/ereports/inclusive-education-and-classroom-practices/inclusive-education-and-classroom-practices

European Agency for Development in Special Needs Education. (2009, Aprile 21). *Special Education across Europe in 2003*. Tratto il giorno Settembre 1, 2012 da European Agency for Development in Special Needs Education: http://www.european-agency.org/publications/ereports/special-education-across-europe-in-2003/special-education-across-europe-in-2003

Fadda, R. (2002). *Sentieri della Formazione. La formatività umana tra azione ed evento*. Roma: Armando.

Farber, B. (1959). Effects of severely retarded child on family integration. *Monographs of the Society for Research in Child Development* (24/2), 5–108.

Farber, B. (1960). Family organisation and crisis: Maintenance of integration in families with a severely mentally retarded child. *Monographs of the Society for Research in Child Development* (25/1), 3–93.

Farneti, G. (2006). Il nuovo Piano dei Servizi Sociosanitari in Sardegna: un esempio di possibile integrazione delle risorse e dei servizi. *L'integrazione. scolastica e sociale* (5/2), 123–129.

Favorini, A. M., & Bocci, F. (2008). *Autismo scuola e famiglia. Narrazioni e interventi educativo speciali*. Milano: FrancoAngeli.

Foucault, M. (1976). *Sorvegliare e punire*. Tormo: Einaudi.〔田村俶訳『監獄の誕生 —— 監視と処罰』新潮社、一九七七〕

Foucault, M. (1976). *Storia della follia nell'età classica*. Milano: RCS Rizzoli.〔田村俶訳『狂気の歴史 —— 古典主義時代における』新潮社、一九七五〕

Francia, M. G. (2007). Famiglia, ente locale e territorio: risorse essenziali per l'integrazione. In M. T. Cairo (A cura di),

Pedagogia e didattica speciale per educatori e insegnanti nella scuola (p. 59–79). Milano: Vita e Pensiero.

Gaspari, P. (2008). *Narrazione e diversità. L'approccio narrativo in Pedagogia e didattica speciale*. Roma: Anicia.

Gaspari, P. (2002). Preti e filantropi, mentori e terapeuti: pionieri di una nuova professionalità educativa. In A. Canevaro, & A. Goussot (A cura di), *La difficile storia degli handicappati* (p. 75–100). Roma: Carocci.

Gaspari, P. (2011). *Sotto il segno dell'inclusione*. Roma: Anicia.

Gaspari, P. (2001). Un epistemologia per la pedagogia speciale. *Studium Educationis* (3), 567–579.

Gaspari, P., & Sandri, P. (2010). *Inclusione e diversità. Teorie e itinerari progettuali per una rinnovata didattica speciale*. Milano: FrancoAngeli.

Gelati, M. (2004). *Pedagogia speciale e integrazione. Dal pregiudizio agli interventi educativi*. Roma: Carocci.

Giusti, M. (1999). *Il desiderio di esistere. Pedagogia della narrazione e disabilità*. Firenze: La Nuova Italia.

Goussot, A. (2007). *Epistemologia, tappe costitutive e metodi della pedagogia speciale*. Roma: Aracne.

Goussot, A. (A cura di). (2009). *Il disabile adulto. Anche i disabili diventano adulti e invecchiano*. Santarcangelo di Romagna: Maggioli.

Goussot, A. (2002). Storia e handicap: fonti, concetti e problematiche. In A. Canevaro, & A. Goussot (A cura di), *La difficile storia degli handicappati* (p. 27–73). Roma: Carocci.

Goussout, A. (2009). Introduzione. In A. Goussout (A cura di), *Il disabile adulto. Anche i disabili diventano adulti*. Santarcangelo di Romagna: Maggioli.

Granese, A. (1993). *Il labirinto e la porta stretta. Saggio di pedagogia critica*. Firenze: La Nuova Italia.

Griffo, G. (2009). Introduzione. In P. Baratella, & E. Littamè, *I diritti delle persone con disabilità. Dalla Convenzione Onu alle buone pratiche* (p. 11–14). Trento: Erickson.

Grimaldi, A. (1960). *Storia dell'educazione dei sordomuti*. Bologna: Scuola professionale tipografica sordomuti.

Gruppo di Pedagogia Speciale SIPED (A cura di). (2005). Punti essenziali per la formazione dell'insegnante di sostegno. *L'integrazione scolastica e sociale* (4/2), 181–182.

Ianes, D. (2005). *Bisogni Educativi Speciali e inclusione*. Trento: Erickson.
Ianes, D. (2006). *La speciale normalità. Strategie di integrazione e inclusione per le disabilità e i Bisogni Educativi Speciali*. Trento: Erickson.
Ianes, D. (1992). L'adattamento attivo della famiglia con handicap. In E. Byme, C. C, & S. P, *Le famiglie dei bambini Down* (p. 7–30). Trento: Erickson.
Ianes, D., & Macchia, V. (2008). *La didattica per i bisogni educativo speciali. Strategie e buone prassi di sostegno inclusivo*. Trento: Erickson.
Imprudente, C. (2003). *Una vita imprudente*. Trento: Erickson.
Kramer, R. (1976). *Maria Montessori. A Biography*. New York: Putnam.
Laborit, E. (1995). *Il grido del gabbiano*. Milano : Rizzoli.
Lane, H. (1976). *L'enfant sauvage de l'Aveyron*. Paris: Payot. .
Larocca, F. (2007). Integrazione/inclusione in Italia. In A. Canevaro (A cura di), *L'integrazione scolastica degli alunni con disabilità. Trent'anni di inclusione nella scuola italiana* (p. 39–57). Trento: Erickson.
Lascioli, A. (2004). *Elementi introduttivi alla pedagogia speciale*. Verona: Libreria Editrice Universitaria.
Lascioli, A. (2001). *Handicap e pregiudizio. Le radici culturali*. Milano: FrancoAngeli.
Lepri, C. (2011). *Viaggiatori inattesi. Appunti sull'integrazione sociale delle persone disabili*. Milano: FrancoAngeli.
Levinas, E. (2002). Responsabilità e sostituzione. In A. Ponzio (A cura di), *Dall'altro all'io* (p. 149–154). Roma: Meltemi.
Malson, L. (1964). *Les enfants sauvages* (trad. it., Milano: Rizzoli, 1964 ed.). Paris: Union générale d'éditions.
Mannoni, M. (1971). *Il bambino ritardato e la madre*. Torino: Boringhieri.
Mannucci, A. (2000). Bambini selvaggi, bambini mostri: tra immaginario e realtà. In S. Ulivieri (A cura di), *L'educazione e i marginali. Storia, teorie, loughi e tipologie dell'emarginazione* (p. 147–163). Scandicci: La Nuova Italia.
Melazzini, M., & Piazza, M. (2007). *Un medico, un malato, un uomo. Come la malattia che mi uccide mi ha insegnato a vivere*. Torino: Lindau.

Ministero della Pubblica Istruzione. (2007). *Indicazioni per il curricolo per la scuola dell'infanzia e per il primo ciclo d'istruzione*. Napoli: Tecnodid.

MIUR. (2009). *Home » Istruzione » Normativa » 2009 » prot4274_09*. Tratto il giorno Agosto 20, 2012 da Ministero dell'istruzione, dell'Università e della Ricerca: http://www.istruzione.it/web/istmzione/prot4274_09

Moletto, A., & Zucchi, R. (A cura di). (2001). *Progetto la pedagogia dei genitori*. Torino: Morea.

Moliterni; P. (2012). Inclusione e integrazione: lo sguardo sulla cittadinanza. In L. d'Alonzo, & R. Caldin (A cura di), *Questioni, Sfide e Prospettive della Pedagogia Speciale* (p. 99–114). Napoli: Liguori.

Moliterni, P., De Stasio, S., & Carboni, M. (2011). *Studiare all'Università Strategie di apprendimento e contesti formativi*. Milano: FrancoAngeli.

Montesano, G. F. (1913). *Assistenza dei deficienti, amorali e minorenni delinquenti*. Milano: Vallardi.

Montessori, M. (1910). *Antropologia Pedagogica*. Milano: Vallardi.

Montessori, M. (2003). *La scoperta del bambino* (ed. orig. 1948). Milano: Garzanti. 〔鼓常良訳『子どもの発見』国土社、一九七一〕

Montuschi, F. (1997). *Fare ed Essere. Il prezzo della gratuità nell'educazione*. Assisi: Cittadella.

Montuschi, F. (1992). Pedagogia speciale. In M. Leang (A cura di), *Enciclopedia pedagogica* (p. 8862–8866). Brescia: La Scuola.

Moravia, S. (1972). *Il ragazzo selvaggio dell'Aveyron. Pedagogia e Psichiatria nei testi di J. Itard, Ph. Pinel e dell'anonimo della «Décade»*. Bari: Laterza.

Morin, E. (2001). *I sette saperi necessari all'educazione del futuro*. Milano: Raffaello Cortina.

Morin, E. (2000). *La testa ben fatta. Riforma dell'insegnamento e riforma del pensiero*. Milano: Raffaello Cortina Editore.

Mura, A. (2004). *Associazionismo familiare, handicap e didattica. Una ricerca esplorativa*. Milano: FrancoAngeli.

Mura, A. (2011). Attività motoria e sportiva integrata: un traguardo possibile. *L'integrazione scolastica e sociale* (10/4), 323–330.

Mura, A. (2007). Dalle barriere architettoniche all'accessibilità: cultura e formazione intorno ai temi della disabilità. *L'integrazione scolastica e sociale* (6/4), 366–374.

Mura, A. (2004). Disabilità intellettiva: tra integrazione dei saperi e riunificazione della persona. *L'integrazione scolastica e sociale* (3/5), 467–484.

Mura, A. (2009). Famiglie e associazionismo: il contributo al processo di integrazione nell'ultimo mezzo secolo. In M. Pavone (A cura di), *Famiglia e progetto di vita. Crescere un figlio disabile dalla nascita alla vita adulta* (p. 313–327). Trento: Erickson.

Mura, A. Gli Istituti speciali per sordi: dal primo dibattito metodologico agli sviluppi per l'integrazione in Italia. *L'integrazione scolastica e sociale* (11/4), in stampa.

Mura, A. (2011). L'"accessibilità": considerazioni teoriche e istanze operative. In A. Mura (A cura di), *Pedagogia speciale oltre la scuola. Dimensioni emergenti nel processo di integrazione* (p. 40–60). Milano: FrancoAngeli.

Mura, A. (2005). Orientamento formativo e azione didattica. In A. Mura (A cura di), *L'orientamento formativo. Questioni storico-tematiche, problemi educativi e prospettive pedagogico-didattiche* (p. 79–114). Milano: FrancoAngeli.

Mura, A. (2005). Orientamento formativo e disabilità: famiglia, scuola, lavoro. In A. Mura (A cura di), *L'orientamento formativo. Questioni storico-tematiche, problemi educativi e prospettive pedagogico-didattiche* (p. 143–188). Milano: FrancoAngeli.

Mura, A. (2007). Pedagogia speciale. *Pedagogia Oggi* (3), 30–141.

Mura, A. (A cura di). (2011). *Pedagogia Speciale oltre la scuola. Dimensioni emergenti nel processo di integrazione*. Milano: FrancoAngeli.

Mura, A. (2009). Pregiudizi e sfide dell'inclusione: le attività motorie e sportive integrate. In L. de Anna (A cura di), *Processi formativi e percorsi di integrazione nelle scienze motorie* (p. 111–137). Milano: FrancoAngeli.

Mura, A. (2006). Prospettive di ricerca per l'integrazione sociale in età adulta. (A. Mura, A cura di) *L'integrazione scolastica e sociale* (5/2), 104–146.

Mura, A. (2008). Tra passato e presente verso il futuro: i genitori di fronte alla diagnosi. *L'integrazione scolastica e sociale* (7/1), 45–57.

Mura, A. (2007). Tra passato e presente: l'identità professionale dell'insegnante specializzato. In A. Leone, & G. Moretti (A cura di), *Formazione continua e ricerca nell'Università. Progettazione e valutazione di un Corso di specializzazione per insegnanti* (p. 71–98). Cagliari: CUEC.

Mura, A. (2007). Tra storia e attualità: l'associazione nazionale famiglie di persone con disabilità intellettiva e/o relazionale. *"Gulliver" ErreessE* (68), 104–108.

Mura, A. (2007). Tra welfare state e welfare society: il contributo culturale e sociale dell'associazionismo al processo di integrazione delle persone disabili. In A. Canevaro (A cura di), *L'integrazione scolastica degli alunni con disabilità. Trent'anni di inclusione nella scuola italiana* (p. 413–430). Trento: Erickson.

Mura, A., & Salis, F. (2005). Un'esperienza transnazionale di integrazione. "Special styles and strategies in teaching those with special needs and not only". *L'integrazione scolastica e sociale* (4/5), 423–444.

Neri, S. (1999). L'integrazione delle persone in situazione di handicap nella scuola di tutti. *I quaderni* (8), 3–47.

Nocera, S. (2001). *Il diritto all'integrazione nella scuola dell'autonomia. Gli alunni in situazione di handicap nella normativa scolastica italiana*. Trento: Erickson.

Nolan, C. (1988). *Sotto l'occhio dell'orologio*. Panna: Guanda.

OCDE. (1995). *L'intégration scolaire de l'élèves a besoins particuliers*. Paris: Cedex.

Pati, L. (2011). La prospettiva antropologica. In L. Croce, & L. Pati (A cura di), *ICF a scuola. Riflessioni pedagogiche sul funzionamento umano* (p. 9–21). Brescia: La Scuola.

Pavone, M. (2010). *Dall'esclusione all'Inclusione. Lo sguardo della Pedagogia Speciale*. Milano: Mondadori.

Pavone, M. (2009). Editoriale. *L'integrazione scolastica e sociale* (8/4), 300–302.

Pavone, M. (2001). *Educare nelle diversità. Percorsi per la gestione dell'handicap nella scuola dell'autonomia*. Brescia: La Scuola.

Pavone, M. (A cura di). (2009). *Famiglia e progetto di vita. Crescere un figlio disabile dalla nascita alla vita adulta*. Trento: Erickson.

Pavone, M. (2007). La via italiana dell'integrazione scolastica degli allievi disabili. Dati quantitativi e qualitativi. In A. Canevaro (A cura di), *L'integrazione scolastica degli alunni con disabilità. Trent'anni di inclusione nella scuola italiana* (p. 159–183). Trento: Erickson.

Pavone, M. (2004). *Personalizzare l'integrazione. Un progetto educativo per l'handicap tra professionalità docente e dimensione comunitaria*. Brescia: La Scuola.

Pesci, G., & Pesci, S. (2005). *Le radici della pedagogia speciale*. Roma: Armando.

Pinel, P. (1813). *Nosographie philosophique, ou la méthode de l'analyse appliquée à la médecine*. Paris: J. A. Brosson.

Pines, M. (1969). *Rivoluzione nell'apprendimento. Dalla nascita ai sei anni*. Roma: Armando.

Platone. *La Repubblica* (trad. it., Roma-Bari, Laterza, 1994 ed.).〔『国家』(上・下)岩波書店、一九七九〕

Pontiggia, G. (2000). *Nati due volte*. Milano: Mondadori.

Porcari Li Destri, G., & Volterra, V. (1995). *Passato e presente: uno sguardo sull'educazione dei sordi in Italia*. Napoli: Gnocchi.

Pruneri, F. (2003). La politica scolastica dell'integrazione nel secondo dopoguerra. In G. M. Cappai (A cura di), *Percorsi dell'integrazione. Per una didattica delle diversità personali* (p. 55–80). Milano: FrancoAngeli.

Rohde, K. (2001). *La ragazza porcospino*. Milano: Corbaccio.

Sagliaschi, S. (2010). L'ICF nei servizi socio-sanitari italiani. *L'integrazione scolastica e sociale* (9/5), 509–515.

Salis, F. (2011). Progettazione integrata e responsabilità sociali. In A. Mura (A cura di), *Pedagogia Speciale oltre la Scuola. Dimensioni emergenti nel processo di integrazione* (p. 61–76). Milano: FrancoAngeli.

Santerini, M. (2008). *Formazione e progettualità nei servizi educative*. Milano: FrancoAngeli.

Schmitt, J. C. (1980). *La storia dei marginali*. Milano: Mondadori.

Scocchera, A. (1993). Una biografia intellettuale. In Opera Nazionale Montessori (A cura di), *Maria Montessori: il pensiero, il metodo* (p. 7–62). Teramo: Lisciani & Giunti Editori.

Séguin, É. (1970). *Cura morale igiene ed educazione degli idioti e di altri fanciulli ritardati nello sviluppo, agitati da movimenti involontari, debili, muti non sordi, balbuzienti ecc*. (G. Bollea, A cura di). Roma: Armando Editore. 〔中野善達訳『知能障害児の教育』福村出版、一九八〇〕

SIPeS (A cura di). (2012). Gli alunni con disabilità nella scuola italiana: bilancio e proposte. La posizione della SIPeS sul rapporto dell'Associazione Treelle, Caritas italiana e fondazione Agnelli. *L'integrazione scolastica e sociale* (11/3), 300–305.

SIPeS (A cura di). (2009). Osservazioni al documento del gruppo di lavoro per la formazione del personale docente - DM 30/07/08 (Israel) e alla Bozza di regolamento. *L'integrazione scolastica e sociale* (8/2), 181–184.

Stiker, H. J. (2010). *Corps Infirmes et sociétés. Essais d'anthropologie historique*. Paris: Dunod.

Swain, J., French, S., Barnes, C., & Thomas, C. (2004). *Disabling Barriers- Enabling Environments*. London: Sage.

Tortello, M., & Pavone, M. (A cura di). (1999). *Pedagogia dei genitori: handicap e famiglie. Educare alle autonomie*. Torino: Paravia Scriptorium.

Tripodi, P. (2004). *Vivere malgrado la vita. Sguardi di un disabile sul mondo*. Roma: DeriveApprodi.

Trisciuzzi, L. (1999). *Il mito dell'infanzia. Dall'immaginario collettivo all'immagine scientifica*. Napoli: Liguori.

Trisciuzzi, L. (2002). *Manuale di didattica per l'handicap*. Roma-Bari: Laterza.

Trisciuzzi, L., Fratini, C., & Galanti, M. A. (1996). *Manuale di pedagogia speciale. Nuove prospettive e itinerari psico-pedagogici*. Roma-Bari: Laterza.

Ulivieri, S. (1997). Sentieri storici dell'emarginazione. In S. Ulivieri (A cura di), *L'educazione e i marginali. Storia, teorie, luoghi e tipologie dell'emarginazione* (p. 3–38). Scandicci: La Nuova Italia.

Unione Italiana Lotta alla Distrofia Muscolare. (2009–2012). *Legge 30 marzo 1971, n. 118*. Tratto il giorno Agosto 27, 2012 da Handylex.org: http://www.handylex.org/stato/1300371.shtml

Unione Italiana Lotta alla Distrofia Muscolare. (2009–2012). *Legge 4 agosto 1977, n. 517*. Tratto il giorno Agosto 20, 2012 da Handylex.org: http://www.handylex.org/stato/1040877.shtml

Vico, G. (1984). *Handicappati*. Brescia: La Scuola.

Visalberghi, A. (A cura di). (1979). *Rousseau, Emilio*. Roma-Bari: Laterza.

WHO. (2001). *International Classification of Functioning Disability and Health*. Geneva: WHO.〔障害者福祉研究会編『ＩＣＦ国際生活機能分類――国際障害分類改定版』中央法規出版、二〇〇二〕

WHO. (1980). *International Classification of Impairments, Disabilities and Handicap. A Manual of Classification Relating to the Consequences of Disease*. Genève: World Health Organization.

Zambrano, M. (2008). *Per l'amore e per la libertà. Scritti sulla filosofia e sull'educazione*. Città di Castello: Marietti.

Zappaterra,T. (2003). *Braille e gli altri. Percorsi storici di didattica speciale*. Milano: Unicopli.

Zappaterra,T. (2006). Percorsi autobiografici dell'handicap. In L. Trisciuzzi, T. Zappaterra, & B. L, *Tenersi per mano. Disabilità e formazione del sé nell'autobiografia* (p. 57–93). Firenze: University Press.

Zappaterra, T. (2010). *Special needs a scuola. Pedagogia e didattica inclusiva per l'alunno con disabilità*. Pisa: ETS.

Zavalloni, R. (1967). La formazione degli insegnanti specializzati. In R. Zavalloni (A cura di), *La pedagogia speciale e i suoi problemi* (p. 159–236). Brescia: La Scuola Editrice.

Zavalloni, R. (A cura di). (1969). *La pedagogia speciale e i suoi metodi*. Brescia: La Scuola.

Zavalloni, R. (1967). Problematica della pedagogia speciale. In R. Zavalloni (A cura di), *La pedagogia speciale e i suoi problemi* (p. 19–84). Brescia: La Scuola Editrice.

Zelioli, A. (1979). Dalle classi differenziali all'integrazione scolastica degli handicappati. *Scuola italiana moderna* (1).

Zurru, A. L. (2011). Bioetica e disabilità: una riflessione etica sulle condizioni della vita. In A. Mura (A cura di), *Pedagogia Speciale. Dimensioni emergenti nel processso di integrazione* (p. 158–173). Milano: FrancoAngeli.

●日本語主要参考文献

イタール、J．M．G．（古武彌正訳）『アヴェロンの野生児』福村出版、一九七五
イタール、J．M．G．（中野善達・松田清訳）『野生児の記録7　新訳アヴェロンの野生児』福村出版、一九七八
上田敏『ICF（国際生活機能分類）の理解と活用――人が「生きること」「生きることの困難（障害）」をどうとらえるか』萌文社、二〇〇五
宇佐見耕一他編『世界の社会福祉年鑑』旬報社、二〇〇一～二〇二〇
オックマン、ジャック（阿部恵一郎訳）『精神医学の歴史（新版）』白水社、二〇〇七
甲斐仁子「マリア・モンテッソリ年譜（改訂版）」『藤女子大学紀要』第四六号、二〇〇九
川口幸宏『知的障害（イディオ）教育の開拓者セガン――孤立から社会化への探究』新日本出版社、二〇一〇
黒田学編『ヨーロッパのインクルーシブ教育と福祉の課題（世界の特別ニーズ教育と社会開発シリーズ2）』クリエイツかもがわ、二〇一六
国立特殊教育総合研究所「イタリアのインクルーシブ教育における教師の資質と専門性に関する調査研究成果報告書」独立行政法人国立特殊教育総合研究所、二〇〇五
国立特殊教育総合研究所『ICF（国際生活機能分類）活用の試み』ジアース教育新社、二〇〇五
小島晴洋他『現代イタリアの社会保障――ユニバーサリズムを越えて』旬報社、二〇〇九
小谷眞男編『新 世界の社会福祉4 南欧』旬報社、二〇二〇
佐藤一子『イタリア学習社会の歴史像――社会連帯にねざす生涯学習の協働』東京大学出版会、二〇一〇
霜田洋祐『歴史小説のレトリック――マンゾーニの〈語り〉』京都大学学術出版会、二〇一八
初宿正典・辻村みよ子編『新解説世界憲法集第3版』三省堂、二〇一四
障害者福祉研究会編『ICF国際生活機能分類――国際障害分類改定版』中央法規出版、二〇〇二
ショーター、エドワード（木村定訳）『精神医学の歴史――隔離の時代から薬物治療の時代まで』青土社、一九九九
スムレーニュ、ルネ（影山任佐訳）『フィリップ・ピネルの生涯と思想』中央洋書出版部、一九八八

セガン、エドゥアール（川口幸宏訳）『初稿 知的障害教育論――白痴の衛生と教育』幻戯書房、二〇一六
セガン、エドゥアール（中野善達訳）『知能障害児の教育』福村出版、一九八〇
セガン、エドゥアール（末川博監修／薬師川虹一訳）『障害児の治療と教育――精神薄弱とその生理学的治療』ミネルヴァ書房、一九七三
竹田康子『モンテッソーリ教具成立過程の研究――セガンからブルヌヴィルを経てモンテッソーリへ』大阪大学（博士論文）、二〇一六
田辺厚子・青柳啓子編『田辺敬子の仕事教育の主役は子どもたち――イタリアの教育研究から見えたもの』社会評論社、二〇一四
津田道夫『障害者教育の歴史的成立――ルソー・イタール・セガン・モンテッソーリ』三一書房、一九八二
津曲裕次「19世紀初頭のフランスにおける白痴教育に関する一研究」『奈良教育大学紀要』第一八巻第一号、一九六九
中井久夫『西欧精神医学背景史』みすず書房、一九九九
中村満紀男・荒川智編『障害児教育の歴史』明石書店、二〇〇三
仲村優一・一番ヶ瀬康子編『世界の社会福祉5 フランス・イタリア』旬報社、一九九九
日本特別ニーズ教育学会『SNEジャーナル17 インクルーシブ教育についての国際比較研究』文理閣、二〇一一
ピネル、フィリップ（影山任佐訳）『精神病に関する医学・哲学論』中央洋書出版部、一九九一
藤井力夫「解題試論、エドゥアール・セガン『知的障害者教育宣言』（１８３９）」『障害児の教育権保障と教育実践の課題』群青社、二〇一四
前之園幸一郎「マリア・モンテッソーリの障害児教育への視座」『青山學院女子短期大學紀要』第五九巻、二〇〇五
前之園幸一郎「『新しい女性』の誕生とその時代的背景――マリア・モンテッソーリと大学生活」『青山學院女子短期大學紀要』第六一巻、二〇〇七
嶺井正也『障害児と公教育――共生共育への架橋』明石書店、一九九七
嶺井正也『共育への道――「サラマンカ宣言」を読む』アドバンテージサーバー、一九九八

嶺井正也『現代教育政策論の焦点』八月書館、二〇〇六
メイヤー、C.他編（渡邊益男監訳／渡邊健治・荒川智訳）『特別なニーズ教育への転換――統合教育の先進6カ国比較研究』川島書店、一九九七
モンテッソーリ、マリア（田中正浩訳）『人間の可能性を伸ばすために 新版』青土社、二〇一八
モンテッソーリ、マリア（関聡訳）『新しい世界のための教育 新版』青土社、二〇一八
モンテッソーリ、マリア（林信二郎・石井仁訳）『モンテッソーリの教育――子どもの発達と可能性　子どもの何を知るべきか』あすなろ書房、一九八〇
モンテッソーリ、マリア（鼓常良訳）『子どもの発見』国土社、一九七一
モンテッソーリ、マリア（中村勇訳）『子どもの発見』日本モンテッソーリ教育綜合研究所、二〇〇三

訳者あとがき

私は特別支援学校（養護学校）の現職教員である。本訳書の出版を朧気ながら構想し始めた頃、勤務先では高等部の所属となり、折しも卒業を控えた生徒たちを抱えることになっていた。卒業後の進路をめぐって、不安げな面持ちの生徒や保護者の方々と一緒になって、いろいろと頭を悩ませながら、決して多くはない選択肢の中から生徒一人ひとりに相応しい就職先を見つけ出す必要に迫られていた。しかしながら、大きな可能性を秘めているはずの教え子たちに、ほんのわずかな職種の仕事しか提示できない厳しい現実を前にして、私は愕然たる思いにとらわれていた。彼らが社会に出て生きていく姿を思い浮かべてみても、そこに教え子たちにとって希望に満ちた将来像を想像することはとてもできなかった。そして、同時に妬ましく思えたのは、かつて短くない留学生活を送ったことのあるイタリアで目にした教育現場の実情に関わることだった。イタリアでは、早くも一九七〇年代（日本ではこの時代になってようやく養護学校が義務化された）に障害児の学校が閉鎖され、すでに半世紀にわたって、障害児を含めて誰もが地域の学校で一緒に学ぶフルインクルーシブ教育が実践されている現実があった。

日本では特別支援学校に通学する子どもたちの多くは、スクールバスを利用するなどして、徒歩圏を超えた広域から学校に通ってきている。そのため、普段の生活が根ざしているべき地域社会との関係性は希薄になり、地域の通常の学校に通学する子どもたちとの交流は、まったくないに等しい状態になっている。にもかかわらず、特別支援学校の子どもたちは、高等部を卒業すると、重い障害のある子どもたちであればなおさらのこと、生活圏たる地元に仕事の場を求めざるを得なくなる。しかも、そうした職場の大半は、障害のある人々のためだけに用意されたものである。つまり、日本社会で障害をもって生まれ暮らしていくということは、いささか悲観的な見方をするなら、障害者が学校教育を通じて地域社会から切り離され、ふたたび学校を卒業した後に地域社会に戻されると、障害者同士だけの生活を再開させられるという矛盾を生きることを意味している。そこには、通常の社会に開かれているとはとても言いがたい特有の文脈を障害者たちが生きることを余儀なくされた重い現実が横たわっている。

私がかつて留学生活を送っていたイタリアでは、本書でも紹介されているように、障害児だけの学校が撤廃され、障害の有無にかかわらず誰もが地域の同じ学校で学んでいる。学校教育自体がこのフルインクルーシブの大原則に基づいて行われているため、その延長線上にある卒業後の世界が、日本に比べてはるかにインクルーシブな社会となるのは当然だった。イタリアでは障害者だけの社会も職場もそもそも存在しないといえるだろう。

私が暮らしていた北イタリアのヴェネツィアでも、決して歩きやすいとはいえない石畳を歩き、町中に架けられた無数の橋を渡って、誰もが毎日地域の学校に通っている。地域社会で暮らすということは、同じ生活環境を共有し、同じ空間に生き、そして何よりも大事なことは、地域で暮らす誰もが互いに「あなたを知っている」という認識をもって生活していることである。イタリアという日本とは異なる教育制度の下での暮らしを実際に目にしてきた経験から、私は日本においても障害のある生徒たちへの教育のあり方、そして卒業後の彼らの受け容れや社会のあり方をめぐって、今一度、根本的に見つめ直す必要があると痛感するようになった。そこで、まずは私自身がイタリアのフルインクルーシブ教育について深く学び、日本ではほとんど知られていないイタリアのインクルーシブ教育のあり方と、それを受け容れているインクルーシブなイタリア社会の姿をつぶさに日本に伝えていく必要があると思い至るようになった。本書の出版を構想したそもそもの由縁である。

＊

本書は、二〇一二年にイタリアで出版された Antonello Mura, *Pedagogia speciale. Riferimenti storici, temi e idee*（アントネッロ・ムーラ著『ペダゴジア・スペチャーレ ―― 歴史・課題・理念』）を底本とする翻訳である。序文に付した訳注でも触れた通り、「Pedagogia speciale」という用語は、あえて日本語訳すれば「特別教育」とでもなるだろうか。しかし、目下「特別支援教育」という名称で行われている日本の教育と特有のシステムに基づくイタリアの教育とは、たとえば通常の学校における障害児の受け容れ体制をめぐってまったく異なる方向性を示しており、同列に議論することはできない。したがって、本書では日本の「特別支援教育」の名称と区別するために、イタリアのそれを「ペダゴジア・スペチャーレ」と分けて表記することとした。

イタリアは、一九七〇年代に教育体制そのものを根底から転換させ、世界の国々に先駆けて「フルインクルーシブ教育」へと大きく舵を切った。その際、障害児のための学校を廃止し、特別な教育的ニーズをもつすべての子どもたちを通常の学校に受け容れるために、教育制度を抜本的に見直して、（少人数制の学級、支援教師を含めた複数担任制、カリキュラムの柔軟化、教育現場における医療・福祉分野の専門職との連携など）あらゆる多様性に対応するべく学校改革を断行した。本書のタイトルをインクルーシブ教育ではなく、あえて「フルインクルーシブ教育」としたのも、日本を含めて世界の多くの国々で展開されている現行の「インクルーシブ教育」と、「すべての子どもたち」が通常の学校で学んでいるイタリアの教育制度を明確に区別するためである。日本のように、一方で特別支援学校（養護学校）を保持しながら、限定的な状況や特定の場所で実施されている「インクルーシブ教育」と、原則としてすべての子どもたちが同じ学校で学んでいるイタリアのフルインクルーシブ教育との間には、教育制度や教育理念において、さらに目指されている社会像においても決定的な相違があるからである。

さて、本書はイタリア独自の教育である「ペダゴジア・スペチャーレ」のそもそもの起源を探究することから始められている。著者による歴史的研究の視野は、障害者の最初の「足跡」が残されているとされる紀元前にまで広げられている。長い時を経て、この教育の学問的な源泉はフランスの地に見出され、極めて傑出した教育学者だったマリア・モンテッソーリがこのフランスの優れた教育思想を継受して学問探究の領野を押し広げてゆくが、それがそのまま現代イタリアの教育の歴史文脈へと受け継がれている。さらに、一九七〇年代になると、「フルインクルーシブ教育」を掲げる「ペダゴジア・スペチャーレ」の理念が生まれ、その発展の様相が現代にいたるまで克明に描き出されている。本書を通じて、「ペダゴジア・スペチャーレ」という学問の歴史的な変遷が、はるかその起源から現在にいたるまで概観されているのである。

本書の大きな特徴として第一に挙げられるのは、「ペダゴジア・スペチャーレ」という学問の歴史的な成立と展開が、それの依拠している哲学や理念といったものに重点を置いて描かれていることである。おそらく、このことはイタリアの教育に備わっている本質的な特徴と無縁ではない。イタリアの教育は、一九七〇年代にフルインクルーシブな教育へと転換したが、この歴史的といえる大転換は、必ずしもイタリア固有の社会的・文化的な土壌だけによって生み出されたものではなく、むしろ世界史的な潮流や文脈の中で生成されたものとして位置づけられるべきものである。

たとえば、一九五〇～六〇年代にかけて、教育や福祉の分野をはじめとして、より広範な領域に関わる「ノーマライゼーション」や「インテグレーション」といった新たな概念が生まれ、議論が活発化していった。続く一九七〇年代には、国連総会において「精神遅滞者（知的障害者）の権利宣言」（一九七一年）が採択され、七〇年代の末になると、イギリスで提出された「ウォーノック報告」（一九七八年）において、「特別な教育的ニーズ」という概念が提唱されている。そして、これらを背景にして、世界全体を巻き込んだ革新的な潮流が、障害者をめぐる新たな歴史的・文化的・社会的な風土を醸成しつつあった。その成果の一つとして、世界的な動向に後押しされ準備されていったのが、イタリアの「ペダゴジア・スペチャーレ」の歴史的な大転換だったのである。

このような状況下で、イタリアが中長期的なスパンで実現すべき理念として掲げたのが「フルインクルーシブ教育」だった。数十年先を見据えて目標を設定し、その目標に向かって現状を一歩一歩改善していくというイタリアの教育制度改革の特徴をここに見出すことができる。一九七〇年代の教育分野の改革期には、現下のイタリア教育の状況にとって、一つには掲げられた理念が数段も先行していたために、教育現場等には実際にさまざまな混乱が生じてもいた。この事態は、イタリアの教育方式に懐疑的な立場を取る人々からは格好の批判の的となった。

しかしながら、別の視点から考えてみると、イタリアの教育が未来を見据えた大きなビジョンに基づく課題を提起していたからこそ、世界の国々に先駆けて、もっとも革新的に文字通りの「フルインクルーシブ教育」を推進していくことができたともいえる。その意味では、本書の中でイタリアの教育が掲げる哲学や理念の検討に大きな紙幅が割かれているのは、イタリアが実践してきたフルインクルーシブ教育の本質に迫りうるという意味では、必然的なアプローチともいえるだろう。

とはいえ、イタリアのフルインクルーシブ教育が一般的にはほとんど知られていない日本の現状を考慮に入れると、本書を通じて、哲学や理念に強く傾斜したイタリアの教育像が作り上げられてしまうことは、あまりに一面的に過ぎ、日本の読者には誤解を与えるのではないかと危惧された。したがって、イタリアの教育独自の哲学や理念に基づいて、具体的にいかなる教育制度が確立され、教育現場ではどのような実践が行われているのかを併せて提示しておくことが、イタリアの教育の全体像を過不足なく理解するためには不可欠であり、それが本書に期待される役割なのではないかと思われた。

そこで、日本語版の刊行にあたって別途小論を付載したが、それが本書の監修者による「イタリアにおけるフルインクルーシブ教育に学ぶ」である。原著で子細に展開されているイタリアの教育の歴史的な変遷をめぐる縦軸の議論と、その小論で示されているイタリアの現在の教育制度と教育実践をめぐる横軸の議論を統合することで、イタリアで行われているフルインクルーシブ教育の全体像として捉えていただければと考えている。

一九七〇年代にフルインクルーシブ教育に移行したイタリアは、現在まで当初の理念を堅持し、すべての多様性を包摂することを志向しつつフルインクルーシブ教育を継続して実践している。そのことは、ごくわずかな例外を除いて(イタリアでは、特例としてごく一部の視覚障害者と聴覚障害者のための学校が維持されている)特別な教育的ニーズをもつ子どもたちの九九%以上が、通常の学校で健常な子どもたちと一緒に学んでいるという事実に端的に表れている。本稿では、イタリアのフルインクルーシブ教育を「独自」あるいは「特有」という表現を用いて形容してきたが、そうしたイタリアで享受されている教育は、突然変異のようにして生まれ、イタリアの地で特異な哲学や理念によって鍛え上げられ、それによって得られた独自でラディカルな教育メソッドであると理解してしまってよいだろうか。結論めいたことを先に述べてしまうなら、イタリアの教育は極めて「正統的」ともいえる数多くの特質を備えているのである。

障害のある子どもたちに対する教育は、世界史的な視点から見てみると、多くの国々で、障害者（障害児）の排除（あるいは隔離）→分離教育→統合教育→インクルーシブ教育という経緯をたどってきたことが認められる。もちろんイタリアの場合も例外ではなく、長い排除と隔離の時代を経て、一九七〇年代になって、イタリアはインクルーシブ教育に移行したが、イタリアの制度移行が独自であったのは、それが障害児に対する分離教育との決別を意味していたことだった。別の言い方をするなら、イタリアが教育の方向性を大きく転換した時、当初はその教育は「統合」を意味するイタリア語「Integrazione」で表されていたが、イタリアの場合には、その内実は分離から統合へといった概念を超えて、フルインクルージョン教育への移行を意味していたのである。

さて、本書の第2章に目を向けると、「ペダゴジア・スペチャーレ」の発祥の地としてフランスが挙げられている。この分野の先駆者と目されているペレール、ド・レペー、アユイ、ブライユ、そしてイタールやセガンといった人物たちが、フランスを主な活躍の場としていたからだが、本書では、彼らのうちから第2章ではイタール、第3章ではセガンが取り上げられ、彼らが成し遂げた革新的な仕事の内容とその意義が余すところなく語られている。

そして、そのイタールやセガンの遺産の中に大きな価値を再発見し、それをわがものとして体得することから自身のキャリアを出発させたのが、他ならぬマリア・モンテッソーリだった。そのモンテッソーリが、障害児教育の金字塔といえる業績を残し、現代にもつながるイタリア教育のあり方に盤石の礎を築いたことは広く知られている。第4章で明らかにされているように、イタリアの教育の伝統には、このモンテッソーリという正統的な後継者を介して、フランスのイタールやセガンの唱えた哲学や実践が継承され、それが現代まで脈々と受け継がれてきている。フランス発祥の障害児教育に関する思想と方法は、モンテッソーリを介してイタリアの地に深く刻み込まれているのである。

次に国際的な視点からイタリアの教育の様相を見ておこう。一九七〇年代のイタリアの教育の歴史的な転換が、世界史的な潮流や文脈の中に位置づけられるものであることは先に指摘した通りである。それに加えて、第6章では、障害者をめぐる新たな国際標準となった理念や概念モデルと、イタリアの教育のそれらとの関係性が詳細に論じられている。なかでもとりわけ重要なのが、現代イタリアの教育が依拠する重要な理念を提供している「障害者の権利に関する条約」(二〇〇六年)の存在である。イタリアはこの条約に二〇〇九年に署名・批准し、同条約は国法として位置づけられて今日に至っている。

さらには、イタリアの教育制度において、人間の健康状態や障害を捉えるための概念モデルとして採用されたのが、国際生活機能分類(ICF)(二〇〇一年)である。教育実践の場においては、「特別な教育的ニーズ」を要する生徒への教育は、「個別教育計画(PEI)」に基づいて実施されるが、二〇二〇年に公表された省令では、「個別教育計画」の作成にあたっては、ICFの概念モデルを活用することが義務づけられている。

ここまでイタリアの教育「ペダゴジア・スペチャーレ」の特徴について縷々述べてきた。この地平に立って改めて認識しうることは、イタリアの教育が、思想的にはフランスのイタールやセガンの遺産を継承し、国際的な潮流の中に出発点をもちつつ、現在では、国際標準となっている条約や概念モデルをも典拠として発展を遂げてきたという事実である。その意味では、イタリアの教育は、決して「特異」なものではなく、むしろ「正統的」といえる諸条件を多分に有している。仮にイタリアの教育に「独自」あるいは「特有」といえる側面を指摘できるとしたら、それは、新たに提唱されて国際的なスタンダードとなった理念や概念モデルを――その時点では、ある種の理想に過ぎないものに見えたとしても――いち早く教育システムの根幹に位置づけることで将来のビジョンを書き換え、新たに設定し直された到達点に向けて、教育制度や現場での実践を一つひとつ継続的に改善し続けてきたことにあると言えるだろう。

次に原著の訳出にあたって留意した点について述べておこう。まず全体を通じて、原著で扱われている議論には、教育の哲学や理念に関わる抽象度の高いものが多いうえ、原文の一文一文が非常に長く、論理的な筋道をたどることが容易ではない箇所が散見された。そうした場合には、論理的な流れを見失わないように細心の注意を払いながら、一文をいくつかの文章に分割せざるを得ないことがあった。訳者と監修者の間で、繰り返し訳文の推敲を重ねたが、訳者の浅学菲才ゆえに、読みやすさという点ではいささか心許ない箇所も残されているのではないかと危惧される。読者の方々のご批判とご叱正を仰ぎたいところである。

イタリア語を訳出する際の語彙の選択は、各時代の背景や歴史的な変遷にも十分に配慮して行った。たとえばイタリア語に「Diversità」という単語がある。この語は、「違い」「差異」「異質さ」「多様性」といった具合に幾通りにも訳し分けられる言葉である。最近頻繁に耳にする英語のダイバーシティにあたる語だが、多様性やダイバーシティという言葉が巷間に流布するに従って、少なくとも社会的には、個性を形成する要素として個々の「違い」を捉え直そうとする考え方が浸透してきているように思われる。しかし、障害や障害者をめぐる歴史をひもとけば容易にわかるように、ごく近年にいたるまで、障害に基づく「違い」は、標準的なものや正常なものとは異なる「異質な」ものとして捉えられており、好意的とは言いがたい印象を纏わされてきた。本書では歴史的背景や文脈を適切に踏まえながら、「Diversità」の語を多様に訳し分けているが、障害に基づく「違い」に対する理解の変化、あるいは社会的な受容の様態の変遷が、障害や障害者をめぐる歴史そのものの様相と密接に関連しているとも言えるだろう。

また、現在の日本では、公的には「知的障害」と呼ばれる障害に対して、イタリア語の原著では差別的な表現といえるものも含め幾通りかの語彙が用いられており、それらについては原語のニュアンスに忠実に「白痴」「精神薄弱」と訳出した箇所がある。「白痴」「精神薄弱」といった言葉は、明らかに差別的かつ否定的な意味合いのある呼称であるにもかかわらず、日本社会の歴史の中でも長きにわたって用いられてきた。日伊両国において、これらの語句が一般的に広く歴史的用語として用いられてきたこと自体、歴史社会における障害者に対する差別意識の根強さに改めて圧倒される思いがする。そうした障害者をめぐる呼称が、まごうことなき歴史時代の産物であることを忘れぬためにも、当時の原語がもつニュアンスに従って、忠実に日本語に置き換えることを心がけた。

最後になるが、本書の刊行にあたってさまざまな面でお世話になった方々に深く感謝の意を表したい。原著者でカリアリ大学教授のアントネッロ・ムーラ先生は、不勉強な訳者の質問にも丁寧に応じて下さり、さらに多忙な合間を縫って日本語版序文の執筆の労もおとりいただいた。出版を心待ちにしておられた先生にようやく本書を届けることができ、まずは安堵しているところである。そして、フィレンツェ大学准教授で建築家の畏友アンドレア・ヴォルペ氏には、原著者およびイタリア側の出版社との仲介役を買って出ていただいた。原著を翻訳するうえでの解釈に知恵を貸してくれたのは、日本近代史が専門の友人フィリッポ・ドルネッティ氏である。諸氏には心よりお礼を申し上げたい。

本書を担当して下さった明石書店の大江道雅氏と伊得陽子氏のお二人にも大変お世話になった。とりわけ伊得氏には、膨大な原注・訳注の割りつけをはじめ編集全般にわたって多大なご尽力をいただいた。また、本書の刊行にあたってはクラウドファンディングを活用した。友人や知人たちそして多くの方々からは、身に余るご支援を頂戴した。SNS等では本書に関心を寄せる多くの声や本書の刊行に対する応援のメッセージに接することができ、訳者として大いに勇気づけられるとともに、本書を刊行する意味と意義を改めて確認することができた。こうした多くの方々のお力添えやご支援がなければ、本書がこうした形で世に出ることはなかった。記して心より感謝申し上げたいと思う。

イタリアのフルインクルーシブ教育の実践とその延長線上に実現されつつあるインクルーシブな社会は、今後、日本が教育を通じて社会を創造していくにあたっての一つの道しるべとなり得るものである。自分自身を見つめ直すためには、比較の対象となったり対話の相手となってくれる他者の存在が必要である。本書の刊行が、これからの日本の教育と社会の未来に向けた議論の出発点となり、起爆剤としての役目を担ってくれるとすれば、訳者としての使命は十二分に果たされたといえる。

大内紀彦

■ 著者紹介

アントネッロ・ムーラ（Antonello Mura）

イタリア国立カリアリ大学教授
専門はペダゴジア・スペチャーレ（特に学校教育および社会における障害者の統合の問題を研究）。イタリア「ペダゴジア・スペチャーレ」学会（SIPeS）会員ほか。
著作に *Associazionismo familiare, handicap e didattica*（『家族会、ハンディキャップおよび教育法 ── 探究的研究』FrancoAngeli, 2004）、*Pedagogia speciale oltre la scuola. Dimensioni emergenti nel processo di integrazione*（アントネッロ・ムーラ編『ペダゴジア・スペチャーレ　学校を超えて ── 統合のプロセスに現れ FrancoAngeli, 2015）、*Diversità e inclusione. Prospettive di cittadinanza tra storico-culturali e questioni aperte*（『多様性とインクルージョン ── 歴史 プロセスと開かれた問いの間の市民の視点』FrancoAngeli, 2016）、*Orien formativo e progetto di vita. Narrazione e itinerari didattico-educativi*（アン ロ・ムーラ編『教育的な指針とライフ・プロジェクト ── 自分語りと教育の FrancoAngeli, 2018）ほか編著、論文など多数

イタリアのフルインクルーシブ教育
障害児の学校を無くした教育の歴史・課題・理念

2022年 9月30日　初版第1刷発行
2024年 6月30日　初版第4刷発行

著　者　アントネッロ・ム
監修者　大　内
訳　者　大　内　紀
発行者　大　江　道
発行所　株式会社明石書
〒101-0021 東京都千代田区外神田6
電話 03（5818）1
FAX 03（5818）1
振替　00100-7-24
https://www.akashi.co

装丁　明石書店デザイン
印刷・製本　モリモト印刷株式会

ISBN978-4-7503-5471
（定価はカバーに表示してあります

監修者紹介

大内　進（おおうち　すすむ）

星美学園短期大学日伊総合研究所客員研究員
独立行政法人国立特別支援教育総合研究所名誉所員
1949年生まれ。筑波大学大学院教育研究科修了。東京都教諭、筑波大学附属盲学校（現視覚特別支援学校）教諭、国立特別支援教育総合研究所盲教育研究室室長、教育支援部長などを歴任
日本弱視教育研究会会長（2010–2016）
専門は、視覚障害教育、イタリアのインクルーシブ教育等
著書に『視覚障害のためのインクルーシブアート学習 ── 基礎理論と教材開発』（編著、ジアーズ教育新社、2021年）、『視覚障害教育に携わる方のために5訂版』（共著、慶應義塾大学出版会、2016年）、『特別支援教育コーディネーターの役割と連携の実際 ── 教育のユニバーサルデザインを求めて』（編著、教育出版、2012年）、『ルイ・ブライユ（学習まんが人物館）』（監修、小学館、2016年）、『我が国における弱視教育の展開』（編著、あずさ書店、2013年）など

訳者紹介

大内　紀彦（おおうち　としひこ）

特別支援学校教員
1976年生まれ。イタリア国立ヴェネツィア大学大学院修了。神奈川県特別支援学校教諭
専門は、インクルーシブ教育、特別支援教育
著書に『インクルーシブな教育と社会 ── はじめて学ぶ人のための15章』（共著、ミネルヴァ書房、2024年）
訳書に『精神病院のない社会をめざして ── バザーリア伝』（共訳、岩波書店、2016年）、『バザーリア講演録　自由こそ治療だ！ ── イタリア精神保健ことはじめ』（共訳、岩波書店、2017年）、『土地の記憶から読み解く早稲田 ── 江戸・東京のなかの小宇宙』（共訳、勉誠出版、2021年）、論文に「バザーリア講演録より『健康と労働』」（共同執筆、『福祉労働』第165号、現代書館、2019年）、「ラグーザ・玉の発見と日本への帰国 ── 下位春吉家の人々との交流を通じて」（『イタリア圖書』第48号、イタリア書房、2016年）など